신사임당 전傳
역사 속 신사임당, 그녀는 누구인가?

신사임당 전傳
역사 속 신사임당, 그녀는 누구인가?

정 해 은

새문사

차례

책을 펴내며 | 자료로 만나는 신사임당의 삶 · 10

신사임당 생애 연표 · 14

신사임당 관련 자료들 · 16

『돌아가신 어머니의 행장』(이이) · 26

1부_신사임당이 남긴 유산

1 당대 예술가로 불린 신사임당 32
율곡이 기억하는 예술가 어머니 · 32
동시대 사람의 증언 1 _ 묵재 이문건의 일기 · 34
동시대 사람의 증언 2 _ 서자 출신 학자 어숙권 · 37
동시대 사람의 증언 3 _ 학문과 글씨로 명망을 떨친 성수침 · 40
예술인으로 산다는 것은? · 43

2 신사임당의 작품들 46
신사임당 작품으로 전해오는 그림과 글씨들 · 46
사임당의 그림 작품들 · 47
사임당의 글씨 작품들 · 52

3 신사임당의 부각과 후대 평가 56

　　17세기 이후 사임당 작품에 헌정된 글들 · 56
　　송시열이 사임당을 높인 이유는? · 61
　　사임당에 대한 불편한 진실: "마땅히 율곡을 낳으실 만하다!" · 64

2부_강릉, 신사임당이 나고 자란 곳

1 외가가 고향이 되다 70

　　시(詩)가 피어오르는 강릉 · 70
　　강릉의 풍속 '청춘경로회' · 72
　　글 읽는 소리가 넘쳐나는 강릉 · 74
　　오죽헌이 있는 마을 북평촌 · 77

2 강릉 명문가에서 태어나다 80

　　어머니 외가가 본인 외가가 되다 · 80
　　사임당 어머니의 외가 사람들 · 82
　　아버지 신명화 _ 조광조 추천을 받은 강직한 선비 · 85
　　어머니 용인 이씨 _ 친정어머니를 위해 16년간
　　　　　　남편과 떨어져 살다 · 88

_5

3 신사임당의 어린 시절 92

'사임당'의 의미 · 92
사서삼경을 깨친 총기 넘친 어린 시절 · 95
어머니 이씨 부인의 영향 · 96

4 신사임당, 19세에 혼인하다 100

서울 사람 이원수와 혼인하다 · 100
명문가 전통이 살아 있는 남편 집안 · 102
남편 이원수는 어떤 인물인가? · 104
사임당은 아버지 삼년상을 치렀을까? · 106

3부 _ 봉평과 강릉을 오가며

1 봉평, 고향인 듯 아닌 듯 110

봉평에 산 적이 있는 사임당 · 110
강릉부에 속한 봉평 · 112
강릉부의 재정 창고가 있던 봉평 · 115

2 봉평 생활을 찾아서 118

사임당이 율곡을 임신한 판관대 · 118
봉평과 강릉, 어느 곳이 더 중요한가? · 121
사임당의 율곡 임신을 기리기 위해 세운 사당, 봉산서재 · 123
사임당이 혼인 후 시가에서 살지 않은 이유는? · 126

4부 _ 고달픈 서울살이

1 새로운 생활터전, 서울 ······130
　16세기 서울의 이모저모 · 130
　시어머니와 함께 산 수진방 · 133
　말년에 이사한 삼청동 · 135

2 서울 생활을 찾아서 ······139
　맏며느리로서 살림을 책임지다 · 139
　출세와 거리가 먼 남편 · 141
　남편의 관직 생활 · 144
　친정을 그리워하면서 지은 시들 · 146

3 신사임당이 친정어머니로부터 물려받은 재산 ······151
　사임당 어머니의 재산 분배 문서 〈이씨 분재기〉 · 151
　사임당 친정의 재산 규모 · 154
　사임당이 받은 재산 · 157
　사임당 어머니가 두 외손에게도 재산을 나눠준 이유는? · 160

4 신사임당에게 남편이란? ······165
　다시 장가들지 말 것을 당부하다 · 165
　남편에게 첩이 있었으니 · 168
　자애롭지 않은 첩 권씨 · 170
　남편을 위해 조언을 아끼지 않다 · 172

5 신사임당 부부의 일곱 자녀들 177

첫째 _ 장남 이선, 41세에 생원시에 합격하다 · 178
둘째 _ 장녀 이매창, 작은 신사임당 · 182
셋째 _ 둘째 아들 이번, 동생 이이의 글들을 모으다 · 187
넷째 _ 둘째 딸, 윤섭 부인 · 189
다섯째 _ 셋째 아들 율곡 이이, 사임당을 '조선의 어머니'로 만든 천재 · 191
여섯째 _ 셋째 딸, 홍천우 부인 · 199
일곱째 _ 막내 아들 이우, 어머니의 예술성을 물려받다 · 201

5부_파주 자운산에 잠들다

1 남편 집안의 터전 파주 210
사임당은 파주에 살았을까? · 210
파주 화석정에 새긴 덕수 이씨 집안의 역사 · 212

2 신사임당 부부의 파주 농장 217
사임당 부부의 재산이 기록된 옛 문서 · 217
사임당 부부의 재산 규모 · 219
일곱 자녀와 서모가 함께 재산을 나눠 갖다 · 221

3 48세에 생을 마치다 224
남편 얼굴도 못 본 채 세상을 뜨다 · 224
사임당 묘소가 있는 자운산 · 227
1668년 무렵 묘표도 없이 방치된 사임당 묘 · 229
죽어서 정경부인이 되다 · 231

4 아들 이이의 방황, 6년 4개월　　……233

　　지극정성으로 어머니 상을 치르다 · 233
　　금강산에 나타난 살아있는 부처, 이이 · 235
　　아버지와의 갈등 · 236
　　어머니 대신 외할머니께 의지하다 · 239

부록_ 남아 있는 이야기, 오죽헌

　　누가 오죽헌을 지었을까? · 242
　　오죽헌의 옛 모습 · 243
　　오죽헌을 물려받은 사람들 · 245
　　오죽헌을 새로 고치다 · 246
　　국왕 정조가 지은 어제각 · 248
　　일제강점기의 오죽헌 · 249
　　1974~1976년의 '오죽헌 정화사업' · 251
　　복원된 어제각과 고택 안채 · 254

저자 후기/ 257

주석/ 259

참고문헌/ 264

책을 펴내며
자료로 만나는 신사임당의 삶

1

　이 책은 역사 연구자의 시각으로 신사임당의 삶을 찾아 나선 여정이다. 사임당이 세상을 뜰 때 장남 이선은 28세였으나 혼인도 하지 않았으며 그 어떤 과거시험에도 합격하지 못한 상태였다. 사임당에게는 일곱 명의 자녀가 있었지만 이이처럼 똑똑한 자식만 있지 않고 평범한 자식도 있고 성공하지 못한 자식도 있었던 것이다.
　남편 이원수는 욕심이 없고 착한 것을 좋아했으나 호방하고 옛 사람의 풍취를 갖고 있어 생활력이 강하지 못하였다. 그래서 이이는 아버지에 대해 살림살이를 돌아보지 않았다고 조금 원망하듯이 회고하였다. 이원수는 과거 급제를 위해 노력했으나 뜻대로 되지 않자 나이 50세에 조상들의 공적에 힘입어 수운 판관(종5품)으로 나갔다. 사임당은 이마저도 제대로 누려보지 못한 채 남편이 수운 판관이 된 이듬해에 세상을 떴다.
　사임당은 여성으로서 16세기 조선 사회를 살다간 예술가이자 딸·부인·어머니였다. 그동안 사임당의 이야기는 셀 수도 없을 만큼 많이 되풀이되어 왔다. 하지만 현모양처 또는 예술가로서만 부각되는 사이에 정작 그 삶에 대해서는 그 명성만큼 관심을 기울이지 못하였다.
　현재 통용되는 사임당에 대한 지식은 대부분 노산 이은상이 1962년에 펴낸 저서에 기대고 있다. 이 저서는 초판본이 나온 뒤로도 1970년대 후반까지 몇 차례 개정 증보되었는데 사임당의 삶과 예술에 대해 가장 풍부한 내용을 알려주는 독보적인 저술이라 할 수 있다. 하지만 이 저서 이후로 사임당의 삶에 대한 연구는 큰 진척을 보지 못하고 있다.

이 책은 이은상의 저서를 비롯해 기왕의 연구 성과들을 자양분으로 삼으면서도 조금 다른 방식으로 사임당의 생애에 접근하였다. 실제로 사임당이 어떤 삶을 살았는지 접근하기 위해 삶의 공간에 주목하였다. 사임당의 생애에서 가장 중요한 강릉은 물론 그동안 간과되어 왔던 봉평·서울·파주라는 공간을 삶속에서 끄집어내 보았다.

사임당의 삶의 공간에 주목하고 나니 여러 질문들이 생겨났다. 사임당은 혼인 후 쭉 강릉에서 살았을까? 왜 사임당과 이원수 부부는 봉평에서 살았을까? 사임당은 서울로 온 지 10년이 지나 왜 번화한 도회지 수진방을 벗어나 양반들이 선호하지 않은 주거지역인 삼청동으로 이사했을까? 남편 집안의 경제적 기반인 파주 농장은 어떤 곳이었을까? 이 책은 이런 물음들에 대답해나가면서 사임당의 삶을 연대기 형식으로 보여주기보다는 일상적인 생활에 담긴 본질적인 모습을 찾아내고자 시도해 보았다.

2

이 책을 쓰면서 가장 공을 들인 부분은 자료의 '정독(精讀)'이었다. 자료를 따라가면서 사임당의 발자취를 당대 사회 안에서 이해해보고 싶었기 때문이다. 또 오늘날 남아있는 사임당 관련 자료 가운데 이이를 현창하고 기억하기 위해 만들어진 자료들도 있어서 그것을 가려내기도

해야 했다.

하나의 사례로 강릉의 역사를 알 수 있는 읍지 중에 1933년에 간행된 『증수 임영지』가 있다. 조선시대에 간행된 『임영지』를 토대로 증보, 편찬한 읍지이므로 간행 시기는 1933년이지만 자료 가치가 높다. 이 읍지의 「고적(古蹟)」편에 신사임당 일화가 하나 있다.

내용은 '사임당 은대 옥서도(師任堂銀臺玉署圖)'라는 작품에 관한 것이다. 정유일(1533~1576)이라는 사람이 이이와 함께 승정원[은대(銀臺)]에서 함께 근무할 때에 사임당이 '은대 옥서도'를 족자로 만들어 고루 나누어 주었다는 짧은 이야기다. 아마도 이 일화를 통해 사임당의 예술 작품과 그 재능 그리고 아들 뒷바라지 등에 대해 이야기하고자 했던 것 같다.

그런데 조금만 주의를 기울이면 이 일화가 사실과 동떨어진 이야기임을 알 수 있다. 사임당은 이이가 16세 되던 해에 세상을 떴다. 이이가 문과에 급제한 것도 보지 못한 사임당이 아들이 근무하는 부서의 동료들에게 족자를 만들어주었다는 것은 있을 수 없는 일이다. 그러므로 이 일화는 창안된 이야기라 할 수 있다.

또 필자는 사임당 관련 자료들을 꼼꼼히 점검하는 과정에서 잘못 알려진 사실들이 꽤 있다는 점도 알게 되었다. 대표적으로 사임당이 친정아버지를 위해 삼년상을 치렀다고 알려진 점이다. 이 책에서 자세히 설명할 예정이지만 사임당은 돌아가신 친정아버지를 위해 삼년상이 아니라 1년 기년복을 입었다.

지금까지 아무도 이 점을 의심하지 않았다. 사임당의 효심을 부각시키고자 선입견을 갖고 보고 싶은 대로 본 결과이자 사임당의 생애와 사임당이 몸담은 사회에 대한 무관심이 초래한 오해라고 생각한다.

이처럼 자료라 해서 그대로 갖다 쓸 수 있는 것이 아니며 겉으로만 자료를 읽으면 오독(誤讀)이 될 수도 있다. 자료 읽기에서 가장 중요한 것은 수없이 많은 역사적 사실의 배후에 있는 진실과 그 의향을 밝히는 일이라고 생각한다.

3

이 책을 거의 완성할 무렵 우연히 '위기지학(爲己之學)'이라는 말을 접하게 되었다. 고리타분하게 들릴 수도 있겠지만 남에게 보여주기 위한 공부가 아니라 자신을 깨달아 가는 공부라는 그 뜻이 마음에 와 닿았다.

사임당을 있는 그대로 보는 작업은 선입견 없이 관련 자료들을 당대 16세기 사회 안에서 읽어내는 일이라고 생각한다. 사임당에 대해 잘못 알려진 사실이나 무관심하던 부분들을 하나하나 밝혀내는 일은 사임당에 대한 오류와 오해를 불식시키는 일이며, 그 사회를 역사적으로 이해하는 또 다른 방식이라고 믿는다. 그래서 이 책에서 추구한 글쓰기 방식은 '사료로 읽는 신사임당의 삶'이었다.

이 책에서는 사임당이 어떤 여성이었는지 규정하지 않았다. 겉으로만 신사임당을 알지 않기 위해서였다. 16세기를 막 시작하는 1504년에 태어나 16세기 중반 무렵까지 살다간 사임당을 그 시대 안에서 만나고 싶었다.

그래서 '예술가' 또는 '이이의 어머니'라는 틀에 갇히지 않고 그 삶에 집중하였다. 이 책이 사임당의 진면목을 밝히는 최초의 시도는 아니지만 올바른 방향을 향해 나아가는 길에 한 걸음 보탬이 되었으면 하는 바람이다.

신사임당 생애 연표

연도	나이	본인	남편과 가족	비고
1504 (연산 10)		강릉 출생		
1510 (중종 5)	7세	이후부터 안견 그림을 본받아 산수화를 그리고, 포도 등도 그림		
1516 (중종 11)	13세		아버지가 진사시에 합격함	
1522 (중종 17)	19세	이원수와 혼인함	11월 : 아버지가 한양 본가에서 별세함	강릉 북평 거주
1524 (중종 19)	21세	혼인 후 처음으로 서울에서 시어머니께 인사드림		
		9월 : 장남 선 낳음		서울에서 낳음
1528 (중종 23)	25세		어머니가 열녀로 인정받아 정려 받음	
1529 (중종 24)	26세	첫째 딸 매창 낳음		
미상	28세	둘째 아들 번 낳음		
미상		둘째 딸 낳음		
1536 (중종 31)	33세	셋째 아들 이(율곡) 낳음		강릉 북평에서 낳음
미상		셋째 딸 낳음		

연도	나이	본인	남편과 가족	비고
1540 (중종 35)	37세	병을 몹시 앓았음 당시 이이가 어머니 병을 낫게 해달라고 외조부 신명화의 사당에서 빎		
1541 (중종 36)	38세	• 서울 상경 • 수진방 집에서 시어머니를 모시고 살림 주관		
1542 (중종 37)	39세	막내아들 우 낳음		
1548 (명종 3)	45세	친정어머니로부터 다른 자매들과 함께 재산을 상속받음	이때 이이도 외가 제사를 받들 몫으로 수진방 집 및 강릉 전답을 받음	-추정 연도임 -1541년으로 파악하기도 함
1550 (명종 5)	47세		남편이 수운 판관이 됨	
1551 (명종 6)	48세	• 봄 : 삼청동으로 이사 • 5월 : 사망	남편이 수운 판관으로 평안도에 갔다가 5월 사임당이 사망한 날에 돌아옴	파주 두문리 자운산에 장사지냄
1561 (명종 16)	사후		남편 사망	사임당과 합장
1566 (명종 21)			사임당 부부의 7남매가 부모 재산을 나눠 가짐	

근거: 「돌아가신 어머니의 행장」(이이), 이이가 가족에 대해 쓴 글들(『율곡전서』)

신사임당 관련 자료들

　이 책에서 이용한 자료 가운데 중요한 자료들을 뽑아 간단하게 소개했다. 사임당의 삶을 역사 안에서 마주하기 위해 필요한 작업이다.

1. 아들 이이가 남긴 기록들

　아쉽게도 신사임당은 본인 이야기를 스스로 남기지 않았다. 사임당의 작품으로 전하는 미술 작품들은 여럿 있지만 삶에 대한 기록들은 주변 사람들이 남겨 놓았다.
　사임당에 대한 기록은 단연 아들 율곡 이이의 글을 꼽을 수 있다. 사임당이 세상을 뜬 후 어머니를 여읜 슬픔을 견디지 못해 금강산까지 들어갔으니 어머니에 대한 회고가 각별할 수밖에 없었다.
　이이가 남긴 대표적인 글이 「선비 행장(先妣行狀)」이다. '돌아가신 어머니의 행장'이라는 의미로 현재 사임당의 삶을 직접적으로 알려주는 유일무이한 자료로서 사임당을 이야기할 때에 가장 중요한 자료다. '선비'는 돌아가신 어머니를 말하며, '행장'은 고인이 평생 살아온 일을 적은 글이다. 보통 돌아가신 분과 친분이 있거나 명망 있는 사람에게 부탁해 짓는 경우가 많았다. 이 글에 우리에게 잘 알려진 〈대관령을 넘다가 친정을 바라보며[유대관령망친정(踰大關嶺望親庭)]〉라는 사임당의 시도 들어 있다.

이이가 가족에 대해 쓴 글들(『율곡전서』 수록)

대 상	제 목
어머니 신사임당	• 돌아가신 어머니의 행장[先妣行狀]
외할머니 용인 이씨	• 외할머니 이씨에게 제사 올리는 글(1570년) [祭外祖母李氏文〈庚午〉] • 이씨가 하늘을 감동시킨 기록[李氏感天記] • 외할머니 이씨 묘지명[外祖妣李氏墓誌銘]
외할아버지 신명화	• 외할아버지 신명화 공의 행장[外祖考進士申公命和行狀]
외할머니의 외증조부 최응현	• 형조참판 최응현 공의 신도비명 [刑曹參判崔公〈應賢〉神道碑銘]
이모부 권화	• 습독관 권공 묘지명[習讀官權公墓誌銘]
큰형 이선	• 큰형에게 제사 드리는 글[祭伯氏文] • 큰형 참봉공 묘지명[伯氏參奉公墓誌銘]
큰형수 곽씨	• 형수 곽씨에게 제사 드리는 글[祭伯嫂郭氏文]
장인 노경린	• 종부시정 노공 묘갈명(宗簿寺正盧公墓碣銘) • 종부시정 노공 행장(宗簿寺正盧公行狀) • 장인 숙천부사 노공에게 제사 올리는 글 [祭外舅肅川府使盧公文] • 또 제사 올리는 글 [又]
조카 홍석윤 (누이동생 아들)	• 조카 홍석윤에게 주는 교훈[贈洪甥錫胤說]
조카 윤담 (작은누나 아들)	• 조카 윤담에게 주는 글[示尹甥聃]
생질녀 (큰누나 딸)	• 생질녀 심언명의 부인 조씨에게 제사하는 글 [祭甥女沈彦明妻趙氏文] • 심언명 부인에 대한 만사[挽沈彦明妻]

공교롭게도 이이는 아버지 이원수에 대한 글을 전혀 남기지 않았다. 그래서 신사임당의 부부 사이나 이원수의 면모를 추적하기 쉽지 않다. 그 대신에 다른 가족에 대한 기록들을 행장이나 제문, 묘지문 등의 형식으로 다수 남겨 놓았다.

눈에 띄는 점은 외할머니 용인 이씨의 기록을 세 편이나 남긴 점이다. 이 기록들은 사임당의 삶과 가족사를 재구성할 때 도움이 된다.『율곡전서』에 남아 있는 사임당과 가족들에 대한 기록을 소개하면 앞 장의 표(이이가 가족에 대해 쓴 글들)와 같다.

2. 재산 관련 고문서들

⦿ 〈이씨 분재기〉

신사임당의 어머니 용인 이씨가 살아생전에 본인 재산을 사임당을 포함해 다섯 딸들에게 나누어 주면서 작성한 문서다. 어머니가 참여한 가운데 다섯 딸들이 모두 모여 작성했다. '분재기'는 재산을 나누거나 나누어 준 문서라는 뜻이다.

1971년에 강원도 유형문화재 제9호로 지정되었으며, 현재 강원도 강릉시의 오죽헌·시립박물관에 소장돼 있다. 크기는 세로 40.5cm×가로 220cm다. 이 문서를 작성한 해는 앞부분이 떨어져 나가 정확하게 알 수 없는데 이 책에서는 1548년(명종 3)으로 파악했다.

◉ 〈이이 남매 화회문기〉

　1566년(명종 21)에 신사임당과 이원수 부부의 일곱 자녀들이 모여 부모의 재산을 나눈 후 작성한 문서다. 사임당이 사망한 지 15년째 되는 해이며, 이원수가 사망한 지 5년째 되는 해였다. 이원수의 첩 권씨도 함께 참여했다. 크기는 세로 44cm×가로 256cm다. 현재 보물 제477호이며 건국대학교박물관에 소장돼 있다. 고등학교 한국사 교과서에도 실릴 만큼 16세기의 대표적인 재산 관련 고문서로 꼽히고 있다.

◉ 〈토지양여서〉

　1579년(선조 12)에 이이가 외할머니로부터 받은 강릉 소재의 논을 이종사촌 권처균에게 팔면서 작성한 문서다. 권처균은 신사임당의 여동생의 아들이다.
　이이가 사용한 벼루와 함께 '율곡유품(벼루, 토지양여서)'이라는 명칭으로 강원도 유형문화재 제10호로 일괄 지정되어 있다. 이이가 자필로 직접 작성했으며, 증인으로 두 조카 이경진(큰형 이선의 첫째아들)과 조인(큰누이 이매창의 첫째아들)을 세웠다.

3. 각종 자료들

◉ 『묵재일기』

　묵재 이문건(1494~1567)이 41세부터 세상을 뜨기 몇 달 전까지 쓴 일기다. 이문건은 사임당이 한양에서 지내던 시기에 중앙에서 관료 생활을 하다가 1546년(명종 1)에 을사사화에 연루돼 경상북도 성주에 유배되었다.

이원수는 1557년 새해 초에 큰아들 이선과 이이를 데리고 성주에 있었다. 이해 9월에 이이가 성주 목사 노경린의 딸과 혼인을 앞두고 있으므로 방문한 것이었다. 이문건은 1557년 1월 1일 설날 일기에 이원수를 처음 만난 일을 쓰면서 신사임당을 언급했다. 일기 전체가 사임당 관련 자료는 아니지만 동시대 사람 눈에 비친 사임당을 알 수 있는 소중한 자료다.

⊙ 『패관잡기』와 『연려실기술』

『패관잡기』는 어숙권이 노년에 지은 야담집이다. 이 책을 지은 시기는 알 수 없으나 1573년 이후에 지은 것으로 추정하고 있다. '패관'이란 정치가 제대로 시행되고 있는지를 국왕이 살필 수 있도록 민간에서 돌아다니는 이야기나 풍속들을 수집해 기록하는 벼슬아치를 말한다.

어숙권은 비록 서얼 출신이었지만 학문으로 일가를 이룬 사람이다. 신사임당과 동시대를 살았으며 이 책에서 두 번이나 사임당을 뛰어난 예술가로 소개했다.

『연려실기술』은 이긍익(1736~1806)이 조선의 역사를 주제별로 엮은 야사다. 현재 이 책의 편찬 연대에 대해서는 영조 말년설(재위년: 1724~1776), 1797년(정조 21)설, 순조 초년설(재위년: 1800~1834)이 있다. 이 책에는 『패관잡기』에 실린 사임당 이야기가 그대로 다시 실려 있다.

⊙ 『좌계부담(左溪裒談)』

17~18세기 인물 총 212명의 일화를 모은 책으로 작가는 알 수 없다. 내용이 조금씩 다른 이본만 7종이어서 민간에 널리 읽힌 책으로 보인다. 수록 인물들은 사회적으로 이름 높은 정치가나 학자, 무인 등이다.

부록으로 여성 20명의 이야기도 담았다. 고려 말부터 조선 중기까지의 무녀, 이름 없는 시골 여성, 정승 부인 등을 소개했다. 여기에 '이원수 부인 신씨'로 신사임당이 남편에게 당부한 일화가 2편 실려 있다.

하나는 을사사화에 적극 가담해 권세가가 된 이기(李芑)를 멀리하라고 조언한 내용이고, 또 하나는 본인이 죽은 다음에 다시 장가들지 말라고 당부한 내용이다.

⊙ 『봉서유고(蓬西遺稿)』

19세기 강원도 봉평 출신의 학자 신범(1823~1879)의 문집이다. 신범은 위정척사론과 의병 항쟁의 논리를 제공한 화서 이항로(1792~1868)의 제자였다.

이 문집에 실린 〈판관대기〉는 사임당과 이원수 부부의 봉평 생활에 대한 단서를 제공하는 자료다. 판관대는 사임당이 이이를 임신한 곳으로 전해지는 장소다. 신범은 이 글에서 이이와 연관해서 오죽헌만 중시하고 판관대는 주목받지 못하는 현실을 신랄하게 비판했다.

⊙ 『조선여속고』

일제강점기 국학자 이능화(1869~1943)가 1927년에 지은 최초의 한국

여성사 개설서라 할 수 있다. 이 책의「조선부녀의 지식계급」이라는 장에 사임당의 일화 1편과 시(詩) 2편이 실려 있다.

이 책에 실린 신사임당 일화는『동계만록』을 재인용한 것으로 남편에게 본인이 죽은 뒤에 다시 장가들지 말라고 당부하는 내용이다. 위에서 소개한『좌계부담』과 똑같은 내용이다. 시 2편은 〈부모님을 생각하며[사친(思親)]〉와 〈대관령을 넘다가 친정을 바라보며〉라는 시다.

⊙『근역서화징(槿域書畵徵)』

오세창(1864~1953)이 신라의 솔거에서부터 일제강점기의 정대유(1852~1927)까지 한국의 예술가 총 1,117인의 작품과 생애, 평전에 관한 원본 자료들을 발췌해 엮은 자료집이다. 1917년에 완성했으며 1928년에 간행되었다.

오세창은 역관 집안 출신으로서 서예가이면서 언론인이자 독립 운동가였다. 이 책에 신사임당도 '신씨(申氏)'로 올라 있다. 사임당의 작품 활동에 관한 원본 자료들이 상당수 있어 사임당의 작품 활동을 알아보기 위해서 반드시 참고해야 할 자료집이다.

⊙『이조향염시(李朝香奩詩)』

우리나라 역대 여류 시인들의 시를 모아 놓은 시선집이다. 누가 언제 편찬했는지 미상이나 20세기 초로 추정되고 있다. 여기에 '신부인(申夫人)'으로 신사임당의 시가 1편 실렸다. 제목은 〈강릉을 떠나는 도중에 어머니가 계시는 북촌을 바라보며〉[임영도중망자친소거북촌(臨瀛途中望慈親所居北村)]로 〈대관령을 넘다가 친정을 바라보며〉와 같은 시다. 다만「돌아가신 어머니의 행장」(이이)에 나오는 시와 비교해보면 시구 중 '학발(鶴髮)'이 '백발(白髮)'로 바뀌어져 있어 사임당의 시가 많은 사람들에게 회자되면서 조금씩 변형을 겪었음을 알 수 있다.

4. 신사임당 가족 관련 자료

⊙ 『묘지문자(墓誌文字)』

사임당의 남편 이원수와 막내아들 이우, 그리고 이우의 아들 이경절과 손자 이즙의 묘지, 묘표, 묘갈문 등 총 7편의 글을 모아둔 책이다. 현재 강릉시 오죽헌·시립박물관에 소장돼 있다.

누가 이 책을 엮었는지 알 수 없으며, 겉표지 안쪽에 "이 책자의 묘지명 및 묘표, 묘갈명은 동춘당 송준길의 친필이며, 말미에 있는 창평공 묘갈명은 우암 송시열의 친필이다."고 쓰여 있다.

이원수에 대한 글은 2편으로 1564년(명종 19)에 청송 성수침(1493~1594)이 지은 묘지와 1670년(현종 11)에 우암 송시열(1607~1689)이 지은 묘표문이 있다. 이어서 이우의 묘표(송시열 지음, 1671년), 이우의 아들 이경절의 묘지문 1편 및 묘갈명 1편(모두 송시열 지음, 1664년), 이경절의 큰아들 이즙의 묘지문 1편 및 묘갈명 1편(모두 송시열 지음, 1672년)이 들어 있다.

이 중에서 성수침이 쓴 이원수 묘지는 이은상 선생이 이용한 이후 지금까지 공개되지 않은 묘지로서 매우 귀중한 자료다. 송시열이 지은 이원수의 묘표는 『송자대전』에 나오는 내용과 같다.

⊙ 남편 이원수

이원수의 자료는 청송 성수침(1493~1594)이 지은 「사헌부 감찰 증 의정부 좌찬성 이공 묘지명」(『묘지문자』)과 우암 송시열(1607~1689)이 지은 「증 숭정대부 의정부 좌찬성 행 통덕랑 사헌부 감찰 이공 묘표」(『묘지문자』, 『송자대전』)가 있다. 짧은 글이지만 이원수의 생애를 기록한 글로서 의미가 있다. 묘표는 무덤 앞에 세우는 표석에 새겨 넣는 글이어서 함축적으로 쓰는 것이 일반적이다.

⊙ 딸 이매창

조선 후기 학자이자 서예가 그리고 화가인 미수 허목(1595~1682)은 이매창의 둘째 아들 조영과 그 부인 성씨의 묘지문인 「한양 조공과 절부 성씨의 두 묘지명」을 지었다. 이 묘지문은 허목의 문집인 『기언』에 들어 있다. 이 글을 통해 이매창과 남편 조대남 그리고 이매창의 아들 조영 부부의 삶을 간략하게나마 엿볼 수 있다.

⊙ 아들 이우

사임당의 일곱 자녀 중 이이 다음으로 생애를 알 수 있는 자료가 많이 남아 있는 자녀가 이우다. 이우의 문집으로 『옥산시고』(1680년 간행)가 전해지는데 송시열의 서문, 시 154수, 제문 1편, 글씨 쓰는 법에 대한 논설 1편, 그림 발문 1편, 거문고 연주를 듣고 난 소감 1편이 들어 있다.

벗들과 주고받은 시가 대부분이나 그 안에 주목해야 할 기록들도 남아 있다. 바로 부록으로 송시열(1607~1689)이 지은 「통훈대부 군자감정 이공 묘표」와 이단하(1625~1689)가 지은 「옥산전」이 들어 있다. 두 글은 이우의 생애는 물론이거니와 사임당 가족사에 대한 소소한 정보들을 얻을 수 있는 소중한 자료다.

이밖에 위에서 소개한 『묘지문자』도 이우 및 그 후손들의 생애를 파악할 수 있는 좋은 자료다.

돌아가신 어머니의 행장

이 글은 신사임당의 아들 이이가 어머니의 죽음을 애도하면서 지은 것이다. 원래 제목은 「선비행장(先妣行狀)」으로 이이의 문집인 『율곡전서』에 들어 있다. '선비'는 돌아가신 어머니를 말하며, '행장'은 고인을 추모하면서 생애를 적은 글이다. 이 글을 작성한 연도는 알 수 없지만 신사임당의 생애를 알 수 있는 자료로서 가장 중요하므로 글 전체를 번역해 소개한다. 본문 중 〈 〉 표시는 원문에 잔글씨로 기록한 설명문을 표시한 것으로 세주(細註)라 한다.

나의 돌아가신 어머니의 이름은 아무개, 진사 신명화 공의 둘째따님이다. 어렸을 때에 경전에 통달하고 문장을 잘 지었으며 글씨도 잘 쓰셨다. 또 바느질도 잘 하시어 수놓는 것까지 정밀하고 뛰어나지 않음이 없으셨다.

더구나 타고난 자질이 온화하고 지조가 굳고 깨끗했으며, 거동은 여유로우면서도 고요하며 일 처리도 편안하고 자상하게 하셨다. 말씀이 적고 행동은 조심스러웠으며, 또 스스로 겸손하였기에 신명화 공께서 사랑하고 아끼셨다. 성품 또한 지극히 효성스러워 부모님께 병환이 있으면 얼굴빛이 반드시 슬픔에 잠겼다가 병환이 나으신 다음에야 평소 모습으로 돌아오셨다.

우리 아버지에게 시집가게 되자 진사께서 아버지에게 말씀하시기를, "내가 딸이 많은데 다른 딸은 집을 떠나 시집을 가도 서운하지 않았네. 하지만 자네 아내는 내 곁을 떠나게 하고 싶지 않네." 하셨다. 혼인한 지 얼마 지나지 않아 진사께서 돌아가시니 상을 마치고, 신부의 예를 갖추어 서울에 계시는 시어머니 홍씨를 찾아뵈었는데 몸가짐을 분별없이 하지 않고 말을 함부로 꺼내지 않으셨다.

하루는 일가친척들이 모여 잔치를 열었다. 여자 손님들이 모두 웃고 즐기면서 이야기를 나누는데 어머니는 말없이 그 속에 계셨다. 홍씨께서 어머니를 가리키면서, "신부는 어찌 말을 하지 않느냐?"고 하셨다. 그러자 꿇어앉아서 "여자로서 문밖을 나가 본 적이 없어서 전혀 본 것이 없습니다. 그러니 무슨 말을 하겠습니까?" 하고 대답하시니 그 곳에 있던 모든 사람들이 부끄러워하였다.

그 뒤에 어머니가 강릉으로 부모님을 뵈러 갔다가 돌아올 때에 친정어머니와 울면서 작별하셨다. 행차가 대관령 반정(半程)[1]에 이르자 북평을 바라보며 친정어머니를 생각하는 마음을 견딜 수 없어 가마를 오랫동안 멈추고 애달프게 눈물을 흘리셨다. 그러고는 시 한 수를 지으셨다.

> 흰머리 소복한 어머니는 강릉에 계시건만
> 나는 한양으로 홀로 떠나가네.
> 고개 돌려 북촌 한 번 더 보려 하지만
> 흰 구름 떠있는 그 아래 저물녘 산만 푸르구나.

어머니는 서울에 와서 수진방에서 사셨다. 당시 시어머니 홍씨께서 늙어서〈이때가 1541년이다〉 집안일을 돌보지 못하셨으므로 어머니가 맏며느리의 역할을 맡으셨다. 아버지의 성품이 뜻이 크고 기개가 높아 세간살이를 돌아보지 않으셨으므로 집이 넉넉하지 못하였는데 어머니께서 절약하여 어른을 봉양하고 아이들을 기를 수 있었다.

모든 일을 맘대로 한 적이 없으며 반드시 시어머니께 아뢰셨다. 시어머니 홍씨 앞에서 희첩〈姬妾: 모시는 여자종을 모두 '희첩'이라 했다〉을 꾸짖은 적이 없으며 말씀은 언제나 온화하고 얼굴빛도 항상 평온하셨다.

아버지가 어쩌다 실수하는 일이 있으면 반드시 올바르게 충고하셨다. 아들딸들이 잘못하면 타이르고 주변에서 모시는 사람들이 죄가 있으면 꾸짖으니, 하인들도 모두 공경하고 받들어서 그들의 마음을 얻을 수 있었다.

어머니는 평소 늘 강릉을 그리워하여 한밤중에 인기척이 없이 조용해지면 언제나 눈물을 흘리면서 우셨고, 날이 밝을 때까지 잠들지 못한 적도 계셨다. 하루는 인척 어른인 심공을 모시는 첩이 와서 거문고를 뜯었다. 어머니가 거문고 소리를 듣고 눈물을 흘리면서 말씀하시기를, "거문고 소리가 그리운 사람을 생각나게 하는구나!" 하시니 같이 있던 모든 사람들이 슬퍼하면서도 그 뜻을 깨닫지 못했다. 또 일찍이 어버이를 그리워하며 지은 시가 있는데 그 시구에,

> 밤마다 달을 향해 기도하오니
> 생전에 뵈올 수 있게 하소서!

하였으니, 대체로 그 효심이 천성에서 나온 것이다.

어머니는 1504년(연산 10) 10월 29일에 강릉에서 태어나셨다. 1522년(중종 17)에 아버지에게 시집오시고 1524년에 서울로 오셨다. 그 뒤에 강릉으로 부모님을 뵈러 가기도 하고 봉평〈지명이다〉에서 살기도 하다가 1541년에 서울로 다시 오셨다. 1550년(명종 5) 여름에 아버지가 수운 판관에 임명되었고 1551년 봄에 삼청동 집으로 이사하였다. 이해에 아버지가 조운(漕運)[2]의 일로 평안도로 가셨는데 아들 선(璿)과 이(珥)가 모시고 갔다.

이때 어머니가 수참(水站)[3]으로 편지를 보내셨는데, 언제나 눈물을 흘리며 편지를 썼으나 사람들이 모두 그 의미를 알지 못했다. 5월에 조운의 일이 끝나자 아버지가 배를 타고 서울로 향하셨는데 도착하기도 전에 어머니가 병이 들고 말았다. 고작 2~3일이 지났을 뿐인데 여러 자식들에게 말씀하시기를, "내가 일어나지 못하겠구나." 하셨다. 밤중이 되자 평소처럼 평안히 주무시므로 여러 자식들은 병환이 조금 나아졌다고 생각했으나, 17일 새벽에 갑자기 돌아가셨으니 향년 48세였다.

그날 아버지가 서강(西江)[4]에 도착하시니〈이이도 아버지를 모시고 도착했다〉여행 짐 꾸러미에 들어 있던 유기그릇이 모두 붉었다. 사람들이 모두 이상하게 여겼는데 조금 있다가 어머니 상이 났음을 들었다.

어머니는 평소 먹그림 솜씨가 뛰어나셨는데 7세 때부터 안견(安堅)[5]의 그림을 모방하여 산수도를 그리신 것이 매우 절묘하다. 또 포도를 그리셨는데 세상에서 시늉을 낼 수 있는 사람이 없다. 그림들을 모사한 병풍이나 족자가 세상에 많이 전해진다.

『율곡전서』권18, 행장, 선비행장

1부

신사임당이 남긴 유산

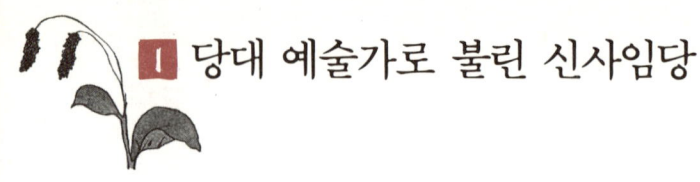

1 당대 예술가로 불린 신사임당

율곡이 기억하는 예술가 어머니

사임당은 그가 살던 시대에 그림과 글씨에 탁월한 재능을 가진 사람으로 평가받았다. 오늘날 전하는 사임당 작품들을 둘러싼 진위 논란을 차치하고 사임당이 예술가로서 당대에 회자된 것은 분명한 사실이다. 조선 사회에서 여성을 성씨로 부르는 방식대로 '신씨'로 불리면서 산수화를 잘 그리고 글씨를 잘 쓴다는 평가를 받았다.

먼저 사임당의 곁에서 늘 함께 한 가족의 이야기를 들어봐야 할 것 같다. 이이는 어머니가 돌아가시자 매우 슬퍼하며 6년 이상을 방황했다. 그리고 언제 지었는지 알 수 없지만 「돌아가신 어머니의 행장」이라는 글을 남겼다. '행장'은 고인을 추모하면서 생애를 적은 글을 말한다. 어머니를 여읜 슬픔을 이기지 못해 방황하다가 금강산까지 들어간 이이이다 보니 어머니에 대한 기억이 남다를 수밖에 없었다.

그러므로 어머니의 일생을 추모하면서 지은 이 글에는 이이가 16세까지 보고 느낀 어머니의 모습이 다소 부풀려져 있을 수도 있겠지만 상당 부분 진솔하게 서술했다고 생각한다. 이 점에 유의하면서 이이가 쓴 행장을 읽어보면 눈에 띄는 점이 있다. 이이는 행장의 첫머리를 이렇게 시작했다.

> 나의 돌아가신 어머니 이름은 아무개, 진사 신명화 공의 둘째따님이다. 어렸을 때에 경전에 통달하고 문장을 잘 지었으며 글씨도 잘 쓰셨다. 또 바느질도 잘하시어 수놓는 것까지 정밀하고 뛰어나지 않음이 없으셨다.
>
> 이이, 「돌아가신 어머니의 행장」, 『율곡전서』

이이가 어머니를 생각하면서 맨 먼저 떠올린 모습은 평소 어머니가 즐겨하고 몰두한 개인 생활이었다. 그것은 늘 책을 읽고 글을 짓고, 거기에 글씨까지 잘 쓰는 어머니. 바느질을 잘하면서도 수까지 정교하게 놓는 어머니!

이것이 이이가 어렸을 때부터 보고 자란 어머니의 모습이자 남들에게 알리고 싶은 어머니의 모습이었다. 시어머니를 극진히 봉양한 효성스런 며느리가 먼저도 아니고 아버지를 잘 내조한 현명한 아내의 모습도 아니었다. 이이는 어머니에 대한 여러 일들을 다 적은 다음에 이 글의 마지막을 또 이렇게 맺었다.

> 어머니께서는 평소 먹그림 솜씨가 뛰어나셨는데 7세 때부터 안견의 그림을 모방해 산수도를 그리신 것이 아주 절묘하다. 또 포도를 그리셨는데 세상에 시늉을 낼 수 있는 사람이 없다. 그림들을 모사한 병풍과 족자가

세상에 많이 전해진다.

이이, 「돌아가신 어머니의 행장」, 『율곡전서』

이이는 어머니가 이미 7세 때부터 안견의 그림을 모방해 산수화를 절묘하게 그리고 포도 그림은 세상에 따라올 사람이 없다고 적었다. 그래서 사람들이 그 그림들을 모사해 병풍이나 족자로 만들었다고 자랑하였다. 한마디로 예술가로서 큰 명성을 쌓았다는 이야기다.

이이는 「돌아가신 어머니의 행장」을 쓰면서 그 처음과 끝을 아내이자 어머니 또는 며느리가 아닌 예술가로서의 삶을 부각하였다. 평소 그림을 그리고 글씨를 쓰는 사임당의 모습이 아들에게 깊은 인상을 심어주어 '어머니' 하면 떠오르는 모습이 된 것이다. 다른 사람도 아닌 일찍 철이 든 명민한 아들 이이의 눈에 비친 이 예술가의 모습이야말로 사임당이 자녀들 앞에서 좋아하며 즐긴 일이었다고 여겨진다.

동시대 사람의 증언 1 _ 묵재 이문건의 일기

사임당의 작품들이 모사되어 세상에 많이 전해진다는 이이의 말은 결코 과장되거나 지어낸 말이 아니었다. 당대 사람들 눈에 비친 사임당의 모습도 이이가 본 것과 크게 다르지 않기 때문이다. 사임당 생전에는 아직 이이가 '율곡 선생'으로 추앙되기 전이므로 사임당과 동시대를 살던 당대인들의 시각과 평가는 진실에 가깝다고 할 수 있다.

1541년(중종 36) 이후 사임당이 한양에서 지낼 때에 중앙에서 관료 생활을 하던 묵재 이문건(1494~1567)이라는 사람이 있었다. 이문건은 일찍이 조광조의 문하에서 공부했으며 1527년(중종 23)에 문과에 급제하면서 본격적으로 관직 생활을 시작했다. 그러다가 1546년(명종 1)에 윤원형 등이 일으킨 을사사화에 연루되어 경상북도 성주에 내쳐져 23년 동안 그곳에서 유배 생활을 하면서 생을 마쳤다.

이문건은 조선 개국공신의 한 사람인 이직의 5대손으로 문과에 급제한 이후부터 유배되기 전까지 승정원의 주서 및 박사를 거쳐 이조 좌랑이 되는 등 중앙의 청요직을 두루 거친 인물이다. 그래서 이문건은 유배지에서도 성주 지역 유지들의 도움으로 비교적 안정적인 생활을 할 수 있었다.

사임당의 남편 이원수는 1557년(명종 12) 1월 1일 설날 저녁에 성주 목사 노경린과 함께 이문건의 집을 방문해 담소를 나누었다. 당시 이원수는 같은 해 9월에 이이가 노경린의 딸과 혼인을 앞두고 있었으므로 큰아들 이선과 이이를 데리고 성주에 가 있는 중이었다. 성주 목사가 장차 사돈될 사람이어서 이 인연의 끈으로 이원수는 성주에 있으면서 성주의 지역 인사들과 친분을 쌓을 수 있었다. 그 중 한 사람이 이문건이었다.

1월 3일에 이원수는 다시 이문건의 집을 방문했다. 1월 7일에는 성주 목사 노경린은 물론 나중에 막내아들 이우의 장인이 되는 황기로와 함께 이문건을 방문했다. 황기로는 그 당시에 초서를 잘 쓰기로 유명한 인물인데 사임당의 자녀 편에서 자세히 소개할 예정이다. 1월 10일에 이문건은 서울로 돌아가는 이원수를 위해 술상을 차려 대접했다. 이후에도 이원수는 성주를 방문할 때마다 이문건을 찾았고, 서울로 돌아와서는 안부 편지를 쓰는 것도 잊지 않았다.

이문건은 이원수를 처음 만난 1557년 1월 1일 설날의 일기에 이원수에 대해 이렇게 기록했다.

저녁에 목사 노경린과 판관 김난종이 함께 찾아와 죽청(竹廳)[6]에서 대화를 나누었다. 이원수도 와서 참석했다. 예전 이름이 '난수'이며 산수화를 잘 그린 신씨의 남편이다. 신씨는 48세에 요절했다고 한다. 그 아들 이이가 문장을 잘한다고 한다.

이문건, 『묵재일기』 1557년 1월 1일

이문건은 이원수를 산수화를 잘 그린 '신씨'의 남편으로 기록했는데 신씨는 신사임당을 말한다. 양반 사회에서 서로 처음 만난 사람에 대해 기록하면서 누구의 남편이라고 표현하는 일은 거의 없다. 보통은 아무개의 아들이나 아버지 또는 아무개의 몇 세 후손 등 가계를 헤아리고 기억하는데 이문건은 이원수를 신씨의 남편으로 적어두었다.

사실 이문건이 사임당에 대해 알고 있는 데에는 그만한 이유가 있는 것 같다. 23년간 유배 생활을 하면서 학문을 탐구한 이문건은 당대에 글씨 잘 쓰는 사람으로 이름이 났다. 본인의 글씨를 구하는 사람이 있으면 주저하지 않고 초서나 해서를 척하니 써 준 것으로도 유명했다.

한국서예사에서 16~17세기는 초서 글씨가 성행하면서 유행한 시기로 꼽는다. 이문건이 명필 반열에까지 오르지 못했지만 당대 초서의 명가로 이름이 높은 황기로와 두터운 친분을 유지한 것도 예술적 감수성이 서로 통했기 때문이다.

이때는 아직 사임당의 막내아들 이우가 황기로의 사위가 되기 이전이었다. 서화에 대해 관심이 높던 이문건은 이미 이난수를 만나기 전부터 주변 사람들을 통해 신씨의 명성을 익히 들었던 것 같다. 이문건은 사임당에 대해서 "~~라고 한다[云]"는 식으로 표현하지 않았다. 사임당에 대해 산수화를 잘 그린 여성으로 정확하게 적었다. 다만 사임당이 요절한 사실은 몰랐던지 "48세에 요절했다고 한다."고 적어 놓았다.

사임당에 대한 자료가 부족한 상황에서 이문건의 이 짧은 언급은 마치 가뭄에 단비를 만난 듯 반갑고 소중하다. 이와 함께 사임당이 그린 그림들이나 그 실력이 어떻게 집 담장을 넘어 외부로 알려지게 되었는지 무척이나 궁금해진다. 현재로서는 알 길이 없지만 사임당이 산수화를 잘 그린 여성으로 당대에 회자되었다는 사실 자체가 흥미로우면서 신기하다.

동시대 사람의 증언 2 _ 서자 출신 학자 어숙권

사임당과 동시대 사람으로 사임당에 대한 기록을 남겨둔 사람이 더 있다. 바로 어숙권이라는 사람으로 그가 지은 『패관잡기』에 사임당에 관한 이야기가 실려 있다.

『패관잡기』에 실린 사임당의 이야기는 현재 사임당의 예술을 거론할 때마다 빠지지 않고 소개되고 있다. 그런데 정작 사임당을 기록한 어숙권에 대해서는 무관심한 편이다. 어숙권은 누구이며 어떻게 하여 사임당을 알고 기록까지 남겨두게 되었을까?

오늘날 어숙권에 대해서는 알려진 사실이 많지 않을 뿐만 아니라 잘못된 정보들이 버젓이 유통되고 있다. 다행히 2000년에 학계에 공식적으로 『패관잡기』의 완본이 소개되면서 어숙권에 대해 더 많은 사실이 밝혀지게 되었다.

어숙권은 서얼 출신으로 본관은 함종이며, 아버지는 어맹순, 할아버지는 어세공이다. 현재 각종 백과사전에 어숙권의 아버지가 어맹렴, 할아버지가 좌의정 어세렴으로 되어 있으나 이는 잘못된 사실이다. 어숙권이 언제 태어나고 사망했는지 아직 정확하지 않지만, 대략 1510년경에 태어나 1573년 이후에 세상을 뜬 것으로 추정되고 있다. 사임당이 1504년에 태어났으니 그는 사임당과 같은 시대를 산 사람이다.

어숙권은 서얼이었으나 학문으로 일가를 이룬 출중한 사람이었다. 조선 왕조 말기까지 서얼 중에서 걸출한 인물을 거론할 때마다 늘 손꼽힐 정도로 실력을 인정받은 인물이다. 어숙권이 역사에 이름을 남길 수 있던 것은 그가 지은 『패관잡기』와 『고사촬요』의 가치 때문이다.

어숙권은 중국 명과 주고받는 외교문서를 비롯해 관청 공문서에 사용하는 독특한 한문의 문체인 이문(吏文)에서 두각을 나타냈다. 1525년 이문 학관을 처음 뽑는 시험에서 2등으로 합격했으며, 1542년에는 한리과(漢吏科)7 시험에도 합격했다. 어숙권은 조선의 사신이 명으로 출장을 갈 때에 수행해 갔으며, 명의 사신이 조선에 올 때면 관료들과 함께 대접하는 일에 참여했다. 또한 어숙권은 교서관에서 서책 교감을 할 만큼 서

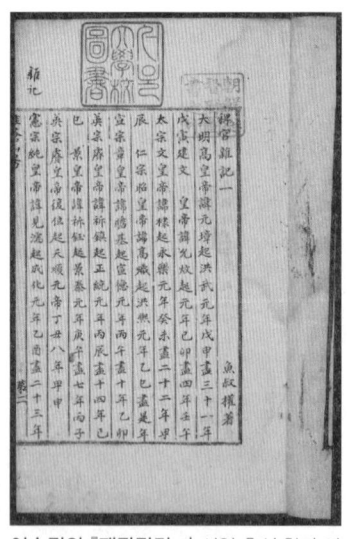

어숙권의 『패관잡기』 | 서얼 출신 학자 어숙권이 말년에 지은 야담집으로 신사임당이 그림을 잘 그렸다고 기록해 놓았다.

책에도 밝은 뛰어난 학자였다.

어숙권은 역사에도 밝았다. 『패관잡기』도 그 산물이다. 이 책은 어숙권이 노년 무렵인 1573년 이후에 지었다고 추정되고 있다. '패관'이란 국왕이 정치가 제대로 시행되고 있는지를 살필 수 있도록 민간에 돌아다니는 이야기나 풍속들을 수집해 기록하는 벼슬아치를 말한다.

어숙권은 제목처럼 민간의 정보들을 간략하게 추려서 이 책을 지었다. 잡기란 요즘으로 표현하면 가십거리다. 깊이 있는 역사책이 아니므로 겸손하게 '잡기'라 한 것 같으나, 그렇다고 해서 이 책의 가치가 떨어지는 것은 절대 아니다. 이 책에 나와 있는 사임당 관련 기록을 소개하면 아래와 같다.

> 지금 동양 신씨가 있는데 어려서부터 그림을 잘 그렸다. 그 포도와 산수(山水)는 매우 뛰어나 한때 평가하는 사람들이 안견에 버금간다고 하였다. 아, 어찌 부인의 필치라 해서 소홀히 해서야 되겠으며, 또 어찌 부인이 마땅히 해야 할 일이 아니라 하여 책망할 수 있으리오!
>
> 어숙권, 『패관잡기』

위의 글에서 '지금' 동양 신씨가 있다는 말이 인상 깊다. 사임당이 어숙권과 동시대 사람이라는 사실을 잘 보여주기 때문이다. '동양(東陽)'은 황해도 평산의 옛 이름으로 사임당이 평산 신씨이므로 그렇게 부른 것이다.

어숙권은 사임당이 포도와 산수를 매우 잘 그려서 안견에 버금가는 사람으로 평가받고 있다는 사실을 기록해 놓았다. 무엇보다도 포도와 산수화를 잘 그리고 안견에 버금간다는 말이 아들 이이의 회고와 다르지 않아 그의 말에 더 신뢰가 간다.

동시대 사람의 증언 3 _ 학문과 글씨로 명망을 떨친 성수침

앞의 두 사람이 사임당의 그림에 대해 평가했다면 동시대인으로서 사임당의 글씨에 대해 평가한 사람도 있다. 바로 당대에 학문과 덕망으로 명성을 떨친 성수침이다.

청송 성수침(1493~1564)은 이이의 평생지기인 우계 성혼(1535~1598)의 아버지로서 조광조의 제자였다. 위에서 소개한 이문건도 그의 동학이었다. 본관은 창녕이며 아버지는 대사헌을 지낸 송세순이다.

성수침은 젊은 시절 효성으로 이름이 높았다. 22세에 아버지 송세순이 세상을 뜨자 파주 향양리에서 여묘살이를 했는데 예에 지나칠 정도로 슬퍼하면서 3년 동안 죽만 마셨다. 상복을 벗고 나서도 기제사가 돌아오는 10일 전부터 재계를 하고 제사를 지낼 때에는 애통해하기를 초상 때와 똑같이 했다.(「청송 성선생 행장」(이이), 『율곡전서』)

27세인 1519년(중종 14) 현량과(賢良科)에 천거되었으나 그해 기묘사화가 일어나 스승 조광조가 목숨을 잃자 벼슬을 포기하고 과거시험을 보지 않았다. 집이 한양 백악산(북악산) 기슭에 있었는데 그곳에 조그마한 서실을 지어 '청송'이란 편액을 붙이고 두문불출하면서 학문에 힘썼다. 노년에는 서울 생활을 접고 처가가 있는 파주 우계에서 죽우당을 짓고 은거하다가 세상을 떴다.

성수침은 효행과 학행으로 여러 번 천거되었다. 대표적으로 1552년 (명종 7)에 성수침의 천거장을 보면 "파주에 사는 성수침은 효행이 탁이

하고 청렴으로 자신을 지켰으며, 학문은 경전과 역사에 통달하였습니다. 한가히 지내면서 홀로 즐겼고 과거시험에 나아가지 않았으니, 비록 옛 일민(逸民: 속세를 떠나 숨어 지냄)에 견주어도 전혀 부끄러울 것이 없습니다."고 하였다.(『명종실록』 1552년 7월 11일)

이후 성수침이 세상을 뜨자 당대 명망있는 사람들이 그를 애도했다. 이이가 행장을 짓고, 고봉 기대승이 묘지명을, 퇴계 이황이 묘갈명을, 포저 조익이 묘갈음기를, 묵재 이문건과 이이가 제문을, 대곡 성운이 유사(遺事)를 지었으니 성수침이 당대 학자들 사이에서 얼마나 큰 명망을 얻었는지 미루어 짐작할 수 있다.

이이는 성수침을 스승처럼 따랐는데 아버지가 돌아가시자 삼년상을 마치고 1주기가 되는 1564년(명종 19)에 아버지 묘지를 부탁했다. 성수침은 이 묘지에서 이원수의 부인으로서 사임당을 이렇게 소개했다.

> 신씨는 당시 어질다고 소문났다. 그 글씨 역시 사람들이 보배롭게 여겼다. 나이를 누린 것이 겨우 48세였다.
> 「사헌부감찰 증 의정부좌찬성 이공 묘지명」(성수침), 『묘지문자』

사임당의 글씨가 사람들에게 사랑을 받았다는 이 짧은 글이 인상적인 이유는 성수침이 당대 명필가로서 일가를 이루었기 때문이다. 성수침은 학문과 덕망으로만 이름이 높은 것이 아니라 글씨로도 명성이 높았다. 이이는 성수침의 행장에서 그의 필법이 고졸하며 조화의 묘미가 있었다고 하면서 "글씨를 평론하는 사람이 당대 제일이라고 했다."고 밝혔다.(「청송 성선생 행장」(이이), 『율곡전서』)

현재 전하는 성수침의 글씨는 대체로 해서와 행초이며 그 중에서 행

성수침의 필적 | 보물 제1623호, 대전선사박물관 소장. 16세기를 대표하는 도학자의 명필로 평가받고 있다.

성수침 묘소 | 경기도 파주시 향양리 소재. 부인 파평 윤씨와 쌍분으로 조성되었다.

초가 상당수를 차지한다. 오늘날 연구에서도 성수침의 글씨에 대해 초년에는 16세기 조선 사회를 풍미한 조맹부의 글씨체를 따랐다가 점차 꾸밈없는 선우추의 글씨체에 영향을 받은 것으로 보고 있다. 그러면서도 본인만의 독자적인 글씨체를 개척해 당시 유행하는 글씨체와 차별되는 독창적인 수준에 이르렀다고 평가하고 있다.

이런 성수침이 신사임당 글씨에 대해 사람들이 보배롭게 여겼다고 평가했기에 그냥 지나칠 수 없는 것이다. 비록 짧은 평가이지만 성수침이 사임당 글씨를 보았음이 틀림없으며, 사임당 글씨가 담장 밖을 넘어 여러 사람들에게 완상되었음을 알 수 있다. 이이가 어머니에 대해 "글씨도 잘 쓰셨다."고 했던 것이 그냥 한 말이 아니었던 것이다.

예술인으로 산다는 것은?

앞서 소개한 어숙권은 서얼 출신으로 조선 사회의 아웃사이더였다. 그는 혈통이 미천한 탓에 구조적인 차별을 감내하고 살았지만 사임당과 동시대 사람으로서 뛰어난 학자이자 역사가이자 저술가였다. 그는 민간에 돌아다니는 각종 이야기와 역사적 사실들을 수집해 『패관잡기』를 지었다.

어숙권은 이 책에서 서얼 차별에 대해 비판하였다. 본인이 서얼이므로 어찌 보면 자연스러운 발언처럼 보이지만 신분제 사회에서 이런 자각과 사고는 결코 쉬운 일이 아니다. 어숙권은 "우리나라에서 서얼들은 외갓집도 없게 하며 그 자손을 묶어두어 벼슬길에 나가지도 못하게 한다."고 지적하였다. 어숙권이 비록 서얼 차별을 폐지해야 한다고 강하게 말한 것은 아니지만 현실의 부조리한 현상에 대한 비판적인 시각을 숨기지 않았다.

여성 문제에 대해서도 마찬가지였다. 서얼의 처지와 마찬가지로 여성의 처지도 무언가에 억눌려 있다고 보았다. 어숙권은 "우리 동방의 의논이 옛날부터 부인의 직책은 음식을 만들고 길쌈을 할 뿐이요, 글과 글씨의 재주는 마땅하지 않다고 여겼다. 그래서 비록 타고난 재주가 남보다 뛰어난 사람이 있어도 꺼리고 숨겨 힘쓰지 않았으니 한탄할 일이다."고 탄식하였다. 아웃사이더이던 어숙권이 또 다른 사회적 약자에게 보내는 시선이자 안타까움인 것이다. 그러면서 조선에도 정씨, 성씨, 김씨 등 여성들의 시(詩)가 전하지만 너무 약하다면서 그들과 달리 실력을 보여준 사임당을 소개하였다.

어숙권은 여성이라 해서 음식과 길쌈만 해야 한다고 강요하는 것은 부당하다고 보았다. 남보다 재능이 있다면 여자라고 해도 숨기지 말고 힘써서 재능을 발휘해야 한다고 여겼다. 어숙권의 눈에 비친 사임당은 바로 본인이 바라는 여성의 모습을 보여준 사람이었다. 여성이라 하여 본인의 재능을 감추어서 힘쓰지 않은 것이 아니라 떳떳하게 드러내놓은 사람이었다.

어숙권이 사임당을 화가로서 얼마나 높이 평가했는지를 보여주는 또 다른 글 하나를 소개하고 싶다. '선비로서 그림 잘 그리는 사람'으로 '이난수의 아내 신씨' 곧 사임당을 집어넣은 것이다. '난수'는 사임당의 남편이 '원수'로 이름을 고치기 이전의 이름이다.

근래 선비로서 그림을 잘 그리는 사람이 매우 많다. 산수화에는 별좌 김장과 선비 이난수의 아내 신씨와 학생 안찬이 있다. 새나 짐승을 그린 잡화(雜畵)에는 종실 두성령이 있으며, 풀벌레 그림에는 정랑 채무일이 있고, 먹으로 그린 대나무에는 현감 신잠이 있다. 이들이 가장 유명한 사람들이다.

어숙권, 『패관잡기』

  그렇다면 사임당이 그림을 그리고 붓글씨를 쓴다는 것은 본인에게 어떤 의미였을까? 그것은 자신에게 집중했다는 의미일 것이다. 어숙권은 재주가 뛰어난 여성들이 여성이라는 이유만으로 본인의 재능을 꺼리고 숨겨서 힘쓰지 않는다고 안타까워했다.

  하지만 사임당은 그렇지 않았다. 여성이라 하여 재능을 감추지도 꺼리지도 않았다. 오히려 재능을 더 갈고 닦기 위해 지속적으로 노력했다. 그것은 아들 이이의 눈에 비친 어머니의 모습에서 충분히 짐작할 수 있다.

  사임당의 예술 작품 중에 전칭작이 많지만 이것은 사임당 한 개인의 삶에서 보았을 때에 그다지 중요하지 않다. 그것은 사임당의 삶 자체를 평가하는 데에 큰 영향을 끼치지 못한다. 비록 남아 있는 작품이 없다 해도 당대에 본인을 예술가로 평가한 사람들이 있다는 사실 자체가 예술가로서의 삶을 입증해주기 때문이다. 또 동시에 본인을 포기하지 않던 그 삶이 얼마나 치열했을지도 짐작하게 한다.

2 신사임당의 작품들

신사임당 작품으로 전해오는 그림과 글씨들

오늘날까지 전해오는 사임당의 작품에는 '전칭작(傳稱作)'이라는 말이 따라 다닌다. 곧 사임당의 작품으로 확정된 작품이 아니라 사임당이 그렸다고 '전해오는' 작품이라는 의미다.

전칭작으로 부르는 배경에는 사임당이 48세에 일찍 사망했음에도 불구하고 전문 화가들보다 남아 있는 작품이 훨씬 더 많다는 점, 한 사람이 그렸다고 보기엔 화풍의 편차가 조금 크다는 점이 꼽힌다.

그런데 전칭작이라 해서 모두 가짜라는 의미는 아니다. 아무 작품이나 사임당 작품으로 추정하는 것이 아니기 때문이다. 사임당의 전칭작들은 사임당의 낙관이나 사임당 본인이 작품에 대해 간단히 적은 글은 없지만, 다른 사람들이 쓴 발문이나 글이 있어서 사임당 작품으로 추정할 수 있는 단서를 제공한다. 발문 등에 작품의 소장 경위나 전해 내려

온 내력 등을 적어 놓았으므로 작품 감식에 도움을 준다.

다만, 대부분의 발문을 사임당이나 사임당의 아들 이이와 관련된 사람들이 작성한 데다 작성 시기도 사임당 사후 2~3백 년이 훌쩍 지난 뒤여서 문제다. 또 발문이나 소장 내력도 없이 '전 신사임당'으로만 전해 오는 작품들도 있다. 그래서 사임당의 작품으로 완전히 확정하기 어려워 전칭작이라 하는 것이다.

사임당의 전칭 작품으로서 오늘날 실물이나 사진을 통해 접할 수 있는 그림은 약 80여 점이다. 그림의 종류는 풀과 곤충이 어우러진 초충도, 꽃과 새가 어우러진 화조도, 대나무나 매화 그림, 포도 그림 등이다. 이 가운데 여러 장의 초충도와 화조도로 꾸민 병풍 그림이 많은 편인데, 병풍 6건에 들어있는 그림만 44점 정도 된다.

그런데 사임당의 작품을 둘러싼 논란은 바로 많은 수를 차지하는 초충도와 화조도 때문에 빚어지고 있다. 아들 이이를 비롯해 사임당과 동시대 사람인 어숙권은 사임당이 산수화나 포도 그림에 뛰어났다고 기록했다. 이에 비해 초충도나 화조도는 언급하지 않았다.

하지만 현재 내려오는 작품 중에는 산수화나 포도 그림보다 초충도나 화조도가 훨씬 더 많은 상황이다. 이런 점을 감안하면서 사임당의 그림에 대해 기왕의 연구 성과들을 참조하여 몇 가지만 이야기하고자 한다.

사임당의 그림 작품들

먼저 사임당의 그림 작품 80여 점 중에서 손수 그린 그림으로 추정되는 작품 몇 점을 소개하고자 한다. 사임당이 그린 산수화 중에서 가장 주목받는 작품으로 《산수화》라는 두 폭짜리 병풍이 있다. 지금은 병풍으로 되어 있으나 원래는 화첩에 들어 있던 그림으로 추정하고 있다.

이 그림은 현재 국립중앙박물관에 소장돼 있으며, 중국 명대 초기의 그림 화풍인 절파(浙派) 양식을 보이고 있다. 절파 양식은 15세기 중반 조선에서 선비 화가 강희안 등이 수용한 이후로 16~17세기에 크게 성행한 그림 양식이다. 사임당의 전칭작 산수화들이 대체로 18세기나 그 이후의 양식을 보여주는 데 비해, 이 그림만은 16세기를 전후한 양식을 보이기 때문에 사임당의 작품일 가능성이 높다고 보고 있다.

오늘날 간송미술관에 소장 중인 〈묵포도〉도 아름다운 그림으로서 주목받는 작품이다. '묵포도'는 수묵으로 그린 포도라는 의미다. 전통시대에 먹으로 그리는 포도화는 문인화의 한 갈래를 이루는 그림이다. 문인화란 선비들이 틈틈이 취미로 그린 그림으로서 직업 화가가 그린 그림과 구분해 사용하는 말이다.

간송미술관 소장품인 〈묵포도〉는 필자처럼 그림을 모르는 사람이 보아도 먹의 농담을 이용해 먹을 진하거나 옅게 하여 입체감을 살려낸 수작이다. 포도열매 하나하나가 마치 실물처럼 매달려 있는 모습도 일품이거니와 자연스러우면서도 아름답게 표현된 포도넝쿨과 포도 잎의 형태 또한 매력적인 작품이다.

다음으로 사임당의 그림 작품 중 규모 면에서 가장 비중이 큰 그림이 꽃과 곤충이 어우러진 초충도다. 하지만 현재 사임당이 그렸다고 전하는 초충도에 대해서는 수준과 기법이 일정하지 않다는 평가가 있으며 진위 논란도 있다.

사임당의 그림을 연구한 어느 미술사가는 사임당의 초충도에 대해 "무수히 많은 너무나 유치하고 간결한 초충도들을 과연 어떻게 보아야 할 것인가?"[8] 하고 의문을 던지기도 했다. 이런 점들을 감안하면서 초충도 두 점만 소개하려고 한다.

하나는 현재 국립중앙박물관에 소장된 《초충도》다. 본래 8폭 화첩이었으나 현재는 발문을 적어 넣은 2폭이 보태져서 10폭짜리 작은 병풍으로 전해오고 있다. 이 그림은 세밀한 묘사와 균형 잡힌 구도, 아름다운 색조로 사임당의 전칭작 중 가장 큰 사랑을 받는 작품이다.

더구나 이 그림에 있는 발문 두 개 중 하나가 오세창이 쓴 글이어서 이 작품의 가치를 높이고 있다. 오세창(1864~1953)은 일제강점기에 활동한 서예가이면서 언론인이자 독립 운동가였다. 그는 3·1운동 때에 민족대표 33인 중 한 사람으로서 이 일로 3년간 감옥에서 옥고를 치렀다.

《초충도》의 그림 작품 | 전 신사임당 작품, 국립중앙박물관, 전체 10폭(그림 8폭, 발문 2폭)

일제강점기 최고의 미술 감식가이자 오늘날 간송미술관을 탄생시킨 간송 전형필이 한국의 문화재들을 수집할 때에 도와준 사람도 오세창이었다.

오세창이 오늘날까지 회자되는 가장 큰 이유는 바로 한국 서화사 연구의 보물 창고인 『근역서화징』(1917년 편찬, 1928년 간행)과 『근묵』(34책)이라는 방대한 자료집을 엮었기 때문이다.

『근역서화징』은 신라의 솔거에서부터 일제강점기의 정대유(1852~1927)까지 한국의 예술가 총 1,117인의 작품과 생애, 평전에 관한 자료들을 모아 엮은 책이다. 여기에 신사임당도 들어 있다. 『근묵』은 정몽주를 시작으로 하여 1,136명의 글씨를 모아 엮은 글씨첩이다. 이 두 책은 지금까지도 우리나라의 화가와 서예가 그리고 글씨에 대해 알 수 있는 기본서이자 가장 권위 있는 자료집으로서 중요한 위치를 차지하고 있다.

이런 오세창이 이 《초충도》에 대해 "늙고 쓸모없는 나는 평소 망령되이 평가하는 것을 좋아하지 않는다. 하지만 이 그림에 대해서는 손수 그린 작품으로 단정하는 것이요, 내가 '눈복'이 있는 것을 기뻐한다. 더구나 직암 신경(1696~미상)이 발문에다 이 그림첩의 유래를 매우 소상하면서도 정확하게 적어 놓지 않았던가!"하고 평가해 놓았으니 사임당의 진품으로서 주목받게 된 것이다.

다른 하나는 현재 강릉시 오죽헌·시립박물관에 소장된 《신사임당초충도병》이다. 이 작품은 10폭짜리 병풍으로 강원도 유형문화재 제11호로 지정돼 있어 주목된다. 전체 10폭 중 8폭만 그림이며 나머지 2폭에는 발문이 있다.

《신사임당 초충도병》의 그림 작품 | 전 신사임당 작품, 강릉 오죽헌·시립박물관, 강원도 유형문화재 제11호, 전체 10폭(그림 8폭, 발문 2폭)

이 병풍은 원래 율곡 이이를 배향한 강원도 강릉 송담서원에 있었으나 1804년(순조 4)에 산불이 서원까지 번지면서 분실했다고 한다. 그 후에 박씨 집안이 강릉의 민가에서 입수해 그 후손들에게 전해오다가 1965년 율곡기념관이 건립되자 이곳에 기증한 작품으로 알려져 있다.

다만, 강릉의 읍지인 『중수 임영지』(1933년)에는 이 병풍에 대해 다르게 기록되어 있다. 곧 송산서원에 사임당이 그린 8폭짜리 초충도 병풍이 보관되었는데 1804년에 서원에 화재가 났을 때에 이 그림도 불에 타 버렸다고 했다. 이에 대해 노산 이은상은 병풍에 남아 있는 발문을 근거로 하여 읍지의 기록이 틀렸다고 보았지만, 석연치 않은 점이 있는 것이 사실이다.

사임당의 글씨 작품들

오늘날 사임당이 쓴 글씨로 전해오는 작품은 7점이다. 여기에 〈초서 당시오절(唐詩五絶) 6수〉(강릉시 오죽헌·시립박물관 소장)를 그대로 새겨서 찍어낸 판각본 1점이 더 있다. 그러므로 이 판본까지 합치면 8점이 된다.

글씨 7점 중에서 6점은 초서로 썼고, 〈해행 사언잠〉(잔편) 1점만 단정한 정자체를 기본으로 하면서도 군데군데 약간 흘려 쓴 글씨들이 섞여 있다. 이 서예 작품 모두 그림과 마찬가지로 전칭작이라 불린다.

신사임당이 쓴 글씨로 전해오는 작품들

	작품 이름	장황	소장처
묵서	초서 당시오절(唐詩五絶) 6수	병풍	강릉시 오죽헌·시립박물관
	초서 당시오절 8수	병풍	선비박물관
	초서 당시오절 5수	액자	개인
	초서 당시오언제시(唐詩五言題詩) 2수	병풍	국립중앙박물관
	초서 당시오율(唐詩五律) 1수	액자	동아대학교박물관
	초서 송시오칠(宋詩五七) 2수 (부분)	첩(帖)	개인
	해행(楷行) 사언잠(四言箴)(잔편)	액자	개인
판각본	초서 당시오절 6수 판본	첩	서울대 규장각한국학연구소 《사임당필적》 외

(근거: 이완우, 「사임당과 옥산의 글씨」, 『신사임당 가족의 시서화』, 159쪽)

사임당의 글씨 중에서는 오늘날 강릉시 오죽헌·시립박물관에 소장 중인 〈초서 당시오절 6수〉《신사임당 초서병풍》가 대표적인 작품으로 꼽히고 있다. 총 8폭의 병풍으로 사임당 글씨는 제1폭에서 제6폭까지다.

내용은 중국 당나라 시인들이 지은 시로서 한 폭마다 시 1수씩 배치했다. 제7폭에는 1774년(영조 50) 강릉 부사 이형규가 쓴 발문이 있으며, 제8폭에는 1963년 강원도지사 이룡이 쓴 발문과 1971년 노산 이은상이 쓴 발문이 함께 들어 있다.

이 가운데 이형규가 1774년 5월 하순에 쓴 발문에 이 작품이 전해내려 온 경위가 소상히 들어 있다. 이형규는 1773년에 강릉 부사로 부임했다가 이듬해에 갈려서 떠났는데 이 사이에 사임당 그림과 인연을 맺었다.

발문을 소개하면, 이 작품은 원래 사임당의 종손녀(권처균의 딸)가

사임당에게 얻어서 강릉 최씨의 자손들에서 물려주었다. 그런데 후손들이 오래전에 이웃 고을의 어느 사람의 꾐에 빠져 그만 그의 수중에 들어가고 말았다. 이 일을 알게 된 이형규가 이웃 고을에 공문을 보내 도로 찾아와 작은 병풍으로 만들어 최씨 집안에 돌려주었다고 한다.

한편 이 작품은 1869년(고종 6)에 강릉 부사로 부임한 윤종의가 모사하여 목판으로 찍어낸 작품으로도 남아 있다. 표에서 소개

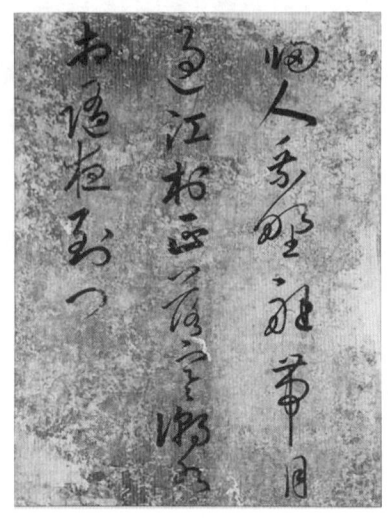

《신사임당 초서병풍》의 글씨 작품 | 전 신사임당 작품, 강릉 오죽헌·시립박물관, 강원도 유형문화재 제41호, 전체 8폭(글씨 6폭, 발문 2폭)

한 판각본 〈초서 당시오절 6수 판본〉이 이것으로 총 8판으로 이루어져 있다. 제1판에서 제6판까지는 사임당의 필적을 찍어낸 것이며, 나머지 제7판 · 제8판은 1869년에 윤종의가 쓴 발문이다. 판각본에는 강릉 부사 이형규의 발문은 들어 있지 않다.

윤종의는 1868년에 강릉에 부임하여 1870년에 갈려서 떠났는데 그역시 그동안에 사임당의 필적을 본 것이다. 윤종의는 병산 마을의 최씨 집에 보관 중인 병풍을 보았는데 병풍의 종이가 너무 얇고 좀이 먹었으며 연기에 그을려 때까지 묻어 있어서 조만간 없어질 수도 있다고 우려해 글씨를 모사하여 목판으로 찍어냈다고 밝히고 있다.

두 사람의 노력으로 오늘날 이 작품을 대할 수 있게 되었는데 두 사

람의 발문 중 잘못된 내용이 있다. 두 발문에서 모두 이 작품이 사임당의 종손녀(권처균의 딸)가 사임당에게 얻었다고 했는데 사임당이 죽던 해에 권처균(1541~?)의 나이 11세에 불과하므로 딸이 있을 수 없다. 아마도 집안에서 내려오는 이야기를 그대로 믿고 쓴 것 같다. 이미 이은상도 이 내용이 잘못되었다고 밝혀 놓았다.[9]

끝으로 오늘날 사임당의 글씨 작품 7점 가운데 초서가 6점이다. 사임당의 초서체는 그 서체를 연구한 미술사가의 견해에 따르면 16세기 전반 이후 조선에서 유행한 초서체와 다르다고 한다. 16세기 전반의 명필가 김구(1448~1534), 하서 김인후(1510~1560) 및 이우(사임당의 막내 아들)의 장인인 황기로(1521~?) 등이 구사한 초서체는 중국 명나라 초서풍의 영향을 받아 자유분방하면서도 파격적인 모양을 띠고 있다고 한다.

이에 비해 사임당의 글씨는 깔끔하고 단정하면서도, 둥근 필획과 곧은 필획이 조화를 이루고 있다. 사임당의 글씨체는 아들 이우를 비롯해 호남지방에서 활약한 백광훈과 그의 아들 백진남(1564~1618), 한석봉으로 더 잘 알려진 한호(1543~1605) 등의 글씨에서 발견할 수 있으며, 그 중에서도 백진남이 사임당 글씨체를 가장 잘 계승한 사람이라 한다. 결론적으로 사임당을 16세기 초서풍의 한 계통을 연 개창자로 평가할 수 있다고 보았다.[10]

이상으로 사임당의 작품들을 간단하게 소개했다. 오늘날 남아있는 사임당의 작품들은 전칭작이 대부분이다. 그래서 아직까지 사임당의 작품을 둘러싼 논란이 계속되고 있으며, '예술가' 사임당에 대해 의심의 눈초리를 보내는 사람들도 있다. 그렇다면 사임당의 작품에 왜 전칭작이 많은지에 대해 다음 장에서 구체적으로 이야기하고자 한다.

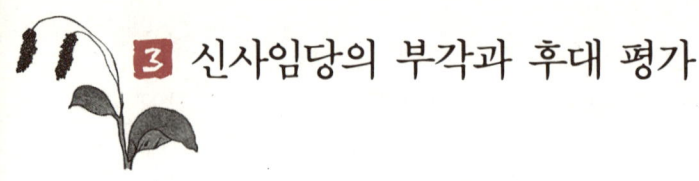

3 신사임당의 부각과 후대 평가

17세기 이후 사임당 작품에 헌정된 글들

사임당은 누군가의 딸이자 아내이자 며느리이자 어머니였다. 그러면서도 예술가로서의 자질을 포기하지 않고 공부하고 그림을 그리고 글씨를 쓰면서 본인에게 몰두한 여성이었다.

그러면 당대에 예술가로서 이름을 얻은 사임당의 작품 중에는 왜 전칭작들이 많은 것일까? 이 문제는 단순하지 않으므로 몇 가지 사항을 차례로 정리하면서 접근할 예정이다.

17세기 이후 신사임당 작품에 대한 글들

구분	필자	제목	글 소재처	비고
그림	이경석 (1595~1671)	신부인 산수화에 쓴 서문 [申夫人山水圖序]	『백헌집』	
	송시열 (1607~1689)	신부인 그림병풍에 쓴 발문 [申夫人畫障跋]	『송자대전』	

		• 사임당이 그린 난초에 쓴 발문
		  [師任堂畫蘭跋]
		• 사임당이 그린 난초에 다시 발문을 쓰다
		  [再跋]
			『송자대전』	제목은 다르지만 내용이 서로 같음

		가을 풀과 나비 떼 그림에 쓰다 [題申夫人秋草群蝶圖]	『근역서화징』	
	정 호 (1648~1736)	사임당 그림첩에 쓴 발문 [師任堂畫帖跋]	『장암집』	
	권상하 (1641~1721)	《죽과어화첩》에 쓰다 [題竹瓜魚畫帖]	『근역서화징』	
	송상기 (1657~1723)	사임당 그림첩에 쓴 발문 [思任堂畫帖跋]	『옥오재집』	'사(思)'자로 씀
	김진규 (1658~1716)	사임당 초충도 뒤에 쓰다 [題思任堂草虫圖後]	『죽천집』	
	조유수 (1663~1741)	사임당 그림병풍에 쓰다 [題思任堂畫障子]	『후계집』	-'사(思)'자로 씀 -시(詩)
	어유봉 (1672~1744)	율곡선생 어머니 신씨의 화첩 뒤에 쓰다 [栗谷先生母夫人申氏畫帖後題]	『기원집』	
	신정하 (1680~1715)	장령 정종지가 소장한 사임당의 초충도를 노래하다 [鄭掌令宗之所藏師任堂草蟲圖歌]	『서암집』 『근역서화징』	시(詩)

구분	필자	제목	글 소재처	비고
그림	조구명 (1693~1737)	이의진이 소장한 신부인 그림첩에 쓰다〈1737년〉 [題宜鎭所藏申夫人畫帖〈丁巳〉]	『동계집』	
		사임당 그림첩에 쓰다 [題思任堂畫帖]	『건천고』	'사(思)'자로 씀
	권 헌 (1713~1770)	이의진 군의 집에서 본 사임당 신부인 그림에 쓰다 [李君義鎭宅觀師姙堂申夫人題畫]	『진명집』	시(詩) '임(姙)'자로 씀
		사임당 그림첩에 쓰다 [題師姙堂畫帖]		'임(姙)'자로 씀
	송환기 (1728~1807)	사임당이 수놓은 주머니 발문 [師任堂繡囊跋]	『성담집』	
	신석우 (1805~1865)	사임당이 그린 매화 발문 [師任堂畫梅跋]	『입재집』	
	송근수 (1818~1903)	사임당 매화첩 발문 [師任堂畫梅帖跋]	『입재집』	
	송병선 (1836~1905)	사임당 매화첩 뒤에 적다 [書師任堂畫梅帖後]	『연재집』	
글씨	송시열	• 신부인 필적 뒤에 적다 　[書申夫人筆跡後] • 다시 쓰다[再書]	『송자대전』	
	신 경 (1696~?)	사임당 필적 뒤에 적다 [書師任堂手蹟後]	『직암집』	
	윤종섭 (1791~1870)	사임당 글씨첩에 쓰다 [題姙堂筆帖]	『온유재집』	'임(姙)'자로 씀
	윤종의 (1805~1886)	사임당이 쓴 오언절구 여섯 판에 쓰다 [題師任堂筆蹟五絶六板]	『근역서화징』	〈초서 당시오절 6수〉판본

사임당의 예술세계 또는 그 작품들에 대해 쓴 글들은 크게 두 종류가 있다. 하나는 아들 이이나 이문건, 어숙권 등 동시대 사람들이 쓴 기록으로 앞서 소개한 대로 신뢰할 만한 자료라 생각한다. 다른 하나는 17세기 이후 사임당의 아들 이이를 존숭하는 사람들이 쓴 글들이다.

기록의 규모나 양으로 보면 단연 후자가 많다. 대부분 사임당 작품에 써놓은 제사(題詞)나 발문들이다. 제사나 발문 모두 문체의 하나로 서적이나 그림, 글씨 등에 기념으로 적은 글이다. 앞에 쓰면 '제사' 또는 '제'라 하고, 뒤에 쓰면 '발문' 또는 '발'이라 한다. 보통 작품에 대해 남기고 싶은 이야기나 생각, 작품평, 중요 사항 등을 적는다.

표 〈17세기 이후 신사임당 작품에 대한 글들〉은 현전하는 조선시대 문집에서 사임당 작품에 대해 쓴 글들을 대략 조사한 결과다. 사임당의 전칭 작품들에 붙어 있는 발문들은 필자가 작품들을 직접 볼 수가 없어서 제외했으며 문집에 실린 글들을 위주로 정리했다.

표에서 글을 남긴 사람들의 활동 시기를 보면 이경석·송시열부터 시작해서 17~18세기에 집중적으로 분포되어 있다. 이들 중에는 송시열을 비롯해 은진 송씨들이 4명이나 되며 송시열의 제자들이 많이 눈에 띈다. 송환기·송근수·송병선은 모두 송시열의 후손이다. 송환기는 송시열의 5세손, 송근수는 8세손, 송병선은 9세손이다.

송상기는 송시열의 제자로 송시열이 사약을 받고 죽자 벼슬을 버리고 낙향했다가 정계에 복귀한 인물이다. 정호는 송강 정철의 현손으로 송시열의 제자 중 가장 촉망받은 사람이었다. 권상하 역시 송시열의 제자로서 송시열이 사약을 받고 죽을 때에 유배지에서 스승의 임종을 지켰다. 김진규는 숙종의 첫 번째 왕비인 인경왕후의 오빠로서 송시열의 제자다. 전서와 예서를 잘 쓰고 산수화를 잘 그린다는 평가를 받았다.

19세기 인물 중 윤종섭은 재야 학자로서 과거시험을 보지 않고 천거로 참봉에 임명된 사람이다. 정조 대에 재야 학자로서 천거로 중용된 오희상이 그의 스승이다. 오희상 역시 노론이자 이이-김장생-김집-송시열로 이어지는 기호학파의 학맥을 잇는 인물이다. 따라서 윤종섭도 스승 오희상과 학맥을 같이한다고 볼 수 있다.

다음으로 상대적으로 인원이 많지 않지만 송시열과 정치적인 노선을 달리한 사람들의 글도 눈에 띈다. 신정하는 일찍부터 문장이 뛰어나 스승 김창협으로부터 인정을 받은 재원이었다. 36세에 요절했는데 시문과 서화 평론이 뛰어났으며 장서가로도 유명했다. 신정하의 스승 김창협은 송시열과 정치나 학문 면에서 뜻을 같이했다. 그런데 신정하는 스승과 달리 송시열과 대립한 윤증(1629~1714)을 옹호한 인물이다. 아버지 신완이 윤증의 제자였기 때문이다.

조유수는 성균관 유생으로 있을 때에 소론의 구심점 역할을 한 박세채(1631~1695)의 억울한 죄를 풀어달라고 상소한 사람이다. 박세채는 이이가 지은 『격몽요결』을 통해 학문을 시작했고 평생 이이를 존경한 인물이다. 신경은 박세채의 외손으로 박세채의 문묘배향을 주장하다가 조정에서 배척당한 사람이다.

이밖에 조구명도 소론의 명문가인 풍양 조씨로서 문장에 정진해 당대 최고의 문장가로 이름을 떨쳤다. 그의 큰형 조준명의 영향으로 서화에도 큰 관심을 가져 당대 이름난 서화가들의 작품을 감상하고 나서 그에 대한 글들을 다수 지었다.

이와 같이 사임당의 작품에 글을 남긴 사람들은 공통점이 있다. 송시열과 관련이 있는 서인·노론 계열의 학자들이 많다는 점, 정파가 소론이지만 학문의 자양분과 연원을 율곡 이이에 두고 있으며 정치적 뿌리가 서인으로 같다는 점이다. 그렇다면 이런 현상이 왜 일어났으며, 이 문제가 사임당 작품에 전칭작이 많은 까닭과 어떤 연관을 맺고 있는지 궁금해진다.

송시열이 사임당을 높인 이유는?

신사임당은 오늘날 한국인이라면 모르는 국민이 없을 정도로 유명하지만 처음부터 이와 같이 존숭을 받은 것은 아니다. 사임당이 이이의 어머니를 넘어 한국의 어머니로 자리잡게 된 데에는 특별한 연원과 배경이 있으며, 그 첫 시작을 바로 송시열이 열었다.[11]

송시열(1607~1689)은 조선시대 정치사에서 절대 빠트릴 수 없는 인물이다. 27세에 생원시에 장원으로 합격하면서 명성을 얻기 시작한 송시열은 병자호란의 충격으로 재야에서 학문에만 몰두하다가 1649년 효종이 즉위하면서 명망 있는 재야 인재를 영입할 때에 비로소 조정에 섰다. 1689년(숙종 15)에 사약을 받고 죽을 때까지 조정과 재야를 오가며 정치권에 막대한 영향을 끼쳤다.

송시열의 학문은 이이의 학문과 사상에 연원을 두었다. 이이의 제자인 김장생(1548~1631)을 스승으로 모셨으며 김장생의 아들 김집에게도 배웠다. 학계에서는 율곡 이이의 학문에 연원을 둔 학파를 '율곡학파'라 부른다. 이 율곡학파의 계통이 이이-김장생-김집-송시열로 이어지면서 송시열의 학문과 사상, 정치적 견해가 서인과 서인에서 갈린 노론

송시열 초상 | 국보 제239호, 국립중앙박물관

의 사상 기반이 되었다.

　1575년(선조 8)에 정치권이 동인과 서인으로 갈리면서 본격화한 당쟁은 이후 정치권에 몸담은 사람들에게 자의든 타의든 정치적 입장을 선택하게 했다. 처음에는 동인이 정계를 주도했다. 그러다가 동인은 정여립의 옥사를 과도하게 다루면서 서인 세력인 정철의 죄를 처리하는 문제를 놓고 남인과 북인으로 다시 갈리었다. 이 중 북인은 정치적인 이해관계에 따라 분파했다가 광해군과 함께 대부분 몰락하고 말았다.

　서인은 1623년 인조반정으로 정권을 장악하면서 정계를 주도했으나 여전히 남인 세력도 만만치 않았다. 그러다가 1683년(숙종 9) 무렵 서인이 노론과 소론으로 갈리고 1694년 갑술환국 이후로 노론과 소론이 본격적으로 대립하면서 조정은 크게 노론·소론·남인으로 나뉘었다. 이후 여러 사건을 거치면서 남인과 소론은 점차 세력을 잃어갔고 노론이 정권을 독식했다. 노론은 송시열 계열이고, 소론은 윤증 계열이며, 남인은 이황과 조식 계열이라 할 수 있다.

인조반정 이후 서인 세력이 정권의 정당성을 확보하고 학맥을 공고히 하기 위해 집요하게 추진한 사업이 있었다. 곧 이이를 문묘에 배향하는 일이었다. 문묘는 공자를 받드는 사당으로 여기에 조선시대 학자들이 가장 숭모한 주자도 함께 모셨다.

유학을 통치 이념으로 삼은 조선 왕조에서 공자와 주자를 모신 문묘에 함께 배향이 된다는 것은 비록 사후의 일일지라도 유학자라면 누구나 소망하는 최고의 영예였다. 이황(1501~1570)은 이미 1610년(광해 2)에 김굉필·조광조·정여창·이언적과 함께 문묘에 배향되었다.

바로 이러한 사정 때문에 서인 세력은 정권을 잡자마자 이이의 문묘 배향을 실현시키고자 했다. 하지만 정계를 완전히 장악하지 못한 상태여서 남인 세력의 반대를 누르는 일이 쉽지 않았다. 결국 1682년에야 이이를 문묘에 배향했으나 이조차도 1689년에 남인이 정권을 잡으면서 내쫓기고 말았다. 그 후 1694년에 서인 세력이 정권을 확고하게 잡고 나서야 이이를 문묘에 영구히 배향할 수 있었다.

인조반정 이후로 서인 세력이 이이의 존재를 드러내기 위해 매진한 이유는 정파 및 학파의 이해관계 때문이었다. 그리고 서인 세력이 이이를 문묘에 배향하기 위해 정쟁도 불사하던 그 시절에 서인 계열의 학자들이 사임당의 작품들에 제사나 발문을 쓰기 시작했다. 사임당을 높이는 일이 곧 이이를 높이는 일이기 때문이었다. 바로 그 선봉에 송시열이 있었다.

사임당에 대한 불편한 진실: "마땅히 율곡을 낳으실 만하다!"

17세기 중반 이후로 송시열을 비롯한 서인 및 노론 세력은 이이를 현창하는 일에 전념했다. 그것은 본인들의 학문적 연원을 드높이고 정치적 권력을 공고히 하려는 의도가 농후했다. 그리고 이 과정에서 성현 이이를 낳을 수밖에 없는 필연적인 결과로 사임당의 재능을 부각했다.

송시열의 스승이자 이이의 학통을 잇는 김장생(1548~1631)은 사임당에 대해 이렇게 적었다.

> 신씨는 기묘명현(己卯名賢) 신명화의 딸로서 자질과 천성이 아주 뛰어나, 예의에 익숙하고 시(詩)에 밝았으며 옛날 여자의 법도를 모르는 것이 없었다.
>
> 「(이이) 행장」(김장생), 『율곡전서』

김장생은 사임당을 자질과 천성이 뛰어나며 시를 잘 짓는 여성으로 부각하면서도 여자의 법도를 잘 아는 여성으로 높게 평가했다. 하지만 그림이나 글씨에 관한 언급은 전혀 찾아볼 수 없다. '기묘명현'이란 조광조가 희생당한 기묘사화에 연루된 선비라는 뜻이다.

조광조는 이황과 함께 일찌감치 문묘에 배향된 인물로 조선 성리학의 학통을 따질 때에 차지하는 위치가 높다. 그러므로 이 사화에 연루되었다는 것 자체가 학문과 지조가 높았다는 사실을 입증해주므로 '기묘명현'이라 표현한 것이다.

그런데 송시열은 사임당을 바라보는 관점이 스승 김장생과 조금 달랐다. 이 점은 송시열이 사임당의 그림에 쓴 발문에 잘 나타나 있다. 송시열의 문집 『송자대전』에는 이 발문의 제목이 「사임당이 그린 난초 발문」으로 되어 있고, 『근역서화징』에는 「가을 풀과 나비 떼 그림에 쓴 발문」으로 되어 있다. 서로 제목은 다르지만 내용은 같다.

> 이 그림은 돌아가신 증 찬성 이공(李公: 이원수)의 부인 신씨가 그린 것이다. 그 손가락 끝에서 나온 그림도 이처럼 혼연히 자연스럽게 이루어져서 마치 사람의 힘을 쓰지 않은 것 같은데, 하물며 오행(五行)의 정수를 얻고 원기(元氣)의 융화(融和)가 모여서 진정한 조화를 이룬 것임에야! 마땅히 율곡 선생을 낳으실 만하다!
>
> 송시열, 「사임당이 그린 난초 발문」, 『송자대전』

송시열은 사임당의 그림을 감상한 후에 사임당이 '율곡선생'을 낳은 것이 마땅하다며 찬사를 아끼지 않았다. 제목만 발문이지 내용은 사임당에게 올리는 헌정사에 가깝다. 성리학에 입각하여 그림을 평가하면서 사임당이 '율곡선생'의 어머니일 수밖에 없다고 강조했다.

조선시대에 성리학을 연구한 남성 학자들은 여성의 학문이나 예술 활동이 여성의 분수에 맞지 않는다고 보았다. 그 대신에 '봉제사 접빈객' 곧 제사를 잘 받들고 집에 찾아오는 손님들을 잘 대접하는 일을 여성이 가장 힘써야 할 직분으로 제시했다. 이런 사회 분위기에서 성리학 연구와 해석에 절대적인 영향력을 끼친 송시열이 사임당의 예술 작품을 위대한 어머니의 증거로 제시했으니 참으로 자기모순이 아닐 수 없다.

이뿐만이 아니었다. 송시열은 사임당의 남편 이원수의 일대기를 쓰면서도 "공이 이 현숙한 부인을 얻어 위대한 현인[大賢: 이이]을 낳았다." 고까지 했다. 만약 이원수에게 사임당처럼 부각시킬 만한 학문의 업적이나 예술 작품이 있었다면 사임당 못지않은 조선의 아버지가 될 수도 있었을 것이다.

송시열의 찬사 이후 사임당은 이이를 낳은 위대한 어머니로 칭송받았고 서인 및 노론 계열의 학자들이 주로 여기에 동참했다. 송시열의 제자 송상기는 사임당이 그린 초충도를 보고 나서 "벌레 나비 등은 더 신묘한 경지에 들어가 마치 살아 움직이는 듯해서 붓으로 그린 것 같지 않다."고 했다. 앞의 표에 나오는 글들 중에서 송상기의 글을 소개하는 이유는 송상기의 발언이 의미심장하기 때문이다.

송상기는 잘 그린 그림이라고 해서 모두가 귀한 그림이 되는 것은 아니라고 했다. 그림을 그린 사람의 됨됨이가 훌륭해야 그림이 더 귀하게 된다고 주장했다. 그렇지 않으면 아무리 잘 그린 그림이라도 훌륭한 가치를 얻기 어렵다는 것이다. 그러면서 사임당에 대해 이렇게 칭송했다.

> 사임당의 맑은 덕과 훌륭한 행실을 지금도 거론하는 자들은 규문의 최고 모범이 된다고 칭송한다. 하물며 율곡 선생을 아들로 두었으니 더 말할 것이 있겠는가! 선생은 세상의 영원한 스승이다. 세상에 어찌 그 사람을 스승으로 삼으면서 그 스승의 어버이를 존경하지 않는 이가 있겠는가? 그

렇다면 부인이 세상에 전해질 수 있는 이유가 진실로 충분한데 게다가 이 화첩까지 있어서 일조를 한다.

송상기, 「사임당 화첩 발문」, 『옥오재집』

송상기는 사임당이 율곡의 어머니라는 사실만으로도 그 이름이 충분히 세상에 전해질 만한데 거기에다가 뛰어난 솜씨를 보인 그림첩까지 전하고 있으니 존경을 받아 마땅하다고 본 것이다. 그러면서 이 그림첩이 역사기록과 함께 금과옥조처럼 소중히 후세에 전해져 영원히 빛날 것이라고 예견까지 했다.

송상기가 본 그림은 정필동(1653~1718)이 소장한 초충도였다. 앞서 소개한 신정하도 이 그림을 보고서 〈장령 정종지가 소장한 사임당의 초충도를 노래하다〉는 시를 지었다. '종지'는 정필동의 자(字)이며, 정필동이 강릉 부사로 갔을 적에 사임당의 초충도를 얻어가지고 돌아와 여러 사람에게 발문을 받았다고 한다.(『근역서화징』) 그런데 필자가 강릉 읍지를 조사한 결과 정필동이 강릉 부사로 부임한 기록은 없다. 그 대신에 강릉의 위쪽에 있는 양양 부사를 지낸 적은 있다.

송상기의 사례에서 보듯이 사임당은 17세기 전반 이후로 이이를 부각하고 현창하는 과정에서 이이의 어머니로 추앙받았다. 그리고 이 과정에서 포도나 초충도 등의 작품들이 사임당의 작품으로 간주되거나 사임당의 이름으로 제작, 전래되는 현상으로 이어졌을 것으로 보인다. 더구나 사임당의 작품일 수도 있고 아닐 수도 있는 작품들에 서인 및 노론 계열의 학자들이 주로 글을 남겨 놓으면서 전칭작이 더 많아졌을 가능성도 높아 보인다.

따라서 17세기 전반 이후에 나온 사임당에 관한 글들은 이런 배경을 미리 알아야 그 글들에 일방적으로 휘둘리지 않는다. 사임당 신화의 창출이라고도 할 수 있는 이 현상이 오늘날 우리에게 주는 교훈은 역사라고 믿고 있던 사실 안에 숨겨진 진실과 마주했을 때에 회피하지 말아야 한다는 것이다. 사임당에 대한 이 불편한 진실을 마주해야만 사임당이라는 인물을 역사 안에서 더 잘 볼 수 있기 때문이다.

2부

강릉,
신사임당이 나고 자란 곳

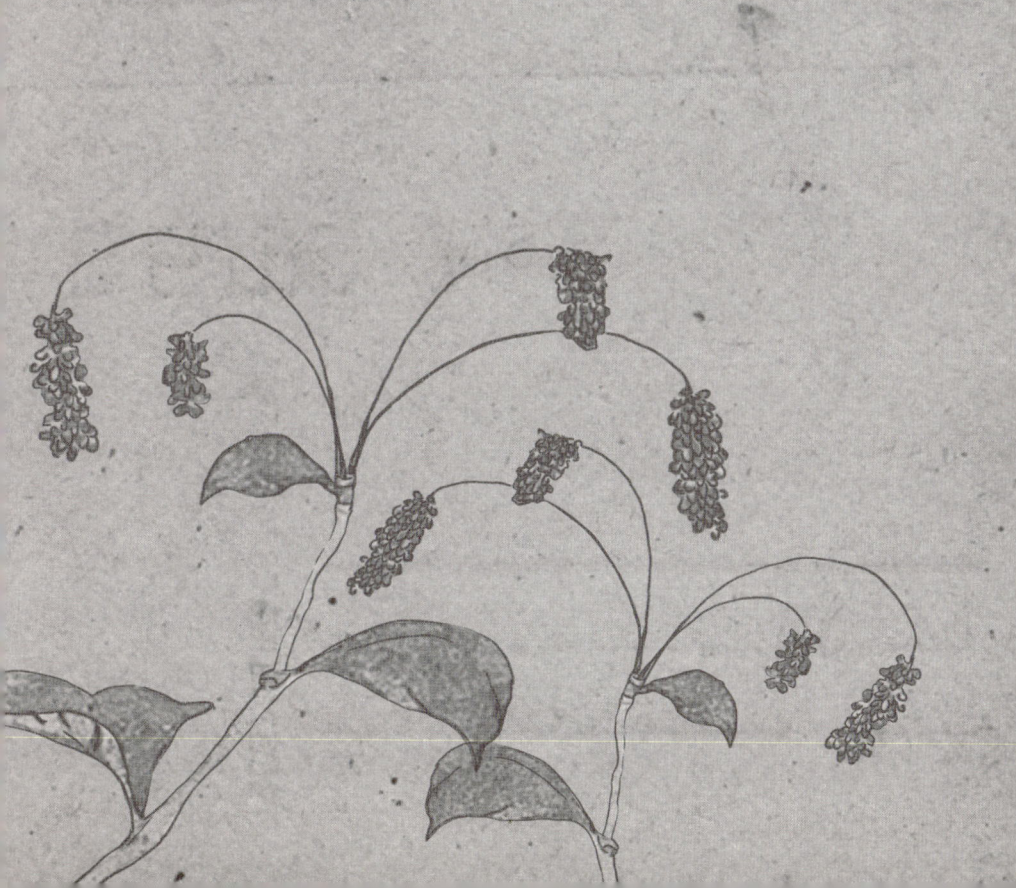

1 외가가 고향이 되다

시(詩)가 피어오르는 강릉

강원도 강릉은 사임당의 외가이자 고향이다. 강릉은 예로부터 예국(濊國), 하슬라(何瑟羅), 명주(溟洲), 동원(東原) 등으로도 불렸지만 조선시대 내내 사람들은 '임영'이라는 이름을 아끼고 사랑했다.

사임당이 대관령을 넘으면서 지은 〈대관령을 넘다가 친정을 바라보며〉[유대관령망친정(踰大關嶺望親庭)]라는 시에도 '임영'이 등장한다. 임영은 큰 바다에 닿아 있는 고을이라는 뜻을 담고 있다.

흰머리 소복한 어머니는 임영에 계시건만
나는 한양으로 홀로 떠나가네.

강릉의 동쪽이 바다라면 서쪽에는 대관령이 우뚝 서 있다. 해발

대관령 고개 | 디지털강릉문화대전

832m의 대관령은 험준한 고개이나 강릉 사람들에게는 지역을 지켜주는 신령스러운 산과 진배없었다. 백두산에서 산맥이 구불구불 남쪽으로 뻗어 내려온 대관령은 산허리에서 옆으로 뻗은 길만 아흔아홉 굽이라고 한다. 이 수많은 고개 중 서쪽으로 난 큰 길을 넘어야 서울로 통할 수 있었다.

『신증동국여지승람』은 사임당이 스물여섯 되던 해인 1530년(중종 25)에 국가사업으로 편찬된 전국 지리지다. 여기에는 강릉의 풍속과 경관이 상세히 기록되어 있다.

고려의 문인 김극기(1131~1202)는 대관령의 웅장함을 "대관산(大關山: 대관령)이 푸른 바다 동쪽에 높은데 / 온갖 골짜기 물이 흘러나와 물이 천 봉우리를 둘렀네 / 험한 길 한 가닥이 높은 나무에 걸렸는데 / 긴 뱀처럼 구불구불 모두 몇 겹인지!"라는 시로 표현하였다.

고려 말의 문신 김구용(1338~1384)은 강릉에 대해 붓을 대면 구름이나 안개처럼 뭉게뭉게 시를 피어오르게 하는 곳이라고 추켜세웠다. 조선 초 유명한 문장가인 서거정(1420~1488)은 "우리나라 산수의 훌륭한 경치는 관동이 첫째이고, 관동에서도 강릉이 제일이다."라고 하였다. 조선시대에 강원도는 대관령을 기준으로 동쪽을 관동, 서쪽을 관서로 구분해 불렀다.

이처럼 강릉은 관동에서 제일이라는 평가를 받을 만큼 아름다운 풍광으로 사람들 사이에 회자되었다. 그래서 풍류를 좋아하는 사대부라면 누구나 한번 가보는 것이 소원일 정도로 조선시대 내내 큰 사랑을 받았다.

강릉의 풍속 '청춘경로회'

강릉은 자연경관이 아름답다 보니 사람들의 마음도 평화로웠던 것 같다. 강릉사람들은 오래 전부터 "성품이 착하고 성실하며 욕심이 적어서 부탁을 하거나 구걸하지 않는다."는 평판을 들었다.(『신증동국여지승람』)

강릉에서는 아름다운 풍광 속에서 여러 가지 풍속도 생겨났다. 세종 대에 청백리로 유명한 황희(1363~1452)도 "예의로써 서로 먼저 대하는 역사가 깊은 땅이로다!"라는 시를 지어 강릉의 풍속을 칭찬했다. 그중에서 눈길을 끄는 풍속이 '청춘경로회(靑春敬老會)'라는 노인 공경 행사다.

'청춘'과 '경로'가 합쳐져 유쾌한 인상을 주는 청춘경로회는 매년 좋은 절기가 되면 고을 사람들이 나이 70 이상 된 어른들을 경치 좋은 곳에 초청해 음식을 대접하는 유서 깊은 행사였다. 양반과 천인의 구분도 두지 않아 신분이 낮은 사람이라도 나이 70이 된 사람은 초청 대상이 되었다.

당시 판부사 조치는 이 풍속을 아름답게 여겨 기금을 마련해 청춘경로회를 계속 유지하고자 했다. 세종 대에 활동한 관료로 알려진 조치는 관아 재정 중 일부 남은 비용을 덜어내어 행사에 쓸 밑천을 마련했다. 이 기금을 잘 관리하기 위해 부지런하면서도 신중한 사람을 골라 회계를 맡겼다.

> 고을 풍속이 늙은이를 공경하여 매양 좋은 절후를 만나면 나이 70 이상 된 자를 청하여 경치 좋은 곳에 모아 놓고 위로한다. 판부사 조치가 이를 좋게 여겨 밑천을 마련해서는 부지런하며 조심성 있는 자를 뽑아 그 금전 출납을 맡겨 모임의 비용으로 쓰게 했는데 이 모임을 '청춘경로회'라 불렀다. 비록 미천한 사람이라도 나이 70된 사람은 모두 모임에 오게 했다.
>
> 『신증동국여지승람』 강원도 강릉도호부

강릉 사람들과 조치의 노력으로 청춘경로회는 조선 후기까지 이어졌다. 실학의 아버지로 꼽히는 성호 이익(1681~1763)은 '성호학파'를 형성할 만큼 후대 학자들에게 큰 영향을 끼쳤다. 천주교를 학문적으로 연구하고 사회 개혁안들을 제시한 이익은 『성호사설』이라는 책에서 「강릉풍속」이라는 제목으로 청춘경로회를 소개했다.

이익은 강릉에서 청춘경로회의 전통을 폐기하지 않고 절차를 쉽게 고쳐 당시까지 계속 시행하는 점을 높이 샀다. 그러면서 오직 노인 공경에 중점을 두어서 예전처럼 70세 이상 노인은 물론 60세 이하 노인들에게도 술잔을 올리고 절을 하는 의례 과정을 자세히 소개했다.

글 읽는 소리가 넘쳐나는 강릉

강릉 사람들은 공부도 좋아했던 것 같다. 『신증동국여지승람』(1530년)에는 강릉 사람들에 대해 "다박머리 때부터 책을 끼고 스승을 따른다. 글 읽는 소리가 마을에 가득 들리며 게으름 피우는 자는 여럿이 함께 나무란다."고 소개했다.

현재 강릉시 교동에 자리한 강릉향교(강원도 시도유형문화재 제99호)에 가보면 이 말이 그저 하는 미사여구가 아님을 느낄 수 있다. 강릉향교의 경내에 들어서는 순간 앞쪽에 자리한 명륜당의 압도적인 위용에 놀라고, 이어서 대성전 쪽으로 들어서면 향교 전체의 규모와 고색창연한 아름다움에 다시 한 번 더 놀라게 된다. 대성전은 보물 제214호로서 조선 초기의 대표적인 건축물로 손꼽히고 있는데 오랜 세월의 흔적이 감동을 안겨 준다.

기록상 강릉에 학교가 보이는 시기는 12세기 초인 고려 예종 때다. 당시 강릉에 있던 향교가 화재로 불타고 말았다. 그 후 2백여 년 동안 방치되다가 1313년(고려 충선왕 5)에 강릉 안렴사 김승인이 화부산 아래에다 복구했다. 향교는 지방에 세운 학교로서 당시 강릉에서 유일한 공공 교육기관이었다. 강릉향교가 복구되자 이를 계기로 전국에서 향교가 잇달아 복구되거나 확장되었다. 강릉향교가 고려 말에 향교의 부흥을 이끄는 선구가 되었던 것이다.

강릉향교 대성전 | 강원도 강릉시 명륜로(교동), 보물 제214호, 조선 초기 대표적인 건축물로 손꼽힌다.

조선이 건국되고 나서 1411년(태종 11)에 강릉향교에는 또 한 차례 화재가 발생했다. 하지만 당시 중앙 조정에서 민생을 살리기 위해 토목 사업을 금지했으므로 향교 중수가 어려운 상태였다. 그러자 지역 인사 68명이 향교 재건을 위해 공동으로 조정에 글을 올렸다. 사임당의 어머니 용인 이씨의 외증조부인 최치운도 68명 중 한 사람이었다.

지역 인사들의 노력으로 강릉향교는 1413년(태종 13)에 다시 세워졌다. 이때 건립된 대성전이 지금까지 보존되고 있으며, 명륜당은 1644년(인조 22)에 대대적인 중건을 거쳤다.

강릉의 면학 분위기는 1493년(성종 24)에 홍귀달(1438~1504)이 쓴 강릉의 「향교 중수기」(『신증동국여지승람』)에 잘 나타나 있다. 홍귀달은 1472년 봄 한양에서 열린 시험에 시어사로 참여해 이미 강릉 사람들의 학문

수준을 경험한 적이 있었다. 시험 당시 옷차림은 남루하나 얼굴에 옛 성인의 기풍을 띤 채 훌륭한 답변을 한 선비 3~4명이 모두 강릉 사람이었던 것이다.

홍귀달과 강릉의 인연은 여기서 끝나지 않았다. 홍귀달이 1484년에 강원도 관찰사로 임명된 것이다. 홍귀달은 바로 부임하지 못하고 부모님 봉양으로 휴가를 받았다가 이듬해 8월에 비로소 부임해 강릉 임영관을 찾았다. 이때도 여러 선비들을 모아놓고 경전의 뜻을 물어보고 필기시험도 치러보니 아니나 다를까 합격자가 상당수 배출되었다.

당시 강릉향교는 오랜 세월을 거치면서 건물이 낡았고 학생들이 기거할 공간도 부족했다. 이미 강릉 선비들에게 깊은 인상을 받은 홍귀달은 강릉 부사 이인충 등과 의논해 조정에 글을 올려 향교 중수에 착수했다.

홍귀달은 「향교 중수기」에서 "내가 젊었을 때 '강릉 풍습이 문학을 숭상해 그 자제들이 겨우 부모 품만 벗어나도 바로 향교에 들어가 배우고, 시골 마을의 선비들까지 몸가짐이 위엄이 있으면서도 예의에 맞고 차분한 것은 모두 글 읽은 사람들이기 때문이다.'는 말을 듣고 아름답게 여겼다."고 적고 있다.

이처럼 강릉은 선비들이 공부를 좋아해서 책 읽는 소리가 끊이지 않는 곳이었다. 사임당의 어머니 용인 이씨의 외증조부인 최치운도 일찍이 향교에서 공부해 생원이 되었으며 향교 중건의 일익도 담당한 사람이었다. 그러므로 사임당의 어머니 이씨 부인이 글을 읽을 줄 알았던 것이나 사임당의 학문이 깊던 것도 강릉의 면학 분위기와 무관하지 않다고 보인다.

오죽헌이 있는 마을 북평촌

사임당은 1504년(연산 10)에 강릉에서도 북평촌이란 마을에서 태어났다. 북평은 강릉 관아의 북쪽에 있는 평야를 일컫는다. '뒷바대' 또는 '뒷뜨루'라고도 한다.

현재 오죽헌이 있는 마을로 조선시대에는 정동면에 속했으며, 오늘날에는 강릉시 죽헌동에 해당한다. 이곳에서 동쪽으로 15리 떨어진 곳에 한송정이 동해 바다에 접해 있으며 경포대도 걸어서 갈 수 있을 만큼 가깝다.

'북평'은 사임당이 대관령을 넘다 친정을 바라보며 지은 시에 '북촌'으로 등장한다. "고개 돌려 북촌 한 번 더 보려 하지만 / 흰 구름 떠있는 그 아래 저물녘 산만 푸르네!"(〈대관령을 넘다가 친정을 바라보며〉) 이 시에 나오는 북촌이 사임당의 고향 북평이다.

〈관동별곡〉과 〈사미인곡〉의 저자로 잘 알려진 송강 정철(1536~1593)은 이이와 동갑내기였다. 이이만큼이나 명석해 진사시에서 1등으로 합격하고 문과에서도 장원 급제해 벼슬길에 나간 인물이다. 이후 관료가 되어 조정에서 활동하면서 이이와 우정을 나눈 절친한 사이였다.

정철의 4대손이자 송시열의 제자이기도 한 정호(1648~1736)는 「오죽헌 중수기」라는 글을 지었다. 정호는 이 글에서 북평촌에 대해 "옛날에 강릉부 북평촌에 오죽헌이 있었으니, 곧 1519년 기묘사화 때 화를 입은 진사 신명화 공의 옛 집이다."고 했다.(『장암집』)

강릉 오죽헌 | 강원도 강릉시 율곡로(죽헌동), 보물 제165호

강릉 오죽헌 내부 | '오죽헌'이라는 편액과 함께 오죽헌을 방문한 사람들이 지은 시나 글들을 새긴 현판들이 걸려 있다.

정호는 북평촌의 오죽헌을 신명화의 옛 집으로 표현했으나 사실은 신명화의 부인이자 사임당의 어머니인 용인 이씨가 지켜낸 집이었다. 이씨 부인은 나중에 조상의 묘소를 돌보는 용도로 외손자 권처균에게 이 집을 물려주었는데, 이 집이 오늘날 오죽헌이다. 권처균의 호가 '오죽헌'으로 지금의 오죽헌은 권처균의 호에서 기원한다.

북촌 또는 북평은 사임당이 나고 자란 고향이자 어머니가 계시는 친정이었다. 이곳에서 혼인할 때까지 살았으며, 혼인한 후에도 봉평과 이곳을 오가며 생활했다. 현재 북평에는 우리에게 잘 알려진 오죽헌이 남아 있어 사임당의 옛 자취를 조금이나마 느껴볼 수 있다.

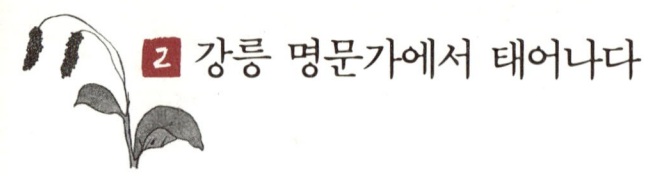# 2 강릉 명문가에서 태어나다

어머니 외가가 본인 외가가 되다

　사임당의 고향은 강릉이다. 이곳은 어머니 용인 이씨의 고향이자 외가이기도 했다. 사임당의 부모는 슬하에 딸만 다섯을 두었는데 그 중 사임당이 둘째였다. 사임당의 어머니는 사임당을 친정 강릉에서 낳아 길렀고, 사임당의 고향은 외가인 강릉이 되었다. 그래서 사임당의 삶은 사임당의 어머니와 그 외가 사람들까지 거슬러 올라가야 자세히 알 수 있다.

　사임당의 어머니 용인 이씨(1480~1569)는 아버지 이사온, 어머니 강릉 최씨 사이에서 무남독녀로 태어났다. 사임당이 외가인 강릉에서 태어났듯이 이씨 부인도 외할아버지 최응현(1428~1507)의 강릉 집에서 나고 자랐다. 그래서 강릉은 이씨 부인에게 외가이자 나고 자란 고향이었다.

　이씨 부인의 아버지 이사온도 딸이 성장할 무렵에 처가인 강릉으로 와서 터를 잡았다. 이 무렵에는 혼인 후에 사위가 처가 쪽으로 옮겨와서 자리잡는 것이 이상한 일이 아니었다. 다른 지역에서도 마찬가지여서 부인의 고향이 본가가 되는 일이 많았다. 이렇게 하여 강릉은 사임당의 어머니와 사임당 본인의 외가이자 고향이 된 것이다.

강릉에는 오래 전부터 대대로 이 지역에 뿌리를 내리면서 살고 있는 사람들이 있었다. 이 중에는 점차 강릉에서 명망이 높고 위세가 큰 집안들로 성장한 성씨가 있었다. 이를 '토성(土姓)'이라 부른다.『세종실록』지리지에 따르면 15세기 무렵 강릉에서는 김·왕·최·박·곽·함씨 성을 가진 사람들이 토성에 해당했다.

신사임당 가계

고조 대	신개	선산 김씨 (후배)	남휘	정선 공주	미상	미상	미상	미상	미상	미상	최치운	강릉 함씨	남과	미상
증조 대	신자승		의령 남씨		미상		미상		이익달	홍씨	최응현		영양 남씨	
조부모 대	신숙권				남양 홍씨				이사온		강릉 최씨			
부모	신명화								용인 이씨					
본인	신사임당(남편 이원수)													

* 후배: 두 번째 부인

이 중 강릉 최씨의 시조는 고려의 경흥부원군 최필달로 알려져 있다. 최필달은『고려사』나『고려사절요』에서는 찾아볼 수 없으나,『강릉최씨 대동보』에 고려 왕조의 개창자인 태조 왕건의 창업을 도운 공으로 삼한벽상공신에 올랐다고 나와 있다.

강릉에 거주한 강릉 최씨 중에 조선 초에 두각을 나타낸 집안이 사임당 어머니의 외가 쪽 선조인 최치운 가계였다. 다른 강릉 최씨 가계에 비해 늦게 두각을 나타냈으나 최치운 본인을 비롯하여 후손들이 계속해서 과거에 합격하고 서울에서 관직을 하면서 명문 집안으로 성장했다.

이씨 부인의 외증조부 최치운은 이조 참판을 지냈으며, 외할아버지 최응현은 대사헌과 참판을 지냈다. 곧 사임당의 어머니 이씨 부인은 강릉의 명문 집안에서 태어났으며, 사임당도 그 전통을 이어받았다고 볼 수 있다.

사임당 어머니의 외가 사람들

사임당이 강릉에서 나고 자란 배경에는 이곳이 어머니의 외가이자 친정이기 때문이었다. 오죽헌은 사임당의 어머니 이씨 부인의 외할아버지인 최응현의 고택으로 알려져 있다. 그러므로 사임당의 출생과 성장 과정을 이해하기 위해서 사임당 어머니의 외가 쪽 사람들에 대해 지면을 더 할애할 필요가 있다.

사임당 어머니의 외가 쪽 사람들 중 반드시 짚고 넘어가야 할 대상이 최치운이다. 최치운은 이씨 부인의 외증조부다. 최치운이 문과에 급제하여 관직에 진출하고 세종으로부터 두터운 신임을 받으면서 이 집안이 급성장할 수 있었다.

최치운(1390~1440)은 자가 백경, 호가 경호 또는 조은이다. 1408년(태종 8)에 생원시에 합격하고 1417년에 문과에 급제했다. 최치운은 1411년에 강릉향교가 화재로 불타 없어지자 향교 중수를 위해 조정에 글을 올린 지역 인사 68인 중 한 사람이었다. 부인은 함화의 딸로 강릉의 토성 중 하나인 강릉 함씨였다.

최치운은 문과에 급제한 후 승문원에 등용되었으며 세종의 신임을 받아 집현전에 들어가 학문을 연구했다. 일찍부터 재능을 인정받아 중국 명에 보내는 문서를 작성했으며 두 차례나 명을 다녀왔다. 그 공으로 전토 50결과 노비 30명을 하사받았다. 1433년(세종 15)에는 경력(종4품)이 되어 평안도 도절제사 최윤덕 장군을 보좌해 여진 정벌에 공을 세웠다.

이처럼 최치운은 세종의 인정을 받으면서 관료 생활을 했다. 하지만 재상까지 오르지 못하고 공조 참의, 이조 참의, 좌승지, 예문관 제학, 공조 참판 등을 거쳐 이조 참판으로 생을 마쳤다. 이이도 이에 대해 재상의 재목으로 세종에게 인정을 받았으나 크게 쓰이지 못하고 이조 참판으로 별세했다면서 아쉬워했다.(「형조참판 최공〈응현〉 신도비명」, 『율곡전서』)

이후 이 집안을 명문가 반열에 올려놓은 사람이 최치운의 아들 최응현(1428~1507)이다. 최응현이 이 집안에서 차지하는 중요한 위상은 이이가 그의 신도비명을 작성한 사실에서도 잘 드러난다.(「형조참판 최공〈응현〉 신도비명」, 『율곡전서』) 최응현은 자가 보신이며, 호는 수헌 또는 수재다.[12]

1448년(세종 30)에 생원시와 진사시에 모두 합격했으며 1454년(단종 2)에 문과에 급제했다. 이때 승문원 부정자에 임명되었으나 어머니를 모시기 위해 강릉의 훈도(향교에서 교육을 담당하는 종9품 관직)로 있었다. 이후 대사헌, 경주 부윤, 한성부 좌윤 등을 거쳐 형조 참판까지 올랐다.

최응현은 영양 남씨 사이에서 5남 6녀를 두었으며, 사임당의 외할아버지 이사온은 둘째 사위였다.

최응현은 고을에서도 효자로 이름이 났으며 문장을 잘 짓기로 유명했다. 강릉 읍지인 『중수 임영지』(1933년)에는 선비들에게 크게 추앙을 받았다는 기록이 있다. 또 당대 명사인 김종직(1431~1492)과 친분이 두터웠다. 김종직은 최응현이 충청도 관찰사로 임명되자 그를 송별하는 자리에서 〈충청도를 순찰하러 가는 관찰사 최응현을 보내면서〉라는 장문의 시를 지어주었다. 그 일부만 소개하면 아래와 같다.

> 최공은 명성과 인망이 바로 적합한 사람이라
> 젊어서부터 곧은 성품 우뚝하다고 일컬어졌으니
> 　(중략)
> 충청도 관찰사 되었다고 한탄하지 말라
> 후일 임기가 차면 재상을 기약할 걸세!
>
> 　　　　김종직, 〈충청도를 순찰하러 가는 관찰사 최응현을 보내면서〉, 『점필재집』

김종직은 조선시대 사림파의 큰 스승으로 손꼽히는 인물이다. 김종직은 세조가 단종을 내치고 즉위한 일을 비판하여 「조의제문」을 지었는데 이 글이 무오사화의 단서가 되었다. 한국 유학의 학맥은 포은 정몽주를 시작으로 해서 야은 길재, 김숙자 및 김종직으로 이어지며 이 이후에 이황과 이이로 나눠진다. 이런 위치에 있는 김종직이 최응현을 위해 시를 지었으니 그만큼 최응현의 위상이 높았다고 볼 수 있다.

한편, 사임당의 외할아버지 이사온에 대해서는 잘 알려져 있지 않다. 이사온의 아버지 이익달은 전라도 수군 우후를 지냈는데, 이이조차 이익달의 직함을 병마 우후로 기억할 만큼 그 집안이 잘 알려진 것 같지 않다.[13] 이사온은 본관이 용인이며, 자가 이려다. 1483년(성종 14)에 생원시에 합격했으나 벼슬은 하지 않았다.

다행히 이사온의 총명한 어린 시절을 엿볼 수 있는 일화 하나가 강릉 읍지인 『중수 임영지』에 남아 있다. 읍지에는 이익달을 이사온의 할아버지로 묘사했으나 아버지가 맞으므로 이 점을 수정해 소개하면 다음과 같다.

이사온은 바둑을 잘 두었다고 한다. 어릴 적 아버지를 따라 서울에 있을 때에 하루는 유모의 등에 업혀 시장에 갔다. 시장에는 장사꾼과 노름꾼이 내기 바둑을 두고 있었다. 그 중 한 사람이 승부가 났다고 생각하여 바둑을 거두려고 하자 이사온이 계속 두기를 권했다.

그러자 장사꾼이 어린 아이가 뭘 안다고 감히 큰소리를 하느냐며 야단을 쳤다. 이 말을 들은 이사온은 즉시 등에서 내려와 장사꾼과 바둑을 두어 여덟 수만에 이겨버렸다. 장사꾼은 이사온에게 비단을 모두 주었고 이사온은 이를 구경꾼들에게 나누어주었다고 한다.

아버지 신명화 _ 조광조 추천을 받은 강직한 선비

사임당의 아버지 신명화(1476~1522)는 사임당이 13세 되던 해인 1516년(중종 11)에 진사시에 합격했다. 그때 신명화의 나이 41세였다. 16세기 전반에 진사시에 합격하는 평균 연령이 22세 정도였다고 하니 41세라면 매우 늦은 나이였다.

신명화는 본관이 평산이며 자는 계흠이다. 신명화의 선조는 멀리 고려 태조의 건국공신인 신숭겸까지 올라간다. 신명화의 증조부는 좌의정을 지낸 신개이며 아버지는 영월 군수를 지낸 신숙권이다.

생원진사시 합격자 명단을 실어놓은 『사마방목』을 보면, 신명화가 진사시에 합격할 당시의 거주지가 서울로 되어 있다. 또 신명화가 용인 이씨와 혼인한 후에 본가 서울에서 부인과 딸들과 떨어져 따로 지낸 점으로 미루어보아 서울에 생활 터전이 있었다고 여겨진다.

신명화가 활동하던 시기는 중종이 반정을 통해 왕위에 오른 이후로 '사림의 시대'라고 불린다. 사림의 존재에 대해 그의 손자 이이는 "무릇 마음으로는 옛 도의를 흠모하고, 몸으로는 유교의 행실을 지키며, 입으로는 법도에 맞는 말을 하여 공론을 지탱하는 사람들을 사림이라 한다."고 정의했다.(『율곡전서』)

신명화는 여기에 잘 부합하는 사람으로서 강직한 성품을 지녔다. 하루는 장인 이사온이 친구와 약속했다가 다른 일로 가지 못하게 되었다. 이사온은 신명화를 시켜 몸이 아파 가지 못하겠다는 내용으로 편지를 쓰게 했다. 하지만 신명화는 거짓으로 편지를 쓸 수 없다면서 끝까지 쓰지 않았다고 한다.

신명화는 학행이 독실하기로 이름이 높았는데 이런 사실을 알려주는 일화가 남아 있다. 1504년에 연산군은 할머니 인수대비(소혜왕후 한씨, 1437~1504)가 돌아가시자 삼년상을 무시하고 복상을 25일로 단축시켜 버렸다. 1일을 1개월로 계산해 상을 치르고자 한 것이었다. 그리고 전국에 삼년상을 금지하는 명령을 내렸다.

신명화가 아버지의 상을 당한 때가 바로 연산군의 엄명이 서슬 퍼럴 때였다. 신명화는 상을 짧게 치르라는 왕명에도 불구하고 상복에 수질과 요질까지 갖추어 여묘살이를 하면서 삼년상을 꿋꿋하게 치러냈다. 이이는 이 일에 대해 "진사(進士: 신명화)께서는 지조가 있어 도의에 어긋나는 일은 하지 않았다. 연산군 대에 상을 짧게 지내라는 명이 매우 엄했으나, 진사께서는 아버지 상을 당해 삼년복을 입고 법령에 굽히지 않았다."고 기록했다.(「외할아버지 진사 신명화 공의 행장」, 『율곡전서』)

신명화가 어렵사리 치른 삼년상은 단연 선비들 사이에서도 기개 있는 행동으로 회자되었다. 신명화가 1519년(중종 14)에 '현량(賢良)'으로 천거된 것도 이런 면모와 무관하지 않아 보인다. 당시 현량으로 천거받은 이유가 "온순하고 인정이 두터우며, 행실을 조심하고 효행이 있다."는 것이었기 때문이다.(「기묘록속집」, 『대동야승』)

신명화가 천거를 받은 '현량'은 조광조가 개혁 정치를 추진하기 위해 시행한 인재 등용책이었다. 조광조(1482~1519)는 김굉필의 제자이자 김종직의 문인으로 이황과 함께 일찌감치 문묘에 배향된 인물이다. 그는 중종이 정치 개혁을 위해 새 인물들을 중용할 때에 기용돼 도학에 바탕을 둔 정치 개혁을 추진했다.

조광조가 추진한 개혁의 핵심은 정국공신(중종반정에 공을 세운 사람에게 내린 작호)의 개정과 현량과의 실시였다. 전자는 기득권을 가진 기존의 정치세력을 약화시키는 방안이었고, 후자는 도덕성을 겸비한 새로운 정치 세력을 확보하기 위한 정책이었다.

하지만 정권의 기반이 취약한 중종이 정치 개혁을 유보하면서 조광조는 훈구 세력에 의해 숙청당하고 말았다. 이 사건이 1519년 11월에 조광조·김정·김식·김구 등이 훈구 세력인 남곤·심정·홍경주 등과 충돌했다가 화를 입은 기묘사화였다. 신명화도 '기묘명현' 중 한 명으로 꼽힌다. 신명화는 천거를 받았으나 현량과에 응시하지 않았기 때문에 기묘사화 때에 피바람을 면할 수 있었다.

신명화는 기묘사화가 일어난 지 3년 뒤에 장모님이 위독하다는 소식을 듣고 강릉으로 가는 도중에 병을 얻었다. 부인의 정성스러운 간호로 건강을 되찾은 신명화는 다시 서울 집으로 돌아갔고, 이듬해에는 딸 사임당을 혼인시키는 경사까지 맞이했다.

하지만 기쁨은 오래가지 못했다. 사임당을 혼인시킨 바로 그해에 신명화는 서울 집에서 작고했다. 향년 47세였다.

어머니 용인 이씨 _ 친정어머니를 위해 16년간 남편과 떨어져 살다

율곡 이이의 회고에 따르면, 용인 이씨(1480~1569)는 어려서 글을 배워 학문을 조금 아는 여성이었다. 그리고 『삼강행실도』를 읽고 외웠다고 한다.(「이씨가 하늘을 감동시킨 기록」,『율곡전서』)

조선시대 유명한 여성의 전기에 늘 빠지지 않는 이야기가 어린 시절부터 글을 배웠다는 내용이다. 그래서 이씨 부인이 글을 배우고 『삼강행실도』를 읽었다는 사실이 특별하게 다가오지는 않는다.

하지만 이씨 부인이 살던 시대에 여성이 글을 알고 『삼강행실도』를 읽었다는 것은 대단한 의미가 숨어 있다. 조선시대 법전인 『경국대전』(1485년 반포)에는 아래와 같은 규정이 있다.

『삼강행실』을 한글로 번역해 서울과 지방의 양반집 가장이나 어른 또는 교수·훈도 등을 시켜 부녀자와 어린이들을 가르치게 한다. 또 사람으로서 지켜야 할 큰 도리를 잘 통달하고 몸가짐과 행실이 뛰어난 사람이 있으면 서울은 한성부에서, 지방은 관찰사가 임금에게 보고해 상을 주게 한다.

『경국대전』예전 장권

『경국대전』은 조선 왕조 5백 년 동안 오늘날 헌법에 해당하는 최고의 위상을 누렸다. 여기에 『삼강행실도』를 한글로 번역해 여성에게 가르치라는 조항이 들어 있는 것이다.

『삼강행실도』는 1434년(세종 16)에 세종이 우리나라와 중국의 충신, 효자, 열녀 330명의 사례를 모아 글과 그림으로 엮은 책이다. 1511년(중종 6)에는 무려 2,940질이나 인쇄해 반포할 정도로 국가에서 이 책의 보급에 큰 노력을 기울였다. 한마디로 조선에서 가장 많이 읽힌 도덕교과서라 할 수 있다.

이씨 부인은 4살 연상인 신명화와 혼인했는데 당시 몇 살이었는지는 정확하지 않다. 1522년에 혼인한 지 20여 년이 되었다고 하므로 20대 초반에 혼인했을 것으로 추정할 따름이다. 그런데 이이의 회고 중에서 이씨 부인이 계례를 치른 뒤에 혼인했다고 한 점이 눈에 띈다.

'계례'는 여성의 성인식으로 비녀를 꽂는 의례를 말한다. 남자의 성인식은 관례라 한다. 『예기』에 "여자가 15세이면 비녀를 꽂는다."고 했다. 또 『주자가례』에서도 "여자가 혼인할 예정이면 비녀를 한다. 나이 15세이면 비록 혼인을 허락하지 않았어도 비녀를 한다."고 했다.

하지만 조선 사회에서 계례는 관례에 비해 중요한 의례로 대접받지 못했으며 잘 시행되지도 않았다. 보통은 혼례가 박두했을 때 약식으로 거행했다. 『증보 사례편람』(1900년)에도 "계례가 폐지된 지 이미 오래돼 계례를 다시 행하는 사람이 없다."고 할 정도였다.

그런데 이씨 부인은 16세기 초에 이미 계례를 거행했던 것이다. 이씨 부인은 외할아버지 최응현의 집에서 나고 자랐다. 이 점은 당시 강릉 최씨 집안이 『주자가례』라는 새로운 문화를 적극적으로 받아들였다는 사실을 잘 보여준다. 곧 이씨 부인의 외증조부와 외할아버지가 한양에서 벼슬살이를 하며 서울의 선진 문화를 빨리 수용한 결과가 아닐까 한다. 그래서 이이도 이 점을 특기할 만한 자랑스러운 사항으로 판단해 기록했을 것이다.

당시 양반가라 해서 모두 이씨 부인처럼 혼인 전에 계례를 치르거나 『삼강행실도』를 읽고 외운 것은 아니었다. 조정에서 『삼강행실도』를 보급하기 위해 이 책을 홍보하고 권장하는 활동을 펼칠 때에 이미 이 책을 읽었다는 것은 유교 문화를 실천하고 딸에게 여성의 도리를 알게 하려는 부모나 집안 어른들의 의지 없이는 가능한 일이 아니었다. 강릉의 명문가답게 지역의 문화와 풍속을 선도하는 집안이었다고 볼 수 있다.

이씨 부인은 온화하고 침착하면서도 과단성이 있었다. 혼인 후에는 남편을 좇아 시부모가 계시는 한양으로 가서 시부모를 모셨다. 그런데 친정에 일이 생기고 말았다. 친정어머니가 병으로 앓아눕게 된 것이었다. 당시 이씨 부인에게 딸이 두엇 있었다고 하므로 사임당이 태어난 이후로 추정된다. 이씨 부인은 시어머니에게 사정을 여쭌 뒤 강릉으로 돌아와 직접 어머니의 병간호를 했다.

이씨 부인이 친정어머니 때문에 강릉에서 머무는 기간이 길어지자 남편 신명화가 강릉으로 와서 서울로 돌아가자고 했다. 하지만 이씨 부인은 남편의 말을 따를 수 없었다. 이씨 부인은 무남독녀였다. 그래서 부모님 모두 늙으신 상황에서 본인마저 갑자기 이곳을 떠나면 부모님이 의지할 곳이 없다면서 남편에게 양해를 구했다.

이씨 부인은 "당신은 서울로 가고 나는 여기에 머물면서 각자 늙은 부모님을 모시는 것이 어떻겠습니까?"하고 눈물로 호소했다. 이씨 부인의 말에 남편도 수긍하여 각자 부모님을 모시면서 살기로 결정했다.(「이씨가 하늘을 감동시킨 기록」, 『율곡전서』)

이때부터 이 부부는 남편이 47세로 생을 마칠 때까지 16년 동안이나 강릉과 서울에서 떨어져 지냈다. 그리고 바로 이런 배경 때문에 사임당을 비롯해 다섯 딸 모두 외가 강릉에서 성장하게 되었으며 외가가 친정이 된 것이다. 용인 이씨는 90세까지 장수하다 생을 마쳤다.

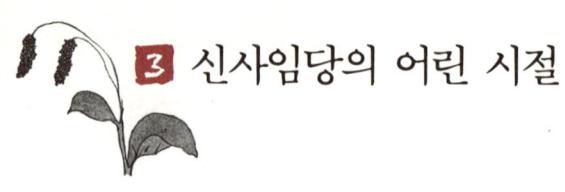
3 신사임당의 어린 시절

'사임당'의 의미

신사임당의 '사임당(師任堂)'은 호(號)다. 조선시대에 양반 여성의 이름은 족보나 호적에 기재되지 않았다. 그래서 신사임당의 이름은 알 수 없으며, 사임당이라는 호만 알기 때문에 '신사임당'이라 부르는 것이다.[14]

'호'는 이름 대신에 부르는 호칭으로 그 사람에 맞는 의미를 담아 본인이 짓거나 남이 지어주기도 한다. '사임당'에 '당'자가 들어 있으므로 그가 머물던 공간을 지칭하는 당호라고도 할 수 있다. 양반 남성의 경우 대체로 호가 있었으나 여성의 경우 호를 갖기가 쉽지 않았다. 그러므로 여성으로서 호가 있었다는 것은 자기 존재를 바깥으로 드러냈다고 볼 수 있다.

'사임당'이라는 호를 언제부터 사용했는지 알 수 없으나 이이가 쓴 신명화의 행장에 나온다. 이이는 외할아버지의 다섯 딸들을 소개하면서 사임당이라는 호를 적어 놓았다. 곧 "진사(進士: 신명화)께서는 이씨에게 장가들어 딸 다섯을 두었다. 맏이는 장인우 공에게 시집갔고, 다음이 바로 사임당(師任堂)이며, 다음은 생원 홍호에게, 다음은 권화 군에게, 다음은 이주남 군에게 시집갔다."고 소개했다.(「외조부 진사 신공명화 행장」, 『율곡전서』) 『근역서화징』에는 '사임당' 이외에 시임당(媤姙堂), 임사재(姙師齋)라는 호도 있었다고 기록돼 있다.

그렇다면 '사임당'에는 어떤 의미가 담겨 있을까? 그것은 문왕의 어머니 '태임(太任)'을 본받겠다는 의미로 여겨진다. '사(師)'는 모범으로 삼거나 본받겠다는 뜻으로, '태임'의 '임'자를 따와서 '사임'이라 한 것이다.

참고로 조선 후기 여러 기록에서 '사임'을 한자로 각각 '사(思)'나 '임(任)'자로 적기도 하는데 '사(思)'도 생각한다는 뜻이므로 '사(師)'와 의미는 같다. 다만, '임'의 한자를 '임(姙: 임신)'자로 표기한 이유는 잘 모르겠다.

그러면 태임은 누구인가? 태임은 계력(季歷)의 부인이자 중국 고대 왕조인 주(周, 기원전 1046~기원전 771)를 건국한 문왕의 어머니로서 '주실삼모(周室三母)' 중 한 명이었다. 주실삼모란 주 왕실의 기틀을 세울 때에 적극 동참한 세 명의 어머니로 태강(太姜, 고공단보(태왕)의 부인이자 계력의 어머니), 태임, 태사(太姒, 문왕의 부인이자 무왕의 어머니)를 말한다.

주나라는 중국 역사상 가장 이상적인 정치를 실현한 나라로 일컬어졌으므로 주실삼모도 존경의 대상이 되었다. 조선의 정치가나 학자들이 이상적인 여성으로 줄곧 가장 많이 언급한 여성도 이 주실삼모였다.

'주실삼모'를 세상에 드러내어 여성들이 본받아야 할 표상으로 만든 사람은 중국 한(漢)의 학자 유향(기원전 77~기원전 6)이었다. 유향은 『열녀전』이라는 책을 지었다. 이 책은 여성 인물 106명의 일대기를 저술한 책으로 『여계』(102년 간행 추정)와 함께 내훈서의 모범으로 손꼽히고 있다.

유향은 중국 한나라의 경학 연구자이자 문학가, 목록학자로 유명하다. 황족으로서 한 왕조의 시조인 고조 유방의 이복동생인 초원왕의 4세손이다. 유향이 『열녀전』을 편찬한 해는 기원전 16년이었다.

유향

당시 정국은 태후 왕씨의 외척들이 정권을 장악하고 있었다. 그래서 황권을 회복하기 위해서는 태후와 외척의 세력을 억눌러야 했다. 유향은 이 책을 임금 성제에게 헌정했다. 이 책을 통해 여성의 역할과 위치를 일깨워 군주를 정점으로 한 나라를 만들고자 한 것이었다.

『열녀전』에 따르면 태임은 중국 땅에서 가장 먼저 태교를 실행한 여성이다. 문왕을 임신했을 때에 "나쁜 것을 보지 않았고, 음란한 소리를 듣지 않았고, 오만한 말을 하지 않았다. 이처럼 태교를 잘했다."고 한다.(유향,「모의」,『열녀전』)

중국 역사상 문왕은 위대한 인물 중 한 명으로 꼽히는 사람으로 훌륭한 정치로 주 왕조의 기틀을 닦았다는 평가를 받아 왔다. 이런 점 때문에 태교를 잘하여 문왕의 어머니가 된 태임은 주실삼모 중 가장 칭송받는 여성이 되었다. 전통시대 중국 왕조의 고전 중 하나인 『시경』의 「대아」에는 태임을 이렇게 노래했다.

지임씨의 둘째 딸이 저 상(商)으로부터
주(周)로 시집와 주 왕실의 부인이 되셨네

왕계 할아버지와 함께 덕을 행하시었네
태임께서 아기를 잉태하시고 낳으시니
그가 바로 문왕이시네

앞서 이야기했듯이 이이는 외할아버지 행장에서 외할아버지의 다섯 딸 중 네 딸들이 누구와 혼인했는지를 밝혀놓았다. 그런데 유독 둘째딸이자 본인의 어머니에 대해서만 누구와 혼인했다고 하지 않고 '사임당'이라는 호만 적어 놓았다. 누가 이 호를 지어주었는지는 알 수 없으나 이 기록 덕분에 '사임당'이라는 호를 알 수 있게 된 것이다.

사서삼경을 깨친 총기 넘친 어린 시절

율곡 이이가 회고한 어머니 사임당은 말이 적고 겸손한 사람이었다. 행동은 조심하면서도 평안하고 여유로웠으며 일 처리도 요란스럽지 않으면서도 자상했다. 성품은 차분하고 강직했으며 스스로 규범을 엄격하게 정해놓고 실천하는 사람이었다.

어릴 때에 글을 익혀 사서삼경(四書三經)을 통달했으며 글을 잘 짓고 글씨도 잘 썼다. 이이의 학통을 전수한 수제자인 김장생(1548~1631)은 사임당에 대해 "자질과 천성이 아주 뛰어나, 예의에 익숙하고 시(詩)에 밝았으며, 옛날 여자의 법도에 대해 모르는 것이 없었다."고 했다.(「(이이)행장」, 『율곡전서』)

이 평가에는 스승의 어머니에 대한 존숭의 마음이 담겨 있으므로 그대로 다 받아들일 수는 없으나 시를 잘 지었다는 말이 눈에 들어온다. 현재 사임당의 시가 몇 편 남아 있으므로 근거 없는 평으로는 보이지 않는다.

어린 사임당은 예술에도 재능을 보였다. 이미 일곱 살 무렵부터 조선 초기의 거장이라 할 수 있는 안견의 산수화를 본떠서 그림을 그렸는데 예사 솜씨가 아니었다. 안견은 세종 연간(1418~1450)에 왕성하게 활동하면서 〈몽유도원도〉라는 산수화를 그린 화가로 유명하다. 사임당은 어린 시절에 그 그림을 따라 그리면서 스스로 그림 실력을 키워나갔던 것이다.

사임당은 효심도 깊은 딸이었다. 부모님이 병이 나서 앓고 계시면 늘 슬픔에 잠겼다가 쾌차하신 다음에야 다시 평소 모습으로 돌아갔다. 바로 다음에 소개할 이이가 외할머니에 대해 쓴 「이씨가 하늘을 감동시킨 기록」(『율곡전서』)에 사임당이 18세에 겪은 일이 하나 있다.

당시 사임당은 아버지가 큰 병으로 생사의 기로를 놓여 있을 때에 아버지를 간호하는 어머니 곁을 떠나지 않았다. 어머니가 아버지의 병을 낫게 해달라고 사당에서 기도한 다음 날에 본인도 꿈에서 신인(神人)을 만날 정도였으니 아버지의 쾌유를 바라면서 얼마나 노심초사했는지를 알 수 있다.

어머니 이씨 부인의 영향

사임당이 성장하는 과정에서 큰 영향을 받은 사람은 어머니 이씨 부인이었다. 이씨 부인은 국가가 공인한 열녀였다. 이씨 부인은 이미 부모에 대한 효성 어린 행동으로 향리에서 소문이 자자했다. 여기에 더해 이씨 부인의 이름을 더욱 떨치게 만든 '불행한' 사건이 발생했다.

율곡 이이는 이 일을 「이씨가 하늘을 감동시킨 기록」(『율곡전서』)이라는 제목으로 자세히 기록해 전했다. 이 일은 『중종실록』과 『신증동국여지승람』(1530년)에도 실려 있다.

1521년(중종 16)에 이씨 부인의 남편 신명화는 서울에서 장모님이 위독하다는 전갈을 받자 곧바로 강릉으로 향했다. 하지만 안타깝게도 경기 여주에 도착했을 때에 장모님이 돌아가셨다는 소식을 듣게 되었다. 신명화는 상심한 나머지 음식도 제대로 먹지 못한 채 길을 재촉하다가 그만 병에 걸리고 말았다. 강원도 평창 운교역에 이르자 증세가 심해져 고열에 시달렸고, 횡계역에서는 피까지 토하고 말았다. 강릉 구산역에 이르렀을 때에는 일어나지도 못할 지경이었다.

이 소식을 들은 이씨 부인은 여러 딸들과 본인의 외삼촌인 최수몽과 함께 남편을 마중 나갔는데 신명화는 말조차 하지 못하는 상태였다. 집에 도착했을 때에는 얼굴이 검고 다시 피를 토하는 등 병세가 악화될 대로 악화된 상황이었다.

이씨 부인은 어머니가 돌아가신 지 얼마 되지도 않았는데 남편마저 병을 앓자 일주일 동안 잠도 자지 않은 채 남편을 간호했다. 그러던 어느 날 새벽에 목욕재계를 하고 다른 사람들 모르게 남편의 패도(佩刀)를 갖고서 외증조부 최치운 묘에 올라가 향을 피우며 기도했다.

제가 남편을 따른 지 20여 년이 되었습니다. 그동안 남편은 의롭지 않은 일을 하지 않았고 저도 남편의 뜻을 저버린 적이 없습니다. 그런데 하느님께서 어쩌면 이다지도 가혹한 죄를 내리십니까? 저는 이미 어머니를 여의었으니 우러를 곳이라곤 남편뿐입니다. 남편마저 저를 버리게 된다면 저 혼자 구차스럽게 이 세상에 살 수 있겠습니까?

이이, 「이씨가 하늘을 감동시킨 기록」, 『율곡전서』

강릉 오죽헌 경내 고택의 바깥채 | 이 고택은 최응현이 지었다고 알려져 있다. 뒤에 보이는 건물이 1996년에 복원된 안채다.

강릉 오죽헌 경내 고택의 안채 풍경 | 1996년에 옛 모습대로 복원된 고택의 안채 풍경이다. 안채는 주로 여성들의 생활공간으로 이곳에서 어머니 용인 이씨와 사임당 등이 생활했다.

이씨 부인은 기도를 마친 다음 칼을 뽑아 가운데 손가락을 끊고 함께 죽기를 맹세했다. 그런데 이씨 부인의 기도와 맹세가 통했는지 신기한 일이 일어났다. 다음날 아침에 사임당은 어머니를 모시고 있다가 어렴풋이 잠들어 꿈을 꾸었다. 꿈에서 대추만한 크기의 약이 하늘에서 내려오자 신인(神人)이 받아서 아버지에게 약을 먹이는 것이었다.

신명화의 병은 부인이 기도한 지 이틀 만에 씻은 듯이 나았다. 이 일이 온 마을에 알려지자 여기저기서 지성이 하늘을 감동시킨 결과라며 놀라워했다. 이후 이씨 부인의 행적이 공식으로 중앙 조정에 보고된 해는 1526년(중종 21)으로 신명화가 죽은 지 4년이 지난 해였다.

이씨 부인의 행적을 중앙 조정에 보고한 사람은 강원도 관찰사 황효현이었다. 관찰사의 보고를 받은 조정에서는 2년 뒤인 1528년에 이씨 부인에게 정려를 내렸다. 정려란 충신이나 열녀, 효행 등을 기리기 위해 국가에서 그 집이나 마을 앞에 붉은 문을 세워주고 쌀이나 옷감 등 각종 물품으로 포상하는 일이었다.

아버지가 앓던 해는 사임당의 나이 18세였다. 사임당이 어린 시절과 청소년기를 어떻게 보냈는지 알 수 없는 상황에서 이 일은 사임당의 성장 환경을 짐작케 한다. 아버지를 돌보는 어머니 곁에서 아버지의 쾌유를 함께 빌던 사임당의 행동은 평소 어머니에게서 많은 가르침을 받았기에 가능한 일이다.

딸은 어머니를 닮는다고 한다. 율곡 이이는 "어머니께서 평소 늘 강릉 친정을 그리워하여 한밤중에 인기척이 조용해지면 언제나 눈물을 흘리면서 우셨고, 날이 밝을 때까지 잠들지 못한 적도 있으셨다."고 회고했다.(「돌아가신 어머니의 행장」, 『율곡전서』) 늘 어머니를 그리는 마음이 컸던 사임당에게 이씨 부인의 삶은 큰 귀감이 되었을 것이다.

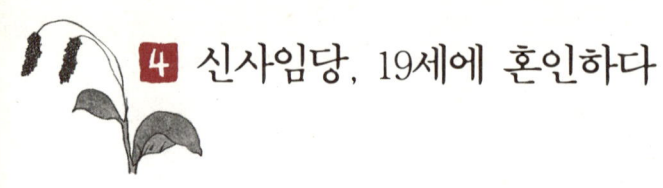
4 신사임당, 19세에 혼인하다

서울 사람 이원수와 혼인하다

1522년(중종 17)에 사임당은 19세의 나이에 혼인했다. 남편은 세 살 연상인 이원수(1501~1561)였다. 이해는 아버지 신명화가 생사의 기로에 있다가 기사회생한 이듬해였다.

사임당의 혼례식과 관련하여 일화가 하나 남아 있다. 사임당이 혼인하기 한 해 전인 1521년 한양에서는 명나라 사신이 나와 처녀를 뽑아간다는 소문이 파다하게 퍼져나갔다. 소문을 접한 양반가에서는 혹시 딸이 공녀로 끌려갈까 봐 전전긍긍했다.

'공녀'란 전통시대에 한국에서 중국에 바친 여성을 말한다. 13세기 후반에 고려가 원나라의 간섭을 받으면서 본격화되었다. 1275년(고려 충렬왕 1)부터 1355년(고려 공민왕 4)까지 80여 년간 약 44차례에 걸쳐 170명 이상의 여성이 원으로 끌려갔다.

공녀는 조선 왕조가 건국된 이후에도 없어지지 않았다. 조선 초에도 이미 명의 요구로 1408년(태종 8)을 시작으로 1433년(세종 15)까지 총 27년간 일곱 차례에 걸쳐 114명의 여성이 끌려갔다.

이처럼 선례가 있다 보니 사임당이 혼인할 무렵에 양반가에서는 소문이 사실이 될까 우려하여 딸의 혼인을 급히 서둘렀다. 결과적으로 이 일은 헛소문으로 밝혀져 한바탕 소동으로 끝났지만 국왕인 중종은 물론 양반 사회에 던진 파장과 불안은 꽤 컸다. 제대로 예식도 갖추지 못한 채 혼사를 치르는 집이 부지기수였고, 하루에 한 집에서 3~4명의 여성이 한꺼번에 혼인하는 일까지 발생했다.

심지어 혼인할 나이가 차지 않은 어린 소녀를 혼인시킨 집도 있었다. 『경국대전』에는 "남자는 15세, 여자는 14세가 되면 혼인을 허가한다."고 규정되어 있다. 그래서 이 규정보다 어린 자녀를 혼인시키려면 관아에 신고하여 허락을 받아야 했다. 하지만 이것도 양가 부모 중 한 사람에게 오래된 병이 있거나 나이 50이 넘어 연로한 경우에만 가능했다. 그런데 이 규정을 지키지 않고 속여서 혼인시키는 사례가 속출했던 것이다.

중종은 사태가 예상보다 심각해지자 큰 우려를 나타냈다. 그래서 "대신들도 처음에 한두 집이 혼인했다는 말을 들었다 할지라도, 이처럼 극도의 상황이 될 줄은 예상하지 못했을 것이다."고 하면서 즉각 기강을 바로잡으라고 지시할 정도였다. 실록을 작성한 사관도 "서울에 남아 있는 총각이나 처녀가 전혀 없었으니 이는 아주 오래전에도 들어보지 못한 일이다."고 평가했다.(『중종실록』)

이런 상황에서도 신명화는 소문에 흔들리지 않고 사임당의 혼례를 법식대로 차분하게 진행했다. 행여 딸에게 불행한 일이 닥칠 수도 있는 상황에서 신명화가 보여준 행동은 소신 없이는 쉽지 않은 일이라 할 수 있다. 이이도 "진사공(進士公: 신명화)만은 풍속을 손상시키는 것을 개탄하며 마침내 법식대로 차분하게 혼례를 치렀으니, 그가 선(善)을 고집하는 것이 이와 같았다."고 높이 평가했다.(「외할버지 진사 신명화공 행장」, 『율곡전서』)

명문가 전통이 살아 있는 남편 집안

오늘날 신사임당의 명성에 비해 남편 이원수에 대한 관심은 그다지 높은 편이 아니다. 그저 사임당에 비해 조금 부족한 사람으로 인식되고 있을 뿐이다.

전통시대에 양반 여성은 밖에 나가 벼슬을 한다거나 돈을 벌 수 없었다. 그렇기 때문에 본인의 경제적 상황과 삶의 향방을 결정하는 배경으로 친정 집안과 함께 남편과 그 집안이 중요했다. 사임당도 마찬가지였다. 그러므로 사임당의 삶을 깊이 들여다보려면 이원수와 그 집안에 대해서도 관심을 기울일 필요가 있다.

이원수는 본관이 덕수다. 덕수 이씨의 시조는 고려 왕조 때에 중랑장을 지낸 이돈수이며 이원수는 그의 12대손이다. 이원수 집안에서 가장 많이 회자되는 사람은 이원수의 고조부 이명신으로 파주 화석정을 처음 만든 사람이다.

이원수의 고조부 이명신(1392~1459)은 1414년(태종 14) 사온서 부직장을 시작으로 여러 벼슬을 거쳐 지돈령부사에 이르렀다. 충청도 홍주의 수령으로 있을 때에는 바른 정사를 펼쳐 참다운 수령이라는 칭송을 얻었다. 1459년에 세상을 뜨자 조정에서 '강평'이라는 시호를 내려 주었다.

신사임당의 남편 이원수 가계

고조 대	이명신	청송 심씨	미상	미상	최하	충주 지씨	양미	회순 최씨	미상	미상	미상	미상	미상	미상
증조 대	이추		무송 윤씨		최만리		중화 양씨		홍순성	미상	신영석	미상		
조부모 대	이의석				해주 최씨				홍귀손		평산 신씨			
부모	이천								남양 홍씨					
본인	이원수(부인 신사임당)													

이명신의 부인은 청송 심씨로 청원군 심종과 경선궁주의 딸이었다. 경선궁주는 태조의 차녀로서 첫 번째 왕비 한씨의 소생이었다. 곧 이명신은 태조의 부마인 심종의 사위였다. 그래서 별다른 재능도 없는데 왕실과 인척 관계 때문에 높은 벼슬에 올랐다는 말을 듣기도 했지만 온유하고 덕이 있다는 평가를 받았다. 이명신이 죽자 당대 학문으로 이름이 높던 김종직(1431~1492)이 애도의 시를 지었다.

이원수의 증조부 이추(1417~1463)는 문음으로 관직에 진출했다. 문음이란 아버지나 할아버지 등 선조들의 공적으로 관직에 진출하는 것을 말한다. 부사정, 돈녕부 부승, 군기시 직장, 조지소 별좌 등을 거쳐 외직으로 지온양군사(종4품)[15]가 되어 나갔다가 그곳에서 죽었다. 부인은 무송 윤씨로 태종과 세종의 총애를 받고 학식으로 이름을 떨친 예문관 대제학 윤회의 딸이다.

이원수의 할아버지 이의석(1440~1498)은 이추의 둘째 아들이다. 1469년(예종 1) 진사시에 합격했으며 홍산 현감(종6품)과 경주 판관(종5품) 등을 지냈다. 부인은 해주 최씨로 최만리의 딸이다. 최만리는 한글 창제를 반대한 인물로 유명하나, 세종 시대의 핵심 관서인 집현전에서 25년간을 근무한 학자로서 부제학까지 오르고 청백리에도 선정되는 등 세종시대 명신이었다.

이원수 집안은 고조부 이명신 대에 명문가의 반열에 올랐다. 이후 후손들이 문과에 급제하지 못하면서 높고 화려한 벼슬에 오르지 못해 조금씩 기울어갔다. 그럼에도 대제학 윤회, 부제학 최만리 집안과 혼사를 맺은 명문의 전통이 살아있는 집안이었다.

남편 이원수는 어떤 인물인가?

이원수는 22세에 사임당과 혼인해 30여 년을 해로했다. 이원수는 자가 덕형이며 처음 이름은 '난수'였다. 1548년 무렵에 사임당 어머니 이씨 부인이 살아생전 다섯 딸들에게 재산을 나누어줄 때에 '이난수'로 참여하였다. 그러므로 '원수'로 이름을 고친 때는 40대 중반을 넘어서였다.

이원수는 사임당과 혼인할 당시 아버지 없이 홀어머니만 계신 상태였다. 아버지 이천은 24세의 젊은 나이에 요절하였다. 그래서 이원수는 서울에서 홀어머니 슬하에서 성장하였다. 형제도 여자 누이 1명뿐이었다. 아버지가 일찍 돌아가신 상황에서 외아들 이원수는 어머니를 모시면서 집안을 일으켜 세워야 한다는 부담감이 컸을 것이다.

이원수는 사임당의 남편이자 이이의 부친이었기에 여러 사람에게 회자되었다. 정치적으로 이이와 대립한 사람들은 이원수가 일찍이 불경을 좋아했다고 공격하였다. 어머니가 별세하자 이이가 금강산에 들어간 이유도 아버지의 영향으로 평소 집에 불경이 있었기 때문이라고 하였다. 이런 이야기들로 미루어보아 이원수는 불교에 관심을 가진 것으로 보인다.

이원수의 성품과 됨됨이는 성수침(1493~1594)이 지은 묘지문을 통해 짐작할 수 있다. 성수침은 이원수에 대해 사람됨이 진실하여 꾸밈이 없으며 물욕을 다투지 않고 마음이 너그러우며 착한 것을 좋아하여 옛사람의 풍취가 있었다고 평가하였다.

송시열(1607~1689)도 이원수의 묘표에서 성수침의 묘지문을 인용해 "진실하여 꾸밈이 없으며 물욕을 다투지 않고 마음이 너그럽고 착한 것을 좋아하여 옛사람의 풍취가 있었다."고 적었다.(「감찰 증좌찬성 이공묘표」, 『송자대전』) 그러면서 끝부분에 "공이 현숙한 부인을 얻어서 위대한 현인[大賢: 이이]을 낳았다."고 썼다.

곧 이원수가 사임당 같은 현숙한 부인을 얻어 이이같이 훌륭한 사람을 낳은 점을 높이 산 것이다. 송시열은 이이의 현창 사업을 주도한 사람이다. 송시열은 이원수의 묘표에서도 사임당의 그림을 평가한 방식처럼 똑같이 이이를 언급함으로써 이이를 현창하려는 의도를 숨기지 않았다.

이이의 제자 김장생도 이원수에 대해 "진실하여 꾸밈이 없으며 마음이 너그럽고 착한 것을 좋아하여 옛사람의 풍취가 있었다."고 하였다.(「(이이)행장」(김장생), 『율곡전서』) 김장생의 평가도 위의 두 사람과 크게 다르지 않아 두 사람의 글을 다시 인용한 것 같다.

위의 내용들로 미루어볼 때에 아마도 이원수는 세속에 관심을 두지 않은 채 진솔하면서도 호방한 성품을 지닌 사람으로 보인다. 아들 이이는 아버지의 성품이 뜻이 크고 기개가 높다고 하였다. 성수침도 "옛날 사람으로서 오늘을 살았으니 잘 어우러지지 않을 수밖에 없었도다."고 하였다.(「사헌부 감찰 중 의정부 좌찬서 이공 묘지명」(성수침), 『묘지문자』)

사임당은 아버지 삼년상을 치렀을까?

사임당은 혼인한 지 얼마 지나지 않아 아버지 상을 당했다. 이이가 쓴 「돌아가신 어머니의 행장」에는 사임당이 아버지의 "상을 마쳤다." 고 했다. 이를 근거로 하여 오늘날 사임당을 이야기하는 대부분의 글에서 사임당이 아버지를 위해 삼년상을 치렀다고 적고 있다. 하지만 삼년상은 사실이 아니며 사임당은 1년 상을 치렀다.

사임당을 아낀 신명화는 혼인 후에 사임당을 빨리 떠나보내는 것이 서운했다. 그래서 사위에게 "내가 딸이 많은데 다른 딸은 혼인을 해도 서운하지 않더니 그대의 처만은 내 곁을 떠나보내고 싶지 않네."하고 말할 정도였다. 하지만 안타깝게도 신명화는 사임당의 혼례를 치른 뒤 얼마 지나지 않아 1522년 11월 7일에 작고했다.

혼인한 지 얼마 되지 않아 아버지 상을 당한 사임당은 시어머니가 계신 서울로 가지 않고 강릉에 남아 상을 치렀다. 상을 마친 사임당은 1524년에 시어머니를 찾아뵙고 신부의 예를 올렸으며, 1524년 9월 서울에서 첫아이 이선을 낳았다. 사임당을 이야기하는 대부분의 글들이 이때 사임당이 삼년상을 마치고 서울로 왔다고 보고 있다. 하지만 삼년상은 두 가지 이유에서 사실이 아니다.

먼저 조선 왕조에서 최고의 권위를 가진 법전 『경국대전』(1485년 반포)에서 혼인한 딸은 친정아버지를 위해 1년 복인 기년복을 입으라고 규정했다. 조선시대에 자식은 아버지가 돌아가시면 상복 중 가장 무거운 참최 삼년상을 치러야 했다. 하지만 혼인한 딸은 그 등급을 낮추어 기년복을 입게 했다.

참최는 거친 베로 상복을 짓고 옷 가장자리를 꿰매지 않은 채로 놔두는 것을 말한다. 아버지가 돌아가신 참혹한 심정을 드러내기 위해서였다. 이에 비해 기년복은 옷 가장자리를 꿰맨 상복을 입고 1년간 상을 치렀다. 사임당이 혼인한 상태에서 아버지 상을 당했으므로 법규에 맞게 했다면 1년 기년복을 입었을 것이다.

다음으로 사임당이 만약 삼년상을 치렀다면 첫째 이선을 출산한 시기와 겹친다는 점이다. 삼년상은 13개월 만에 소상을, 25개월 만에 대상을 치르며 27개월째에 담제를 지낸 다음 상복을 벗는다. 삼년상이라 하지만 실제 기간은 27개월이 걸리며, 대상이 가장 큰 의례로서 대상을 치르면 사실상 상을 마쳤다고 할 수 있다.

사임당이 아버지의 삼년상을 마쳤다면 대상은 1524년 12월 7일이 된다. 그런데 사임당이 첫아이를 1524년 9월에 출산하므로, 임신 기간(평균 10개월)을 헤아려보면 대략 1523년 12월부터 1524년 9월 사이로서 대상을 치르기 훨씬 전이 된다. 또 9월에 첫아이를 한양에서 출산했다는 사실은 12월 7일 대상을 치르기 전에 이미 한양에 올라와 있었다는 이야기가 된다. 그러므로 신부례와 첫아이의 출산 시기가 상례에서 벗어나지 않고 기록과 일치하려면 1년 기년복이어야 한다.

그러므로 "상을 마치고 신부의 예로써 시어머니 홍씨를 서울에서 뵈었다."는 것은 법제대로 기년상을 마치고 나서 시어머니를 서울에서 뵈었다는 의미로 파악해야지 삼년상을 마친 후 시어머니를 찾아뵌 것으로 해석할 수 없다고 생각한다.

사임당이 삼년상을 지내지 않았다고 하여 실망할 필요는 없다. 사임당은 이미 어린 시절부터 효심이 깊었으며, 혼인 후에도 여전히 변치 않아 그 효심을 아들 이이가 기억해 어머니 행장에 기록해놓았을 정도다. 사임당은 당시 나라의 국법인 『경국대전』의 규정대로 혼인 직후 기년복을 입고 아버지 잃은 슬픔을 다한 책임감 있고 마음 씀이 깊은 딸이었다.

3부

봉평과 강릉을 오가며

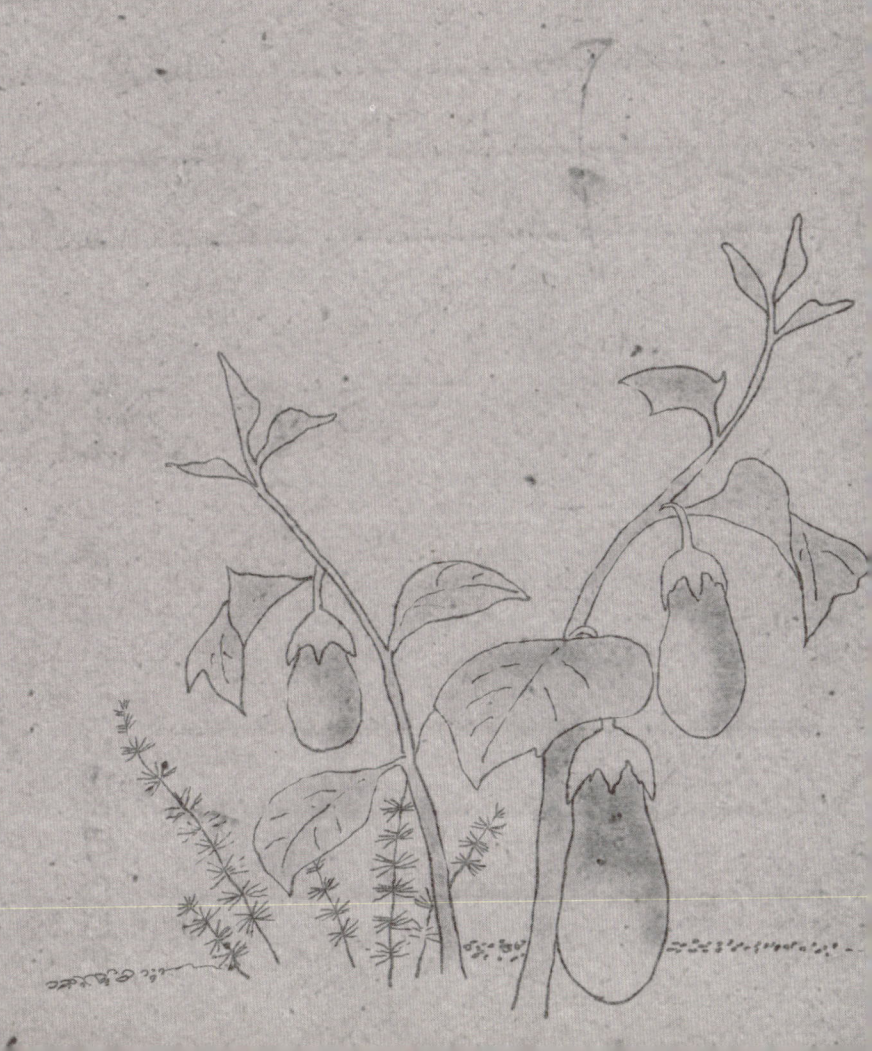

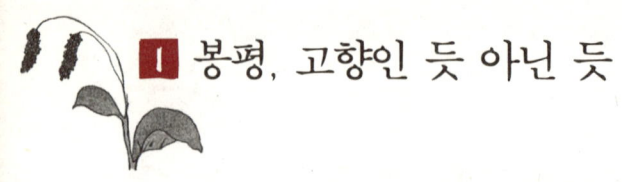
1 봉평, 고향인 듯 아닌 듯

봉평에 산 적이 있는 사임당

사임당은 강원도 봉평에 산 적이 있었다. 아래에 소개하는 봉평에 대한 이이의 회상은 사임당의 삶의 여정을 알려주는 의미 있는 기억으로서 짧지만 중요하다.

1522년에 아버지에게 시집을 오시고 1524년에 서울로 오셨다. 그 뒤에 강릉으로 부모님을 뵈러 가기도 하고 봉평에서 살기도 하다가 1541년에 서울로 다시 오셨다.

이이,「돌아가신 어머니의 행장」,『율곡전서』

사임당은 1522년에 혼인한 직후 아버지가 돌아가시자 상을 치르고 나서 1524년에 혼인 후 처음 서울에 왔다. 신부의 예를 갖추어 시어머니 홍씨에게 인사를 드리고, 같은 해 9월에 한성에서 첫째 이선을 낳았다.

사임당은 서울로 온 다음에 강릉으로 부모님을 뵈러 가기도 하고 봉평에서 살기도 하다가 1541년에 다시 서울로 돌아왔다. 그 사이에 이이를 포함해 다섯 명의 아이들을 낳았다. 막내 이우는 서울에 정착한 이듬해인 1542년에 낳았다.

이이는 「돌아가신 어머니의 행장」을 제외하고 봉평에 대해 언급한 적이 없다. 봉평에 관한 시(詩) 한 수도 남기지 않았다. 이이는 여섯 살 이후로 서울에서 살았기에 본인을 서울 사람이라고 자처했다. 그러면서도 강릉에 대해서는 자주 이야기했으며 그 기억도 강렬한 편이었다.

이이가 기억하는 강릉의 추억 중에 마음을 저리게 하는 추억 하나가 있다. 이이는 1548년에 강릉에 갔다. 이이의 나이 13세였다. 이해는 외할머니가 어머니 사임당을 비롯해 다섯 명의 딸들에게 재산을 나누어 준 해였다.[16]

외할머니가 계신 오죽헌 근처에 있는 이모부 권화의 집은 늘 손님이 끊이지 않고 떠들썩했다. 권화는 사임당의 둘째 여동생의 남편으로 이씨 부인에게는 넷째 사위가 된다. 이씨 부인은 나중에 이 넷째 부부의 아들인 권처균에게 강릉 집을 물려주었다.

권화는 사람들을 초대하는 일을 즐거워했다. 성장기 이이에게 이모부 집은 특별한 의미가 있는 공간이었다. 번민을 해소하는 공간이자 손님이 드나들고 잔치가 열리고 노래와 춤이 있는 유쾌한 공간이기도 했다. 이이는 낮에는 그 집에 있다가 밤이 되면 본인이 기거하는 곳으로 돌아왔다. 이이는 이모부 권화의 묘지명에서 이렇게 말했다.

그 후로 나는 외가를 끊임없이 오갔다. 이모부께서 크고 화려하게 지은 집이 광활한 들판을 접하고 있어서 번민을 해소할 만하기에 밤에는 내가 기거하는 곳에서 자고 낮에는 반드시 그 집으로 갔다. 고을사람들이 자주 성대하게 모였는데 이모부는 그에 따른 비용을 아끼지 않고 대접하는 것을 낙으로 삼으셨다.

이이, 「습독관 권공 묘지명」, 『율곡전서』

또 이이는 10세에 〈경포대부〉라는 장문의 부(賦: 한문 문체의 하나. 작가의 생각이나 눈앞의 경치 등을 있는 그대로 묘사하기 위해 사용함)도 지었다. 외가 가까이에 경포대가 있었으므로 아마도 놀러 가서 지었을 것이다. 이이가 이 부를 지을 때에 사임당의 나이 42세였다. 어린 시절 이이가 강릉에 갔다면 사임당도 함께 갔을 가능성이 높다.

이렇듯 사임당은 아이들을 데리고 서울과 강릉을 오갔으며 어느 한 때에 대관령 너머 강릉부에 속한 봉평에 터를 잡고 살기도 했던 것이다.

강릉부에 속한 봉평

달은 지금 긴 산허리에 걸려 있다. 밤중을 지난 무렵인지 죽은 듯이 고요한 속에서 짐승 같은 달의 숨소리가 손에 잡힐 듯이 들리며, 콩 포기와 옥수수 잎새가 한층 달에 푸르게 젖었다. 산허리는 온통 메밀밭이어서 피기 시작한 꽃이 소금을 뿌린 듯이 흐뭇한 달빛에 숨이 막힐 지경이다.

이효석, 「메밀꽃 필 무렵」

이 글은 봉평에서 태어나 일제강점기에 활동한 소설가 이효석(1907~1942)의 단편 소설 「메밀꽃 필 무렵」(1936년)에 나오는 한 대목이다. 여름

봉평 메밀꽃 풍경

끝자락에 봉평에서 대화까지 메밀꽃이 막 피어나기 시작하는 80리 길의 풍경을 한 폭의 수채화처럼 그려낸 이 장면은 이 소설의 백미로 꼽힌다. 지금도 '봉평'하면 메밀꽃을 떠올릴 만큼 강렬한 인상을 심어주었다.

오늘날 봉평은 행정구역이 강원도 평창군에 속하나 조선시대에는 강릉부에 속했다. 봉평이 강릉부에 속했다는 사실은 잘 알려진 사항이 아니다. 그때나 지금이나 강릉과 봉평은 영동과 영서로 구분되며, 현재 행정 구역이나 거리상으로도 잘 납득되지 않지만 엄연한 사실이다.

봉평의 원래 이름은 태기산과 의풍포의 가운데 글자를 딴 '기풍'이었다. 그러다가 양사언(1517~1584)의 호인 봉래(蓬萊)의 '봉'자와 평촌(坪村)의 '평'자를 따서 봉평으로 고쳤다고 한다. 이후 1857년(철종 8)에 기풍으로 회복되었다가 1877년(고종 14)에 다시 봉평으로 고쳐 현재에 이르고 있다. 1906년에 평창군에 편입되었다.[17]

봉평이라는 지명에 영향을 끼친 양사언은 1546년(명종 1)에 문과에 급제해 여러 고을의 수령을 두루 지냈다. 양사언은 재주가 뛰어나 안평대군·김구·한호와 함께 조선의 4대 서예가로 손꼽히는 인물이다. 오늘날까지 널리 사랑받는 시조 "태산이 높다 하되 하늘 아래 산이로다/오르고 또 오르면 못 오를 리 없건마는/사람이 제 아니 오르고 산만 높다 하더라."도 양사언의 작품이다.

양사언이 강릉과 인연을 맺은 때는 1571년(선조 4)에 강릉 부사로 부임하면서부터였다. 조선시대에 부사는 대도호부사(정3품)와 도호부사(종3품)가 있었는데 강릉 부사는 대도호부사 자리였다. 전국에서 대도호부사를 파견한 곳은 강릉과 함께 경상도 안동, 함경도 안변, 평안도 영변뿐이었다. 그만큼 지방 중에서 강릉의 위상이 높았다고 할 수 있다.

양사언은 강릉 부사 시절에 좋은 경치를 찾아 틈틈이 주변 지역을 돌아다녔다. 관동 제일의 명소로 꼽히는 경포대도 양사언이 수령으로 재임하던 시절에 훼손된 곳을 수리해 새롭게 만들어놓은 것이다. 이런 양사언이 강릉부에서 사랑한 경치 중 한 곳이 봉평 평촌리에 자리한 팔석정이었다.

양사언은 여덟 개의 큰 바위가 절경을 이루는 팔석정의 풍광에 감탄해 종종 찾았다. 이후 1576년에 임기를 마치고 고성으로 부임지를 옮겨가게 되자 여덟 바위마다 각각 이름을 지은 후 바위에 쓰고 다른 사람을 시켜 그것을 새기게 했다. 이후부터 이곳이 '팔석정'이라 불리게 되었고 고을 이름까지 '봉평'으로 바뀌게 되었다고 한다.

강릉부의 재정 창고가 있던 봉평

사임당이 한동안 거주한 봉평은 전체 면적의 80%가 산지이며 해발 500~600m에 위치한 고산지대다. 주변에 높은 산들도 많아 북쪽의 회령봉(1309.4m)을 비롯해, 북서쪽으로는 홍정산(1277m), 서쪽으로는 태기산(1261m)이 있으며 남서쪽으로 청태산과 대미산(1232m)이 다른 지역과 경계를 이루고 있다.

이 중 태기산이 봉평을 둘러싸고 있는 주봉으로 이곳에서 흘러나오는 덕거천과 홍정천이 원길리에서 합류해 곳곳에 아름다운 풍경을 만들어내고 있다. 또 태기산에는 정상 부근에 태기산성이라 불리는 성터가 남아있고, 옛 부족국가 맥국의 국왕인 태기왕에 관한 전설과 함께 그 원한을 달래주는 산신령 굿이 열리고 있어 봉평 주민들에게 신성한 산이기도 하다.

외형상 봉평은 산들로 둘러싸인 산간이지만 영동과 영서가 만나는 지역으로 강릉과 이틀 거리에 있었다. 대관령 고개는 예로부터 아흔아홉 고개라고 표현되지만 강릉에서 대관령을 넘어올 때만 가파르고 고개를 넘고 나면 횡계, 진부 그리고 봉평 부근까지 완만하면서도 평탄한 길이 이어진다.

조선시대에 강릉 관아에서 봉평까지는 150리로 표현되었다. 150리를 오늘날 거리 단위로 환산하면 약 60km 정도이나 실제로 측정해보면 70km 내외 정도 된다. 조선시대에 사람들이 말이나 도보 등 여러 수단을 이용해 하루에 이동할 수 있는 거리는 양반들이 남긴 일기를 보면 대략 70~90리 곧 27~35km 정도였다. 그러므로 강릉에서 봉평까지

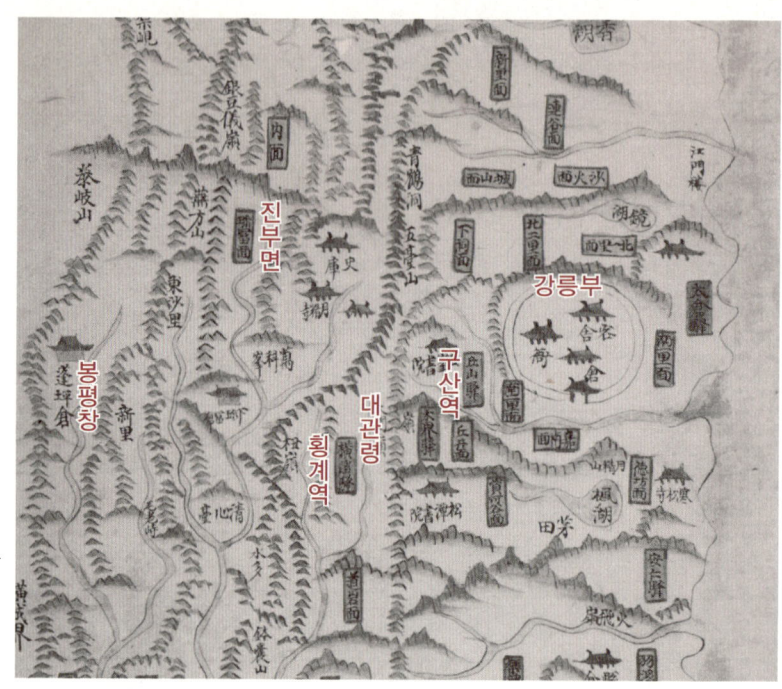

봉평창이 표시된 강릉부 지도(『광여도』, 19세기)

오려면 이틀 여정이었다.

사임당의 아버지 신명화가 한양에서 강릉으로 가는 여정을 보면, 여주·횡성을 거쳐 대화면에 있는 운교역을 지나 진부·횡계를 거쳐 대관령을 넘어 강릉 구산역에 도착했다. 따라서 강릉에서 대관령을 넘어 봉평으로 오려면 횡계역(강릉부에서 50리)이나 진부역(강릉부에서 90리)에서 하룻밤을 쉬었다가 들어왔을 것이다.

봉평과 강릉의 친밀한 관계는 봉평 창동리에 강릉부의 재정 운영과 관련 있는 창고가 설치되었다는 사실에서도 알 수 있다. '창(倉)'이라는 용어가 낯설어 창고로 소개했는데 이 창고는 환자곡을 관리하던 곳으로 봄에 사람들에게 곡식을 빌려주었다가 가을에 이자와 함께 거두어들이는 용도로 사용되었다. 곧 봉평창은 강릉부의 재정 운영에서 중요한 역할을 한 곳이었다.

강릉부에는 이런 역할을 한 창고가 강릉 관아가 자리한 치소(治所)에 두 개, 치소 이외의 지역에 여덟 개가 있었다.[18] 봉평창은 치소 이외의 지역에 설치한 여덟 개 창고 중 하나로 건물 규모가 그 중 가장 작았으나 저장하는 곡식의 규모는 가장 많았다. 창고가 있던 이곳을 일제강점기에 일본인들이 '창(倉)'자 대신에 '창(蒼)'으로 쓰기 시작하면서 '창동(蒼洞)'이 되었으며, '참말'이라고도 불렀다고 한다.

봉평에 강릉부의 재정을 운영하는 창고가 있었다는 사실은 이곳이 강릉부에서 차지하는 위상이 높았다는 의미로 해석할 수 있다. 또 조세로 거둔 곡식을 수월하게 운반하고 여기에 저장한 곡식들을 이용해 재정 운영을 하려면 교통도 좋아야 했다. 곡식의 운반과 대여를 위해서는 교통 요지에 창을 설치하는 것이 필수적이었다. 실제로 창고가 있던 창동은 강릉에서 봉평으로 들어오는 초입에 있었다. 이곳은 봉평 주민들에게 도회지와도 같은 곳이어서 '상리(上里)'라 부르기도 했다.

이처럼 봉평은 강릉부에 속한 지역으로서 대관령을 사이에 두고 강릉 관아로부터 이틀 거리에 있었다. 그리고 봉평에는 강릉부가 관할하는 재정 창고도 있었다. 고산지대로서 영동과 영서 사이에 있으면서 영서 쪽에서 강릉부의 중심 지역 중 한 곳이 봉평이었다. 이런 곳에 사임당 부부가 자리한 이유는 현재 자세하지 않지만 봉평과 강릉의 유기적인 관계가 대단히 흥미롭게 느껴진다.

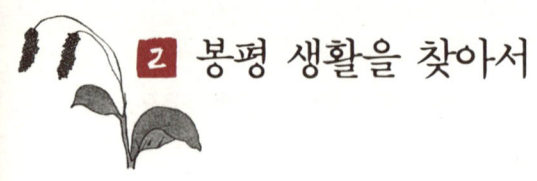

2 봉평 생활을 찾아서

사임당이 율곡을 임신한 판관대

사임당이 강원도 봉평에서 거주한 곳은 백옥포리로 알려져 있다. 오늘날 이곳에 '판관대 터'가 남아 있다. 판관대는 사임당이 이이를 임신한 곳으로 전해지는 장소다.

판관대의 '판관'은 사당임의 남편 이원수의 벼슬인 '수운 판관'을 의미하며, '대'는 집 또는 집터를 뜻한다. 오늘날 판관대 터가 있는 백옥포리는 행정 구역으로 용평면(1983년 신설)에 속해 있다.

이미 오래 전부터 봉평 사람들은 사임당이 이곳에서 이이를 임신하고 강릉 친정에서 낳았다고 보고 있다. 오늘날 사임당과 관련한 장소로서 판관대가 일반인들에게 잘 알려져 있지 않지만, 봉평 사람들에게 판관대는 사임당이 이이를 임신한 곳이라는 자긍심과 자부심이 깃든 공간이었다.

판관대 | 강원도 평창군 용평면 백오포리 소재. 신사임당이 이이를 임신한 곳으로 전해지는 장소로 조선시대에는 강릉부 봉평이었다.

 판관대에 대해 높은 자긍심을 표출한 대표적인 사람으로 19세기에 강원도 봉평 출신 학자 신범(1823~1879)을 꼽을 수 있다. 신범은 위정척사론을 주장한 화서 이항로(1792~1868)의 제자다. 신범은 「판관대기」와 「송담약기」라는 글을 지어 이이의 생애와 함께 사임당 부부와 봉평의 인연을 상세히 설명했다. 두 글은 신범의 문집인 『봉서유고』에 들어 있다.

 신범은 이원수가 서울에서 진부의 깊은 산골짜기 봉평리에 와서 살다가 사임당과 혼인했다고 보았다. 또한 율곡 이이의 생애를 연도별로 정리한 〈연보〉에 "옛 터전이 진부 깊은 계곡에 있었다."고 나오는데, '진부 깊은 계곡'이 바로 봉평을 가리킨다고 주장했다. 판관대가 봉평리 가운데에 있는데, 이 봉평리가 진부면 서쪽에 있다가 당시 진부면에서 갈라져 나와 봉평면이 되었으므로 '진부 깊은 계곡'이란 곧 봉평을 의미한다는 것이다.

그런데 이 주장에 대해서는 몇 가지 고려해야 할 사항들이 있다. 먼저 이이의 〈연보〉에 "옛 터전이 진부 깊은 계곡에 있었다."는 내용을 찾을 수 없으며, 사임당과 이원수 부부의 재산이 기록된 〈이이 남매 화회문기〉에 봉평 소재의 전답이 없다.

또한 봉평은 사임당이 1541년에 서울로 다시 오기 전까지 살던 곳이다. 그런데 남편 이원수가 수운 판관을 지낸 시점은 1550년(명종 5)으로 사임당이 다시 한양으로 와서 정착한 지 10여 년이나 지난 후였다. 그러므로 '판관대'라는 이름은 사임당 부부가 봉평에서 살던 시절이 아니라 그 이후에 붙여진 이름으로 봐야 한다.

또 신범은 사임당의 막내아들 이우의 호가 봉평과 연관이 있다고 주장했다. 신범은 이우의 호인 옥산에 대해 "옥산은 봉평에 있는 산"이라고 보았다.(「송담약기」, 『봉서유고』) 이 역시 사임당과 봉평의 인연을 알려주지만 실제 봉평에는 옥산이라는 산은 없고 '옥산대재'가 있다. 옥산대재는 무이리와 안흥동 사이에 있는 고개로 높이가 670m 정도 되는데, 이 옥산대재와 옥산이 같은 곳인지는 알 수 없다.

이처럼 판관대를 둘러싸고 의문점들이 있는 것이 사실이다. 그럼에도 불구하고 이이가 「돌아가신 어머니의 행장」에서 사임당이 봉평에서 살았다고 했으므로 사실로 보는 것이 타당하다. 그저 지금으로써는 봉평을 둘러싼 궁금한 사항들을 해소해줄 수 있는 자료 발굴을 기다리는 수밖에 없을 것 같다.

봉평과 강릉, 어느 곳이 더 중요한가?

봉평에서는 오래 전부터 봉평과 율곡 이이가 관련이 있다는 점을 알리기 위해 노력해왔다. 이이처럼 대학자가 봉평과 연관이 있다는 사실은 지역의 위상을 높이는 동시에 지역 인사들의 학문 연원을 단박에 설명해주기 때문이었다. 하지만 예나 지금이나 봉평과 이이를 연관 짓는 작업은 그다지 성공하지 못한 것 같다.

봉평 출신의 학자 신범은 「판관대기」(『봉서유고』)라는 글에서 이이와 연관하여 오죽헌만 기억되고 판관대가 기억되지 못하는 현실을 각종 자료와 전거를 제시하면서 신랄하게 비판했다.

신범은 사임당이 이이를 임신한 곳에 대해 봉평 사람들과 강릉 사람들이 서로 다른 의견을 갖고 있다고 했다. 봉평 사람들은 "율곡 선생은 봉평에서 임신하고, 오죽헌에서 태어났다."고 말하는데, 오죽헌 사람들은 "그렇지 않다. 선생 가족은 오죽헌에서 살았고 선생은 오죽헌에서 태어났다. 또 몽룡실이 있지 않은가?"하면서 맞서고 있다는 것이다.

실제 이이의 〈연보〉에는 이이의 탄생과 관련하여 두 가지 꿈이 소개돼 있다. 사임당이 이이를 낳은 1536년 봄에 꾼 꿈과 율곡을 낳기 전날 저녁에 꾼 꿈이

신범의 『봉서유고』 | 19세기 봉평 출신의 학자이자 이항로의 제자인 신범의 문집이다. 여기에 실린 「판관대기」는 사임당의 봉평 생활에 대해 중요한 단서를 전해준다.

다. 봄에 꾼 꿈은 태몽에 해당한다. 꿈에서 사임당이 동해에 가니 신녀(神女)가 살결이 옥같이 깨끗하고 신비로운 광채를 띤 남자아이를 안고 있다가 사임당의 품에 건네주었는데, 이 꿈을 꾼 후에 이이를 임신했다고 한다.

사임당은 이이를 낳기 하루 전에도 꿈을 꾸었다. 검은 용이 큰 바다에서 잠자는 방 쪽으로 날아와 마루 사이에 서려 있는 꿈이었다. 그리고 얼마 후에 이이를 낳았다. 그래서 어릴 적 이름도 '현룡(見龍)'이라 지었다고 한다. 강릉 사람들이 말하는 '몽룡실'은 바로 사임당이 출산 하루 전에 용이 품속으로 날아든 꿈을 꾼 방으로 이곳에서 이이를 낳았다. 요컨대, 이이의 가족들이 강릉에서 살았고 몽룡실까지 있으므로 이이의 임신과 출산은 강릉에서 이루어졌다는 것이 강릉 사람들의 주장이다.

하지만 신범은 이 말의 진위 여부가 확실하지 않다고 주장했다. 신범은 이이가 어머니의 행장에서 "그 후에 강릉에 부모님을 뵈러 가기[歸]도 하고, 봉평에서 살기[居]도 했다."고 쓴 대목에 주목했다. 봉평은 강릉과 지세나 방향이 서로 같아 사임당이 강릉에 돌아가기도 하고 봉평에 거주하기도 했다는 것이다.

무엇보다도 타지에 있다가 부모님을 찾아가 안부를 살핀다는 의미의 '귀(歸)'와 거주한다는 의미의 '거(居)'는 그 뜻에 경중이 있다는 점을 지적했다. '귀'는 혼인한 여자가 친정부모를 뵈러 가는 '귀녕(歸寧)'을 의미하지만, '거'는 집에서 산다는 의미라는 것이다.

곧 강릉에는 부모님을 찾아뵈러 간 것이고, 봉평에서는 실제로 살았다는 뜻이 되므로 봉평이 강릉보다 훨씬 더 중요하다는 주장이다. 또

이를 근거로 하여 1524년부터 1541년 이전까지 사임당이 강릉에서 살지 않은 것 같다는 꽤 설득력있는 의견까지 제시했다.

신범은 "아! 땅의 영험으로 말하면 임신한 땅이 태어난 땅보다 중요하다. 하지만 사람의 일로 말하면 태어난 땅이 임신한 땅보다 낫다."면서 "나중에 선비와 군자가 동쪽에서 많이 나고 서쪽에서 나지 않았으며, 더구나 서쪽은 선생을 이간질하는 기운의 땅이어서 쇠퇴했고 동쪽은 선생을 키운 땅이어서 크게 일어나게 되었다."고 보았다.

그러면서 신범은 "우리 봉평에 대해서는 말이 없고 오죽헌에 대해서만 말이 있는 까닭은 힘없는 자가 힘 있는 자에게 빼앗긴 것과 마찬가지 아니겠는가?"하고 끝을 맺었다.

한마디로 신범의 주장은 봉평이 사임당 부부가 살면서 이이를 잉태했으므로 강릉보다 더 중시돼야 한다는 것이었다. 비록 이이를 중심에 두고 쓴 글이지만 사임당이 혼인한 후 거주한 봉평에 대해 강렬한 인상을 심어주고 있다.

사임당의 율곡 임신을 기리기 위해 세운 사당, 봉산서재

20세기 초에 들어서 봉평에는 봉산서재가 세워졌다. 봉산서재는 사임당이 이곳에서 이이를 임신한 사실을 기리기 위해 세운 사당이다. 1906년 3월에 이 지역 유생들이 힘을 모아 봉평 평촌리의 덕봉산에 창건해서 율곡 이이와 화서 이항로(1792~1868)를 배향했다.

봉산서재를 건립한 과정은 1955년 3월에 마련한 〈봉산서재 현판문(懸板文)〉과 『봉평면지』에 자세히 나온다.[19] 내용을 요약해서 소개해보

봉산서재 | 강원도 평창군 봉평면 봉산서재길, 1906년에 사임당이 이이를 임신한 사실을 기리기 위해 세운 사당으로 율곡 이이와 화서 이항로를 배향했다.

봉산서재 내부 | 율곡 이이와 화서 이항로의 초상화·신주 등이 있다.

면, 이원수가 1526년(중종 21)경부터 약 10여 년간 봉평면 월포동(현 평창군 용평면 백옥포리)에 거주하는 동안 이이를 임신하고, 1535년 가을에 강릉부 북면 오죽동으로 이사하여 같은 해 12월 26일에 이이를 낳았다는 이야기가 조정에까지 알려지게 되었다.

그래서 1661년(현종 2)에 조정에서 봄가을로 이이에게 제사를 지낼 수 있게 봉평에 논밭을 내려 주고, 1836년(헌종 2)에는 이이의 초상화도 내려주었다. 이에 봉평 선비들이 존영을 봉안하고서 봄가을로 제사를 지내오다가 사당을 세우자는 뜻을 모으게 되었다.

그 후 1896년(건양 1)에 봉평 선비 홍재홍이 고종 황제에게 글을 올려 이이를 임신한 곳에 사당을 설립해도 된다는 허락을 받았다. 하지만 시국이 좋지 않아 실현하지 못하다가 1904년에 추성구 등 8명이 태학에 사당 건립 인가를 다시 요청해 허가를 받았다. 그 결과 1906년 3월에 비로소 봉산서재를 건립하게 되었다는 내용이다.[20]

이 내용들은 조선왕조실록이나 『승정원일기』 등 연대기자료나 다른 자료에 나와 있지 않아서 사실 여부를 확인할 수 없다. 그럼에도 눈길을 사로잡는 대목이 있다. 봉평에서 사임당이 이이를 임신한 일에 대해 '유학도간(儒學徒間)의 전설' 곧 유학을 공부하는 사람들 사이에 전해오는 이야기로 표현한 부분이다.

오랫동안 봉평 사람들이 신사임당과 이이와의 인연을 허투루 여기지 않고 소중히 여기면서 어떻게 전승시켜 왔는지를 알 수 있는 대목이다. 오랜 세월이 흐르면서 창안된 이야기들도 있지만 사임당과 봉평의 인연은 아들 이이의 기록이 있으므로 자료들을 모아나가는 노력이 필요하다. 하루속히 봉평에서 사임당과 이원수, 율곡에 관한 자료나 이야기들이 더 발굴되기를 고대해본다.

사임당이 혼인 후 시가에서 살지 않은 이유는?

봉평 생활에서 알 수 있듯이 사임당은 혼인한 후에 시가에서 살지 않았다. 더구나 남편 이원수가 외아들이고 시어머니가 일찍 과부가 되어 혼자 지냈으므로 혼인 직후에 시가에서 살았을 것 같지만 그렇게 하지 않았다.

오히려 혼인 직후에 아버지 상을 당해서 친정에서 상을 마친 다음에 햇수로 2년 만에 시어머니에게 처음 인사를 드렸다. 시어머니에게 인사를 드린 다음에도 쭉 함께 살지 않다가 20여 년을 훌쩍 넘긴 후에야 시어머니를 모시고 살았다. 그 사이에 서울에 간 적도 있겠지만 본격적인 시집살이는 혼인 후 오랜 시간이 지난 다음이었다.

이렇게 사임당이 시가가 아닌 다른 곳에서 지낸 것은 며느리 역할을 소홀히 했기 때문이 아니었다. 사임당이 살던 16세기는 혼인한 여성이 시가에서 살지 않아도 이상하게 여기는 분위기가 아니었다.

조선 왕조를 개창한 개혁가들은 고려와 다른 새로운 전통을 만들어내는 과정에서 중국 송나라 학자 주희(1130~1200)가 『주자가례』에서 제시한 모델에 큰 감화를 받았다. 개혁가들은 인륜의 시초로 여긴 혼례를 명나라 수준으로 맞추기 위해 1434년에 『주자가례』에 입각한 혼인 의식을 제정하고 『국조오례의』(1474년)에 포함시켰다.

주자가 『주자가례』에서 제시한 혼례 절차 중 핵심이 되는 사항은 신랑이 신부를 자신의 집으로 직접 데려와서 예식을 치르는 '친영'이었다. 곧 신랑 집에서 혼인하고 신랑 집에서 사는 방식이었다. 그런데 이 혼례 방식은 조선의 혼례 방식과 판이하게 달라 잘 뿌리 내리지 못했다.

조선이 건국된 이후로 15세기에 민간의 혼례식은 3일씩이나 풍성한 잔치를 벌이는 남귀여가혼이었다. 남귀여가혼은 신랑 신부가 신부 집에서 혼례를 치르고 신랑이 일정 기간 신부의 집에 거주하는 방식이었다. 그래서 장인 집에 간다는 의미로 '장가든다'고 표현했다. 전통과 관례에 따른 이 혼례식은 사임당이 살던 16세기 중반까지도 성행했다.

이 전통이 민간에서 오래 지속된 배경에는 경제적 요인이 크게 자리하고 있다. 신랑 측에서는 친영을 하게 되면 혼례 준비도 문제지만 거주공간의 마련과 생활비 또한 부담이 아닐 수 없었다. 신부 집도 당장 혼수를 준비하고 신혼부부가 살 공간을 마련하는 일이 큰 압박이었으나 딸이 생소한 환경에서 곧장 생활하는 것이 편치 않았다. 그래서 비용을 감수하더라도 혼인 후에 딸을 얼마 동안이라도 집에 두고 싶어 했다. 그래서 양가 부모들은 친영보다는 남귀여가혼을 더 선호했다.

남귀여가혼의 전통은 가족 구성원 삶에도 영향을 미쳤다. 딸이 혼인한 후에도 친정과 여전히 친밀한 관계를 유지하다 보니 가족 안에서 다양한 권리를 가질 수 있었다. 무엇보다도 딸은 재산 상속에서 아들과 마찬가지로 엄연한 권리를 누릴 수 있었다. 아들딸에게 재산을 균등하게 분배해 주었고, 제사를 받드는 사람에게 제사 비용으로 상속분의 5분의 1을 더해주었을 뿐이다.

제사도 남자형제만 지내지 않았다. 윤회봉사라 하여 아들딸이 공동으로 돌아가면서 담당하거나 외손이 맡기도 했다. 외가 제사를 맡은 이이는 외할머니를 추모하는 글에서 "제가 어렸을 때 외가에서 보살핌을 받으면서 자랐는데 어루만져 주시고 안아주시며 잠시도 잊지 않고 보살펴주셨으니 그 은혜가 산이나 강보다도 무겁습니다. 착한 아이로 보시어 제사를 부탁하셨으니 외조모와 외손자는 이름뿐이오, 정은 어머니와 아들 사이입니다."라고 썼다.(「외할머니 이씨에게 제사 올리는 글」(1570년), 『율곡전서』)

17세기 중반 이전까지 남자가 혼례 후에 신부 집에서 거주하고 딸도 친정 제사를 지내는 생활 방식은 매우 보편적이었다. 사임당만 늦게 시집살이를 시작한 것이 아니었다.

그래서 사임당이 살던 시대에는 여성이 혼인한 후에도 여전히 친정의 일원으로서 딸이라는 정체성을 가질 수 있었고 며느리 역할만 강요받지 않았다. 사임당의 외할머니 강릉 최씨, 사임당의 어머니 용인 이씨가 강릉에서 살고 사임당이 강릉과 봉평을 오가며 살았던 것도 이러한 사회 분위기에서 가능했다.

4부

고달픈 서울살이

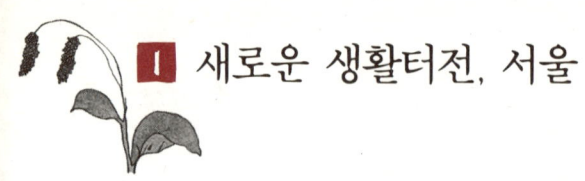
1 새로운 생활터전, 서울

16세기 서울의 이모저모

서울은 사임당이 38세부터 세상을 뜰 때까지 산 곳이다. 그 이전에 서울에 온 적도 있지만 생활터전으로서 본격적으로 뿌리내린 시점은 이때부터였다. 그렇다면 사임당이 살던 16세기 서울의 모습은 어떠했을까?

조선 왕조를 개창한 태조 이성계가 도읍을 개경에서 오늘날 서울인 한양으로 옮긴 해는 1394년(태조 3) 10월 말이었다. 이후 1399년(정종 1)에 정종은 한양을 떠나 개경으로 다시 돌아갔다. 그러다가 1405년(태종 5)에 태종이 다시 한양으로 돌아오면서 본격적으로 한양 시대가 열렸다.

한양은 지리적으로 사산(四山)이라 하여 백악산(북)을 주산으로 하여 목면산(남), 인왕산(서), 타락산(동)이 감싸고 있으며, 그 외곽에 다시 북한산·덕양산·관악산·용마산 등이 둘러싼 공간 안에 자리했다. 그래서 『신증동국여지승람』(1530년)에는 한양의 지세를 "동방의 제일이요 천연의 요새"라 표현했다.

한양이 수도로 건설되면서 한양에는 그 위상에 맞는 새로운 건물들이 들어섰다. 1394년에 수도 이전을 결정하고 나서 1년여에 걸쳐 경복궁을 지었다. 경복궁은 국왕이 거처하면서 정사를 보는 곳으로 법궁이라 한다. 오늘날로 치면 청와대에 해당한다. 1405년에 태종은 한양으로 다시 도읍을 옮겨오면서 창덕궁을 지었다. 그래서 사임당이 살던 16세기 한양에는 경복궁과 창덕궁 두 궁궐이 있었다.

경복궁의 좌우에는 종묘와 사직을 두었다. 종묘는 역대 왕과 왕비의 신주를 봉안한 국가 사당이며, 사직은 땅과 곡식을 관장하는 신에게 국가에서 제사를 올리는 곳이다. 이는 고대 중국 왕조의 국가 제도와 의례에 관한 지침서인 『주례』를 따른 것이다.

『주례』에는 수도의 모습으로 궁을 중심으로 왼쪽에 종묘를, 오른쪽에 사직을 두고, 앞에는 관청을 배치하고 뒤쪽에 시장을 두게 했다. 한양은 이러한 고대 도성의 규범을 준수한 도시였다.

한양에는 상설 점포인 시전도 조성되었다. 시전을 조성한 국왕은 태종이었다. 태종은 상인들에게 행랑 건물을 분양한 다음에 점포세에 해당하는 세금을 거둬들였다. 국가 수입을 늘리기 위한 조치였다. 시전 건물을 완성한 1415년에는 시전 건물 1칸 당 봄·가을로 저화 1장씩 받았다. 이후 『경국대전』(1485년 반포)에는 건물 1칸당 봄·가을로 저화 20장씩 받았다. 70여 년 만에 점포세가 무려 20배나 올랐다. 그 사이 물가도 오르고 상업도 활발해진 결과였다.

한양에는 건물만 짓지 않았다. 궁궐과 종묘 등을 완성한 후 한양을 감싸는 성벽도 쌓았다. 도성을 감싸고 있어 '도성'이라 한다. 한양은 사방이 산이다 보니 성벽은 자연스럽게 산세를 따라 구불구불한 모양새가 되었다. 1396년(태조 5)과 1422년(세종 4) 두 차례 공사를 통해 오늘날 한양도성의 모습이 탄생되었다. 백악의 정상에서 인왕산과 낙산을 따라 내려오다가 남산의 꼭대기로 이어지는 전체 길이 18.6km의 성벽이 완성되었다.

이 도성에는 여덟 군데에 성문을 두어 도성 출입을 관장했다. 동서남북에 네 개의 큰 4대문과 각 방위 사이에 네 개의 작은 4소문을 두었다. 하지만 북문은 설치하자마자 폐쇄했고 남문은 남산 때문에 정남향에서 벗어난 곳에 들어섰다. 각 소문들도 지형이 허락하는 곳에 알맞게 세워졌다.

그리고 한양을 관장하는 부서로 한성부를 두었다. 행정 구역은 크게 5부(동부·서부·남부·북부·중부)로 나누고 각 부마다 다시 방(坊)을 나누어 명칭을 붙였다. 건국 초기에는 52방이었다가 세종 대에 3곳을 폐지해 49방이 되었다. 사임당이 서울에 살던 당시에도 5부 49방이었다. 한성부는 수도 한양의 행정은 물론 사법과 치안 업무까지 함께 담당했다.

서울의 인구는 수도답게 계속 늘어났다. 1428년(세종 10) 한성부에서는 '1426년 호적'을 완성한 후 한성 5부의 호수가 16,921호, 인구는 103,028명이며, 도성 밖 성저 10리의 호수는 1,601호, 인구는 6,044명이라고 보고했다.(『세종실록』 세종 10년 윤4월 8일) 또 『세종실록』 지리지에는 5부의 호수 17,015호, 성저십리의 호수 1,779호 등 총 18,894호로 집계되었다. 이 수치들은 조선 초기 가호수를 알 수 있는 귀중한 통계라 할 수 있다.

시어머니와 함께 산 수진방

사임당과 서울의 인연은 사임당의 아버지 신명화로부터 시작한다. 신명화는 용인 이씨에게 장가들 당시 서울에 살았다. 이씨 부인도 혼인 후 서울에서 살다가 친정어머니의 병간호를 위해 강릉으로 온 뒤로부터 남편과 떨어져 강릉에서 쭉 살았다.

사임당이 서울을 처음 접한 해는 1524년으로 스물한 살이었다. 혼인 후 처음으로 시어머니 홍씨 부인에게 인사를 드리기 위해 서울로 왔다. 그리고 이해 9월에 서울에서 큰아들 이선을 낳았다. 이후 사임당이 서울로 다시 온 해는 1541년이었다. 나이 38세였다.

사임당이 서울에 와서 오랫동안 생활한 곳은 수진방이었다. 이곳에서 시어머니를 모시고 생활했다. 아들 이이는 "내가 어렸을 적에 한성 수진방에서 자랐는데 같은 마을에 신공(申公: 신석정, 본관 고령)이 있었으니 이분이 돌아가신 부친의 먼 인척이었다."(『율곡전서』)고 했다. 이처럼 수진방에는 사임당 남편 이원수의 먼 인척들도 살고 있었다.

더구나 이곳에는 사임당의 어머니가 소유한 기와집도 있었다. 이 기와집은 사임당의 어머니가 1548년 무렵 다섯 딸들에게 재산을 나눠줄 때에 이이에게 주었다. 아마도 이 기와집은 신명화가 살던 서울집일 가능성이 높다.

수진방은 오늘날 행정구역으로 종로구 수송동·청진동에 해당한다. 수진방은 한양 5부 중에서 가장 중심부인 중부에 속했다. 중부가 관할한 곳은 총 8방으로 수진방 이외에 징청방·서린방·견평방·관인방·경행방·정선방·장통방이 있었다.

그 당시 수진방은 운종가(오늘날 종로) 대로변에 인접한 지역으로 종각과 혜정교 사이에 있었다. 운종가는 태종 때에 조성된 시전 건물을 중심으로 종루 서쪽에 형성된 시장 거리였다. 시전은 앞서 소개했듯이 상설 점포라 할 수 있는데 서울에서 수진방은 남대문 거리와 함께 시전이 몰려 있어 사람들로 넘쳐나는 번화한 곳이었다.

운종가에 붙어 있던 수진방은 주변이 가게들로 북적대면서 도회적인 분위기가 넘쳐났다. 거기에다가 수진방은 경복궁과도 가까웠다. 그

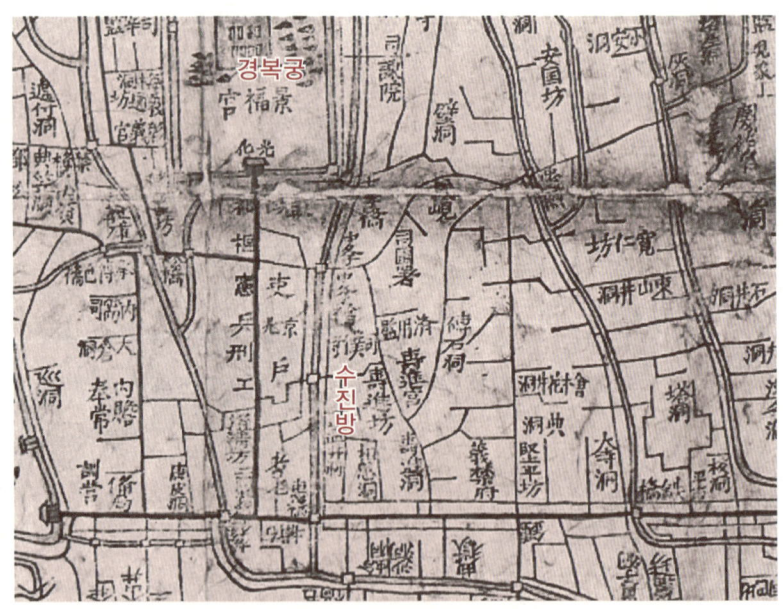

《수선전도》 중 수진방 | 1장, 부분 채색, 서울특별시 시도유형문화재 제296호, 국립중앙도서관. 1825년(순조 25)경에 김정호가 제작한 것으로 추정되는 서울 지도.

래서 이곳에는 사복시, 제용감, 사포서 같은 관청들도 들어서 있었다. 사복시는 왕실의 말과 수레를, 제용감은 왕실에서 사용하는 옷감·가죽·인삼 및 하사용 의복·비단·직조물 등을, 사포서는 과일이나 채소·김치 등을 관리하는 관서였다.

수진방이 경복궁과 가까이 있다 보니 왕족이 사는 궁가나 양반가들이 밀집해 있었다. 대표적인 궁가가 수진궁이다. 수진궁은 제안대군(예종의 둘째 아들)의 집으로 알려져 있다. 제안대군은 예종의 첫째 아들인 성대군이 3살에 풍질을 앓다가 죽었으므로 왕위 계승 1순위였다. 하지만 자을산군(성종)의 등장으로 왕위에 오르지 못한 비운의 인물이다. 또 수진방에는 이성계를 도와 조선 건국에 큰 공을 세운 정도전의 집도 있었다.

사임당은 이 수진방에서 10여 년을 살았다. 이곳은 시전의 활개로 상당히 번화한 데다가 궁궐도 가깝고 양반 가옥들이 즐비한 곳이었다. 요즘으로 보면 서울에서도 가장 도심지에서 살았다고 볼 수 있으며, 살림 형편도 어엿한 양반가였음을 짐작할 수 있다. 그러다가 이곳을 떠나 삼청동으로 이사를 갔다. 그러면 삼청동은 또 어떤 곳이었을까?

말년에 이사한 삼청동

1551년(명종 6) 봄에 사임당 가족들은 수진방을 떠나 삼청동으로 이사했다. 이사를 간 그해에 사임당은 삼청동에서 눈을 감았다. 서울로 온 지 11년이 되는 해였다. 현재 삼청동은 비교적 규모 있는 주택들이 즐비해 있지만 16세기 삼청동은 이와 전혀 달랐다.

'삼청동'이라는 이름의 연원은 두 가지로 알려져 있다. 산수가 좋고 인심도 맑고 좋다고 하여 붙여졌다고도 하며, 도교에서 중시하는 세 신선인 태청·상청·옥청을 모신 삼청전이 있어서 그렇게 불리었다고도 한다. 어느 쪽이 삼청동이라는 이름의 연원인지 단언할 수 없으나 분명한 사실은 이곳 경치가 대단히 아름다웠다는 점이다.

조선 초기 학자 성현(1439~1504)은 서울에서 가장 경치 좋은 곳으로 삼청동을 꼽았다. 이곳은 맑은 샘물이 솟아오르고 물을 따라 올라가면 산세가 높고 나무들이 빽빽하게 들어서있었다. 물이 벼랑 사이로 쏟아져 아래쪽에 웅덩이를 이루는데 그 주변은 평평하고 넓어 수십 명이 앉을 만하며 빽빽한 큰 소나무들이 그늘을 드리웠다. 그래서 지위가 높은 사람들이 와서 노니는 곳이라 했다.(『용재총화』) 실제로 조선시대 내내 삼청동의 풍광을 노래한 시들이 상당수 남아 있다.

그런데 삼청동이 경치가 뛰어난 공간이라는 사실을 달리 말하면 사람들이 북적북적 모여 살지 않은 지역을 의미한다. 1531년(중종 26) 무렵 병조에서는 이곳에 호랑이 발자국이 보인다는 신고가 들어왔으므로 종적을 찾아 몰아내겠다고 보고하였다. 광해군 재위 시절인 1617년 2월에는 삼청동에 군사를 숨겨두었다는 첩보가 입수돼 비밀리에 조사할 정도로 산이 깊은 곳이었다.(『중종실록』,『광해군일기』)

구한말의 문장가이자 순국지사 황현(1855~1910)이 1881년(고종 18)에 지은 시에서도 19세기 후반까지 여전히 삼청동이 산수가 뛰어난 명승지라는 사실을 확인할 수 있다. 〈삼청동 진암 김종규의 뜰에 있는 정자에서 자면서 호산 박문호와 함께 짓다〉라는 시의 일부를 소개해본다.

삼청동문 | 서울특별시 문화재자료 제58호. 서울 종로구 삼청동 입구에 있는 바위에 새겨진 글씨이며 옆에 작은 글씨로 '임술사월각(壬戌四月刻)'(임술년 4월에 새김)이라 새겨져 있다.

깊이 들어갈수록 사람 소리 적고
한 시냇가의 돌 모래가 환히 빛나네
샘물은 여기저기 다 마실 만하며
나무에 걸쳐 평상도 만들었구려

황현, 『매천야록』

사임당은 양반집들이 즐비하고 시전이 바로 붙어 있는 번화한 수진방에서 이처럼 한적하면서도 풍광이 뛰어난 동네로 이사했다. 이 사실은 무엇을 의미할까? 더 이상 이에 대한 기록이 없어 뭐라 단정하기 어려운 것이 사실이며, 이이도 삼청동 시절에 대해 그 어떤 이야기나 회고도 남기지 않았다.

　다만 조선시대 양반 거주지를 연구하는 한국건축사학자 정정남 박사의 의견을 소개하면, 삼청동은 양반 입장에서 보면 고관대작이나 위세 높은 양반들의 거주 지역이라기보다는 대체로 빈한한 양반들의 주거 지역으로 추정된다고 한다. 이 의견대로라면 사임당은 한양의 중심부에서 외곽으로 이사했다고 볼 수 있다.

　따라서 지금으로서는 사임당 부부가 삼청동으로 이사한 배경이 가세가 기운 탓인지, 아니면 사임당의 건강이 악화돼 요양하기 위해서였는지 단정할 수 없다. 필자는 경제력 때문이라고 판단하고 있으나 이에 대한 더 자세한 해석과 분석은 사임당 관련 자료가 발굴되기를 기다리면서 나중으로 미뤄둬야 할 것 같다.

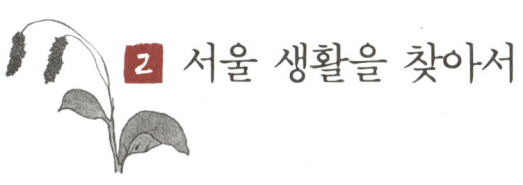

2 서울 생활을 찾아서

맏며느리로서 살림을 책임지다

　1524년 스물한 살의 사임당은 신부의 예를 갖추어 시어머니에게 인사를 드렸다. 시가에 온 사임당은 행동을 잘 가려서 했으며 함부로 말을 하지 않았다.
　어느 날 하루는 친족들이 모여 잔치를 열었다. 여자 손님들 모두 웃고 즐기면서 이야기를 나누는데 사임당만 말없이 그 속에 있었다. 이를 이상하게 여긴 시어머니가 사임당에게 "신부는 어찌 말을 하지 않느냐?"고 물었다.
　그러자 사임당이 꿇어앉아서 "여자로서 문밖을 나가 본 적이 없어서 전혀 본 것이 없습니다. 그러니 무슨 말을 하겠습니까?"하고 대답했다. 그 잔치에 있던 사람들이 이 이야기를 듣고 부끄러워했다고 한다.(「돌아가신 어머니의 행장」, 『율곡전서』)

1541년 다시 서울로 온 사임당은 세상을 뜰 때까지 서울에서 생활했다. 사임당의 서울 생활에서 주목해야 할 사항이 남편의 경제력이다. 전통시대다보니 남편의 재산 운용 능력이 매우 중요하기 때문이다.

이이는 어머니와 형제, 외할머니, 장인 등을 비롯해 여러 사람들에 대해 제문이나 묘지명을 써서 그들을 추모하고 그리워했다. 하지만 아버지에 대해서만은 쓰지 않은 것인지 남아 있지 않은 것인지 모르겠지만 단 한 편의 글도 없다.

다만 아버지에 대한 단편적인 언급들이 군데군데 보인다. 이이는 「돌아가신 어머니의 행장」에서 부친에 대해 이렇게 표현했다.

> 아버지의 성품이 뜻이 크고 기개가 높아 세간살이를 돌아보지 않으셨으므로 집이 넉넉하지 못했는데 어머니께서 절약하여 어른을 봉양하고 아이들을 기를 수 있었다.

사임당은 서울에 와서 수진방에서 살았다. 당시 시어머니가 연세가 많아 집안일을 주관하지 못했으므로 사임당이 맏며느리로서 집안 살림을 꾸려 나갔다. 그런데 남편이 재산 운영에 소극적인 태도를 보이면서 살림이 넉넉하지 못했던 것 같다. 앞서 필자가 사임당 가족이 삼청동으로 이사한 것을 경제력과 관련지어 생각하는 이유도 이 기록 때문이다.

어쨌든 사임당은 호방한 남편을 탓하기보다는 살림을 절약하면서 시어머니를 봉양하고 아이들을 길렀다. 모든 일을 맘대로 한 적이 없으며 반드시 시어머니에게 말씀드린 후에 처리했다. 그리고 시어머니 앞에서 첩을 꾸짖은 적이 없으며 늘 온화한 말씨와 얼굴로 아랫사람들을 대했다.

출세와 거리가 먼 남편

사임당의 서울 생활을 알아보기 위해서는 남편 이야기를 조금 더 해야 할 것 같다. 조선시대를 둘러싼 오해 중 하나가 양반들이 재산 증식에 무심했다고 간주하는 점이다.

하지만 전혀 그렇지 않았다. 양반들은 집안과 신분을 유지하고 가족 및 식솔들을 돌보기 위해 집요하리만큼 재산 경영에 힘을 쏟았다. 농사 경영 및 노비 관리는 기본이었다.

16세기에 양반들이 재산을 형성하는 방식에는 벼슬살이, 혼인과 상속, 토지 개간, 토지 및 노비의 구매 등 다양한 방식이 있었다. 이 중에서 양반이라면 누구나 시도하는 것이 과거시험과 벼슬살이였다. 과거시험에 합격해 관료로 나가는 일은 경제 활동이라는 측면 못지않게 입신양명으로 집안의 영예를 드높이는 동시에 양반 신분을 유지하는 중요한 수단이었기 때문이다.

그런데 사임당의 남편 이원수는 출세라는 측면에서 보면 그다지 성공한 편이 아니었다. 그가 나간 관직들은 부사정, 수운 판관, 사헌부 감찰, 내섬시 주부, 종부시 주부로서 높은 벼슬이 아니거니와 정계를 좌지우지하는 핵심 관직도 아니었다.

이원수는 과거시험에 합격하지 못했으며 문음으로 관직에 나갔다. 성수침은 이원수에 대해 "처음에 과거공부를 했으나 뜻에 맞지 않아

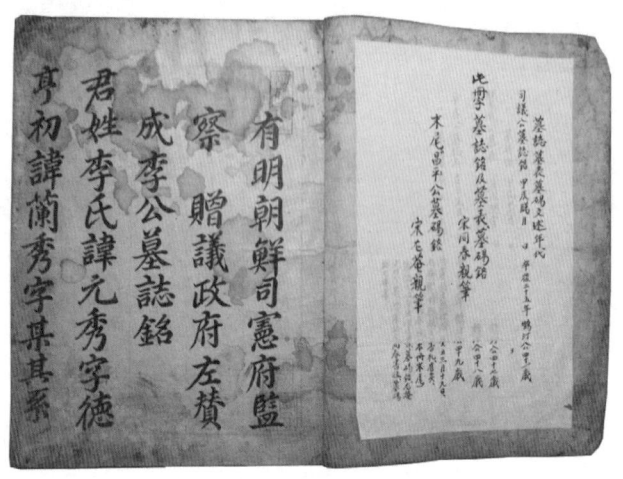

『묘지문자』 | 1책, 강릉 오죽헌·시립박물관, 청송 성수침이 지은 이원수 묘지명이 들어 있다.

늦게 문음으로 수운 판관에 임명되었으며 내섬시·종부시 두 곳의 주부, 사헌부 감찰을 지냈다."고 했다.(「사헌부 감찰 증 의정부 좌찬성 이공 묘지명」(성수침), 『묘지문자』)

문음이란 아버지나 할아버지 등 선조들의 공적으로 관직에 진출하는 것을 말한다. 문음은 사헌부나 사간원, 홍문관과 같은 핵심 관직에는 임용되지 못하지만 과거시험을 치르지 않고 낮은 관직이나마 나갈 수 있었으므로 혈통을 중시한 신분제 사회의 특징을 잘 보여주는 제도라 할 수 있다. 또 문음으로 나간 후에 과거시험에 급제하는 경우도 흔했다.

사임당의 남편 이원수의 벼슬살이에서 기록상 가장 먼저 보이는 직함이 부사정이다. 1548년 무렵 사임당의 어머니 이씨 부인이 재산을 나누어준 문서에 이원수(당시 성명은 이난수)의 직함이 '병절교위 호분위 부사정'으로 되어 있다. 당시 이원수는 40대였다.

신사임당 남편 이원수의 관직 경력

구분	연도	나이	관직	근거 자료
사임당 생전	1540년대	40대	병절교위 호분위 부사정 (종7품)	〈이씨 부인 분재기〉
	1550 (명종 5)	50	수운 판관(종5품)	「돌아가신 어머니의 행장」
사임당 사후	1557 (명종 12)	57	사헌부 감찰(정6품)	『묵재일기』(이문건)
	미상	미상	내섬시 주부(종6품)	「사헌부 감찰 중 의정부 좌찬성 이공 묘지명」(성수침)(『묘지문자』)
	미상	미상	통덕랑 행 종부시 주부 (종6품)	-이선·이이·이우의 사마방목 -이이의 문과방목 -용인 이씨 묘지명
	미상	사후	증 숭정대부 의정부 좌찬성 (종1품)	-이이 연보 -이우 묘지명

　병절교위는 종6품의 서반 품계다. 호분위 부사정은 호분위에 소속한 부사정이라는 의미다. 호분위는 조선 전기 군사제도인 5위 중 하나이며, 부사정은 종7품의 서반 체아직이다. 체아직은 지금으로 보면 비정규직의 일종으로, 해당 자리에 사람들을 번갈아 근무시키고 근무 기간 동안만 녹봉을 지급했다. 따라서 부사정은 괜찮은 벼슬과는 거리가 먼 자리였다.

이후 기록에서 이원수에게 새로운 관직이 보이는 때는 사임당이 상경한 지 햇수로 10년째 되던 1550년이었다. 이원수 나이 50세로서 문음으로 나간 수운 판관이었다. 수운 판관은 경기 관찰사의 예하에서 각지에서 세금으로 거둔 곡식을 한강 수로를 이용해 운반하는 일을 감독하는 관직으로 종5품직이었다.[21] 부사정에 비해 훨씬 나은 자리이며 봉급도 더 지급되었다.

아쉽게도 사임당 살아생전에 남편 이원수의 관직으로 확인할 수 있는 것은 부사정과 수운 판관 두 자리뿐이다. 더구나 남편이 수운 판관이 된 그 이듬해에 세상을 떠나고 말았으니 사임당은 남편의 관직 생활의 기쁨을 제대로 누려보지도 못했다.

이런 가운데 사임당은 맏며느리로서 가계를 꾸려 나갔다. 아마도 이런 상황이었기에 아들 이이의 눈에 아버지가 세간살이를 돌보지 않았다고 비춰졌을 수도 있다. 어쩌면 사임당에게 서울 생활은 조금 고달픈 일상이 아니었을까 싶다.

남편의 관직 생활

이원수는 사임당이 세상을 떠나고 난 이후에 벼슬이 더 나아졌다. 이원수가 지낸 관직 중에서 가장 영예로운 관직은 사헌부 감찰이었다. 사헌부는 청요직의 하나로서 사간헌과 함께 '양사(兩司)'로 불리면서 왕의 잘못된 정사나 국가 정책에 대해 비판하고 관리들도 탄핵하는 부서였다.

감찰은 정6품의 하급 직책이었으나 관리들의 비리를 조사하고, 회계를 감사하며 각종 국가 행사 때에 의전 감독 등을 담당하는 직책이었다. 그래서 명망 있는 사람들이 들어오는 관직이었다. 언제 이 관직에 임용되었는지 알 수 없으나 족보를 비롯해 여러 기록에 보이고 있다.

1부에서 소개했듯이 1557년(명종 12) 1월 1일 새해 첫날에 이원수는 아들 이이와 함께 성주에 있었다. 그해 9월에 이이가 성주 목사 노경린의 딸과 혼인을 앞두고 있어서 성주를 방문했던 것이다. 이때는 이이가 어머니의 죽음으로 오래 방황하다가 마음을 잡은 이후였다. 노경린은 이이를 '특이한 선비[奇士]'라 하면서 사위로 삼아 극진히 환대해주었다.

성주에서 10일 이상 머무르면서 이원수는 사돈 노경린을 방문하고 성주의 지역 인사들과도 친분을 쌓은 후 상경했다. 그 중 한 명이 당시 성주에 유배를 와있던 이문건(1494~1567)이었다. 이원수는 서울로 돌아온 후에 이문건에게 안부 편지를 보냈다. 이문건은 1557년 9월 1일자 일기에 "목사의 사돈 이원수 감찰이 안부 편지를 보내왔으므로 답장을 써서 보냈다."(『묵재일기』)고 적었다. 이처럼 이원수는 이이를 장가보낼 무렵인 1557년에 감찰직에 있었다.

또 언제인지 알 수 없으나 이원수는 내섬시 주부(종6품)와 종부시 주부(종6품)를 지낸 적도 있다. 내섬시는 각 궁(宮)과 각 전(殿)으로 공급하는 물품과 2품 이상 관원에게 하사하는 술, 일본인과 여진인에게 보내는 음식물과 옷감 등에 관한 일을 관장하는 부서였다.

종부시 주부는 1564년(명종 19)에 사임당의 큰아들 이선이 생원시에 합격했을 당시, 같은 해에 이이가 생원시와 진사시 그리고 문과 세 시험에 나란히 합격했을 당시에 합격자 명부인 방목에 올린 아버지의 관직이다. 방목에는 이원수의 관직이 '통덕랑 행 종부시 주부'라 되어 있다. 이때는 이원수가 세상을 뜬 지 이미 3년이 지난 해였다. 이이는 1569년에 돌아가신 외할머니의 묘지명에서도 "둘째 딸은 주부 이원수"와 혼인했다고 적었다.

종부시는 왕실의 계보인 선원보첩을 편찬하고, 국왕의 친족들의 비리나 잘못을 조사하는 임무를 맡는 관서다. 이 관직이 이원수가 세상을 뜨고 나서 얼마 동안 계속 등장하는 것으로 보아 마지막 관직일 가능성이 높다.

한편, 이원수는 세상을 뜬 후에 아들 이이가 고위관료가 되면서 '숭정대부 의정부 좌찬성'으로 추증되었다. 추증이란 아들, 손자, 증손자가 2품 이상의 실직(實職)에 임명되면 그의 부모, 조부모, 증조부모에게 관직 및 품계를 내리는 제도였다. 비록 이원수가 생전에는 고위직에 오르지 못했지만 사후에나마 아들 이이로 인해 좌찬성(종1품)이라는 명예로운 관직을 얻게 된 것이다.

친정을 그리워하면서 지은 시들

조선시대에 서울에서 강릉까지 거리는 6백여 리로 표현되었다. 요즘 단위로 환산하면 235.6km 정도 된다. 자동차로 2시간 30분 정도 걸리는 거리이며, 2015년 11월 말에 대관령터널이 개통되면서 시간이 더 단축되었다.

조선시대에 서울에서 강릉을 오가던 길은 몇 가지가 있었는데 사임당의 아버지가 이용한 여정을 보면 여주, 횡성, 평창 운교역, 진부역, 횡계역, 구산역이었다. 아마도 사임당이 서울에서 강릉, 강릉에서 서울을 오고갈 때에도 이렇게 다니지 않았을까 싶다.

현재 사임당이 지은 시는 3수가 남아 있다. 모두 친정과 어머니를 그리워하는 시다. 그 가운데 우리에게 가장 잘 알려진 대표적인 시가 〈대관령을 넘다가 친정을 바라보며〉[유대관령망친정(踰大關嶺望親庭)]라는 시다.

>흰머리 소복한 어머니는 강릉에 계시건만
>나는 한양으로 홀로 떠나가네
>고개 돌려 북촌 한 번 더 보려 하지만
>흰 구름 떠있는 그 아래 저물녘 산만 푸르네

이이는 "그 뒤에 어머니가 강릉으로 부모님을 뵈러 갔다가 돌아올 때에 친정어머니와 울면서 작별하셨다. 행차가 대관령 반정에 이르자 북평을 바라보며 친정어머니를 생각하는 마음을 견딜 수 없어 가마를 오랫동안 멈추고 애달프게 눈물을 흘리셨다."고 하면서 이 시를 지었다고 했다.

사임당이 이 시를 언제 지었는지는 알 수 없다. 다만 시 구절이 매우 애달파서 사임당이 38세에 서울 시가로 아주 들어가면서 지은 시로 추정되고 있다. 이제는 예전처럼 친정에 자주 올 수 없다고 생각했기에 대관령 고개를 넘으면서 친정어머니 생각에 이처럼 구구절절한 시를 지었다고 보는 것이다.

'반정'이란 여정의 절반 정도 왔다는 의미다. 456번 지방도로를 이용해 옛 영동고속도로의 정상을 가면 신재생에너지전시관이 있다. 거기서 강릉 방향으로 자동차로 1~2분 정도 내려가면 '신사임당 사친 시비'

신사임당 사친 시비 | 대관령 옛길(명승 제74호) 중 옛 영동고속도로 정상 부근에 있다.

'대관령 옛길' 이정표 | 대관령 옛길(명승 제74호) 중 옛 영동고속도로 정상 부근에 있다. 여기에 '반정(半程)'이라 새겨져있다.

가 나오며, 거기서 다시 자동차로 1~2분 정도 내려가면 '대관령 옛길'이라 새긴 비석이 세워져 있는데 그 비석에 작게 '반정(半程)'이라 쓰여 있다. 여기가 대관령의 '반정'으로 알려진 곳이다.

이후 서울 생활을 하면서 사임당은 늘 친정어머니가 계시는 고향 강릉을 그리워했다. 어머니 생각에 늦은 밤 인기척이 조용해지면 남몰래 울 때도 있었으며 새벽까지 잠 못 이루는 날도 많았다.

하루는 친척 어른의 첩이 찾아와 거문고를 뜯었다. 사임당이 거문고 소리를 듣자 어머니 생각에 "거문고 소리가 그리움이 있는 사람을 울적하게 한다."면서 눈물을 흘렸다.(「돌아가신 어머니의 행장」,『율곡전서』) 하지만 어머니에 대한 그리움을 내색하지 않았기에 함께 방안에 있는 사람들이 같이 슬퍼하면서도 사임당이 왜 슬퍼하는지 몰랐다.

사임당이 어머니를 생각하면서 지은 시가 또 있다. 이 시 역시「돌아가신 어머니의 행장」에 들어 있는데 일부 구절만 전해지고 있어 아쉽다.

> 밤마다 달을 보고 기도하오니
> 생전에 뵈올 수 있게 하소서

사임당이 지은 시 중에 또 〈부모님을 생각하며〉[사친(思親)]라는 시도 있다. 이 시는 이은상이 소개한『덕수이씨가승』이나『조선여속고』(이능화, 1927년) 등에 실려 있다. 두 군데의 시가 거의 유사하나 시구에서 몇 자 차이가 있다.[22]『덕수이씨가승』을 열람할 수가 없어서 여기서는『조선여속고』에 실린 시를 소개해본다.

만산에 쌓인 천리 밖 친정집
자나깨나 꿈에서라도 돌아가고파
한송정 가엔 외로운 달무리
경포대 앞엔 한 줄기 바람이라
모래 위로 흰 갈매기 오락가락
물결 위엔 고깃배가 여기저기
언제 강릉 길 다시 밟아
색동옷 입고 어버이 무릎 아래서 재롱부리고 바느질하리오?

이 시에 등장하는 한송정과 경포대는 강릉의 명승지로서 동해 바닷가에 있다. 경포대는 사임당의 친정 북평촌과 아주 가까우며, 한송정은 터만 남아 있다. 아마도 두 곳 모두 사임당이 가보지 않았을까 추정된다. 아버지가 일찍 돌아가시고 난 후에 홀로 계신 어머니만을 의지하면서 자나깨나 그리워하던 사임당은 어머니보다 먼저 세상을 뜨고 말았다.

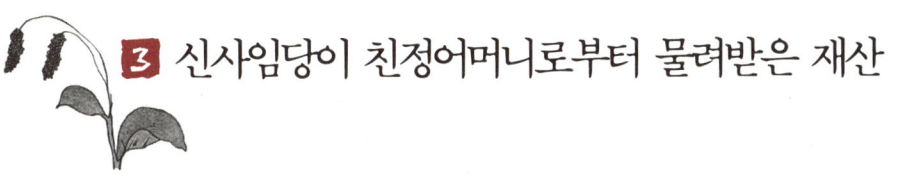
3 신사임당이 친정어머니로부터 물려받은 재산

사임당 어머니의 재산 분배 문서 〈이씨 분재기〉

　사임당의 어머니 이씨 부인은 살아생전에 본인 재산을 다섯 딸들과 두 손자에게 나누어 주었다. 이씨 부인이 참여한 가운데 다섯 자매가 모두 모여 작성한 문서가 오늘날 〈이씨 분재기〉로 잘 알려진 옛 문서다.

　'분재기'는 재산을 나누다 또는 나누어 주다는 뜻이다. 이 옛 문서는 두루마기 형태이며 크기는 세로 40.5cm×가로 220cm다. 1971년에 강원도 유형문화재 제9호로 지정되었으며 현재 강원도 강릉시 오죽헌·시립박물관에 소장돼 있다.

　조선시대에 양반들에게 상속은 재산을 조성하는 중요한 수단이었다. 부모 재산은 부모 살아생전 또는 부모 사후에 여러 형태로 자녀들에게 상속되었다. 이 중 부모가 살아생전 직접 재산을 나누어 줄 때에는 두

가지 경우가 있었다. 하나는 부모가 상속대상자 전원에게 전 재산을 나누어주는 것이다. 이를 보통 분급이라 하며 분깃, 깃급 등 다양한 용어로도 불리었다. 〈이씨 분재기〉는 바로 이 분급에 해당했다.

다른 하나는 특정인에게 재산 가운데 일부를 특별히 나눠주는 것으로 각별한 마음을 나타내기 위해서였다. 예컨대 과거 급제, 관직 획득, 손자 탄생, 생일 등 축하할 일이 생겼거나 병간호나 부모 봉양 등을 기특하게 여겨 나눠주었다. 주로 자식이나 손자에게 주는 경우가 많았으며, 처부모가 사위에게, 시부모가 며느리에게, 외조부모가 외손자에게 주기도 했다. 이렇게 나누어 주는 재산은 특별히 나누어 준다는 의미로 '별급'이라 했다.

1484년에 반포된 『경국대전』은 오늘날 헌법과도 같은 위상을 갖는 법전으로 조선시대 전 기간 동안 가장 권위가 높았다. 여기에 명시된 재산 상속의 기본 원칙은 아들딸 구별 없이 똑같이 나누어주는 균분 상속이었다. 아들딸 균분 상속은 고려 말 이래 지속된 관습이었다.

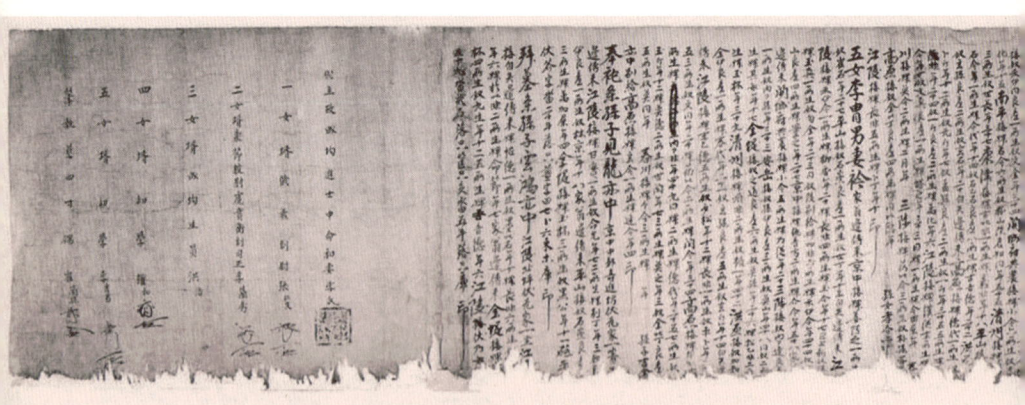

〈이씨 분재기〉 | 40.5×220cm, 강원도유형문화재 제9호, 강릉 오죽헌·시립박물관.

다만 제사를 받드는 자식에게 상속분의 5분의 1을 더 주게 했다. 제사 비용 때문이었다. 그리고 첩 소생의 경우 어머니가 양인이면 정실부인 자녀의 7분의 1을 받았고, 어머니가 천인이면 정실부인 자녀의 10의 1만 받았다.

곧 법적으로 재산 분배에서 아들딸 차별이 없으며, 정실부인 소생이냐 첩 소생이냐에 따른 차별만 존재했다. 그리고 첩 소생은 아들딸 구별이 아니라 어머니가 양녀이냐 천인이냐에 따라 몫이 달라졌다. 조선왕조가 정실부인과 그 자녀들이 권리를 보호하고 신분제를 유지하기 위해 얼마나 애썼는지 알 수 있는 대목이다.

〈이씨 분재기〉의 내용은 크게 서두와 본문으로 나눠볼 수 있다. 서두는 문서의 작성 연도와 재산을 나눠준 이유 등을 적었으며 본문은 자녀들의 재산 몫을 적었다. 그런데 〈이씨 분재기〉에서 한 가지 안타까운 점은 문서 앞부분이 떨어져나가 사임당 어머니가 언제 재산을 나누어 주었는지 알 수 없다는 점이다. 그래서 지금까지 대체로 사임당이 38세

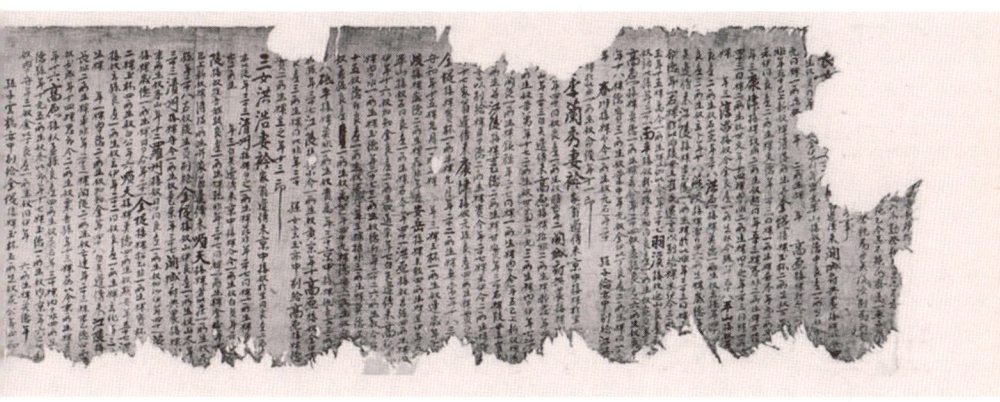

에 상경한 시점인 1541년(중종 36)을 재산을 나눠준 해로 보고 있다.

그런데 최근 이 문서의 작성 연도와 관련하여 주목할 만한 성과가 있다. 〈이씨분재기〉와 〈이이 남매 화회문기〉(1566년)에 올라 있는 노비들을 대조해 노비 나이를 추적한 결과를 근거로 하여 1548년(명종 3)으로 추정한 연구가 나왔다.[23] 당시 이씨 부인의 나이는 68세였으며 사임당 나이는 45세였다.

필자 역시 이 연구 논문의 방식대로 노비 나이를 추적해서 계산해보니 1548년 이외에 1549년, 1550년 등도 나왔다. 따라서 이 문제는 향후 연구가 조금 더 필요한 상태이나 필자가 이 주장을 타당성 있게 보는 이유는 사임당의 아들 이이가 1548년(나이 13세)에 강릉에 머물고 있었기 때문이다.[24] 우연의 일치일지 모르겠지만 1548년에 이이가 강릉에 있었다면 사임당도 함께 갔을 것이며 재산 분배로 방문했을 가능성이 있기 때문이다.

사임당 친정의 재산 규모

사임당의 어머니 이씨 부인이 생전에 다섯 자녀와 두 손자에게 나누어준 재산은 노비 173명,[25] 기와집 2채, 논 55두락,[26] 밭 7복 6속이었다. 이 중 사임당을 포함해 딸 다섯에게 나눠준 재산은 노비 163명이었다. 기와집과 전답, 노비 10명은 두 손자에게 주었다.

조선시대에 재산 분배는 여러 차례에 걸쳐 다양한 형태로 진행되었으므로 하나의 분재기에 100% 전체 재산이 기록되는 것은 아니었다. 현재까지의 연구 성과를 소개하면 조선시대 양반가에서는 한꺼번에 재산을 나누어주지 않고 별급 등으로 30% 정도를 나눠주고, 70% 정도를 정식 상속으로 분급해주었다고 한다. 또 노비들의 경우 재산을 나눌 때에 다 파악하지 못해 빠트린 노비들도 있었다. 따라서 이 점을 감안하면서 이 문서를 살펴보도록 하겠다.

신사임당 어머니 용인 이씨의 재산

재산	노비	논	밭	기와집
규모	173명	55두락	7복 6속	2채

(근거: 〈이씨 분재기〉)

〈이씨 분재기〉에 나타난 재산 규모를 보면 이씨 부인의 재산에서 노비가 차지하는 비중이 대단히 높다. 이 특징은 〈이씨 분재기〉에서만 나타나는 양상이 아니다. 다른 집안들의 재산 분배 문서에도 15세기에는 노비가 주로 분배 대상이 되며, 16세기 이후로 점차 토지도 나타나면서 토지와 노비가 함께 분배 대상이 되었다.

15~16세기에 재산 분배 문서에 토지가 잘 등재되지 않는 이유에 대해서는 몇 가지 의견들이 있다. 그 중 이 시기에 논밭의 가치가 노비만큼 높지 않아서 노비 위주로 분배했다는 주장이 설득력을 얻고 있다. 그러다가 농업 기술이 발달하면서 전라도나 경상도처럼 토지가 비옥한 곳에서 다른 지역보다 빨리 논밭이 분재기에 기재되기 시작했다고 보고 있다. 현재까지의 연구 결과이므로 보다 시원한 답변은 향후 연구를 더 기다려야 할 것 같다.

조선시대에 노비가 중요한 이유는 주인집과 주인을 위해 각종 노동을 제공하면서도 재산 가치가 높았기 때문이다. 무엇보다도 조선 전기에 노비는 재산 가치가 높아 매매 대상으로 각광받았다. 지금으로 보면 사람을 사고파는 것이 인신매매여서 불법이자 비인도적인 행위이나 그때는 노비가 물건처럼 사고팔 수 있는 중요한 재산이었다.

노비가 중요한 자산이 되는 또 다른 이유는 몸으로 치르는 노동력 대신 현물도 바쳤기 때문이었다. 이를 '신공'이라 한다. 이씨 부인이 소유한 노비들은 강원도(51명)·함경도(50명)를 비롯해 서울(12명)·경기(7명), 황해도(12명)·충청도(9명)·전라도(32명)에 고루 퍼져 있었다.[27] 강원도에 51명으로 가장 많았으며, 이 중 35명이 강릉에 있는 노비였다. 함경도에도 50명이나 있었으며 전라도에도 32명이 있었다.

노비들이 주인과 따로 살았다는 것은 이들이 주인에게 몸으로 치르는 노역 대신에 신공을 바쳤다는 의미다. 강릉에 사는 노비 35명도 이씨 부인 집에서 각종 노동과 사환에 종사했을 가능성이 높으나 일부는 따로 살면서 신공을 바쳤을 것이다.

신공으로 바치는 물품은 베·무명이 가장 많았으며 저화(楮貨)를 비롯해 콩, 깨, 잣, 생선(건어물 포함), 녹용, 자리[席] 등 재산 가치가 되는 모든 물건이 포함되었다. 노비들의 사환과 신공은 양반 신분이 생산 활동을 하지 않아도 살아갈 수 있는 중요한 조건이었다.

그러면 사임당 친정의 경제력은 당대 다른 집안과 비교해 어느 정도 수준이었을까? 막상 질문은 했으나 대답하기가 쉽지 않다. 노비가 173명이나 되었으니 얼핏 부자로 볼 수도 있지만 지역에 따라 시대에 따라 부유함의 척도가 다르며 또 개인이 처한 환경에 따라 이 규모가 어떤 경제력이었는지 달라지므로 현재로서는 평가가 가능하지 않다.

더구나 부자다 가난하다는 경제 상황은 상대적인 척도이므로 다른 집안과 비교도 해보아야 한다. 그런데 분재기라는 문서가 현재 집집마다 남아 있지도 않으며 종가 위주로 전하고 있어 비교하기도 어렵다.

그래도 답답해 할 독자들을 위해 사임당과 동시대를 살아간 다른 집안의 노비 소유 규모를 잠깐 소개해본다. 16세기 경상도의 여러 집안의 분재기 가운데 이씨 부인처럼 노비만 나눠준 경우를 보면 33명(1527년 하회 풍산류씨가), 179명(1540년 법흥 고성이씨가), 68명(1547년 천전 의성김씨가), 199명(1574년 고령 고창오씨가), 72명(1581년 안동 청주정씨가) 등이었다. 강원도 사례가 없는 것이 아쉽지만 사임당 친정의 노비 보유가 적지 않은 규모임을 참고해볼 수 있다.

사임당이 받은 재산

〈이씨 분재기〉에는 재산이 세 가지로 구분되어 있다. 혼인할 때 받은 신노비, 1548년 무렵 재산을 나눠줄 당시에 받은 몫, 특별 선물로 받은 별급을 함께 적어놓았다.

사임당은 어머니로부터 노비 총 35명을 받았다. 남자종 16명, 여자종 14명, 그리고 문서가 오래된 탓에 글자를 읽을 수 없어서 성별을 알 수 없는 하인 2명이다. 사임당의 몫이 딸들 중에서 가장 많다. 넷째도 사임당 못지않게 총 34명이나 된다.

신사임당 어머니가 딸들에게 나눠준 재산(노비) 몫

대 상		재산 분급 당시 몫	신노비	별급	합
첫째 딸	남편 장인우	24	6	2	32
둘째 딸(사임당)	남편 이난수	24	9	2	35
셋째 딸	남편 홍 호	24	7	2	33
넷째 딸	남편 권 화	24	8	2	34
다섯째 딸	남편 이주남	23	4	2	29
합		163명			

* 근거: 〈이씨 분재기〉. 신사임당의 남편 이원수는 재산 분급 당시 이름이 '난수'였다.

 합계만 보면 이씨 부인이 다섯 딸들에게 나눠준 재산은 균등한 분배가 아니었다. 조선 전기에는 균분 상속이라 했는데 29명에서 35명까지 차이가 있다. 그런데 큰 원칙에서 보면 균분 상속이 맞다. 1548년 무렵 재산을 분급할 때에 떼어준 몫을 보면 다섯째 딸만 23명을 주고, 네 딸 모두 24명씩 똑같이 나누어주었기 때문이다. 『경국대전』의 규정이 충실히 지켜졌음을 알 수 있다.
 문제는 신노비였다. 신노비는 부모가 자녀들이 혼인하면 특별히 주는 노비였다. 아들딸을 불문하고 혼인할 때에 똑같이 나누어 주었으며, 예외적으로 시부모나 처부모가 나눠준 사례도 있다. 이미 사임당이 살던 16세기에 양반가에서는 혼인하는 자녀들에게 신노비를 주는 일이 보편적으로 퍼져 있었다. 자녀들에게 신노비를 주는 이유는 몸종으로 부리게 하여 생활의 편의를 도모해주기 위해서였다.
 신노비는 보통 4명을 주었으며 적으면 2~3명, 많아야 5~6명이었다.

그런데 흥미로운 사실은 사임당이 딸 중에서 신노비 수가 9명으로 가장 많다. 큰언니보다도 3명이나 더 많으며, 막내보다 5명이나 더 많다. 또 일반적으로 주는 신노비 규모인 2~4명에 비해서도 많다. 이 신노비 때문에 결과적으로 사임당의 몫이 전체 합계에서 커져 버렸다.

그렇다면 사임당의 신노비 수가 가장 많은 이유는 무엇이었을까? 부모님이 유난히 사랑해서 더 주어서 이런 결과가 나온 것일까? 그렇지 않다. 신노비를 나눠준 이후부터 분재기를 작성하는 시점까지 그 신노비들이 자식을 낳았기 때문이다. 본인이 받은 신노비들이 그 사이에 자식을 낳아서 분재기를 작성하는 시점에 그 자식들도 모두 문서에 올리면서 이런 결과가 나온 것이다.

이주남과 혼인한 막내딸만 이 문서에 신노비들이 낳은 자녀들이 없다. 그것은 신노비들이 아직 자식을 낳지 않았다는 의미다. 아마도 막내딸이 혼인한 시점이 이 분재기를 작성한 시점과 가까웠던 것 같다. 이 때문에 막내딸의 신노비 수가 4명으로 가장 적은 것이 아닐까 한다. 그리고 이 점을 기반으로 하여 사임당 친정에서 딸들이 혼인할 때에 나눠준 신노비는 각 4명씩이었다고 여겨진다.

끝으로 위의 표에서 아직 설명하지 않은 부분이 있다. 바로 별급이다. 사실 별급은 특별한 이유로 증여하는 것이므로 차등을 전제로 한다. 공식적으로 분급을 할 때에는 균분이지만 특별한 일에 대해 마음을 표현할 때에는 똑같지 않기 때문이다. 예를 들면 부모 입장에서 보면 '삭삭(數數: 자주자주) 왕래'라 하여 한번이라도 더 자주 왕래하면서 효도를 더해준 자식에게 재산을 더 나누어 주고 싶은 것이다.

그런데 사임당과 그 자매들은 똑같이 2명의 노비를 받았다. 별급마저 균분으로 받은 것이었다. 사임당의 경우 1명은 사임당의 외할머니 최씨가 사임당에게 떼어준 것이다. 또 1명은 사임당 어머니인 이씨 부인이 손녀 현옥(玄玉)에게 여자종을 특별히 나눠준 것이다. 이씨 부인 입장에서 손녀이므로 현옥은 곧 사임당의 딸이다. 따라서 사임당이 받은 노비 33명 중 1명은 사임당의 소유가 아니라 사임당의 딸 현옥의 소유였다. 현옥이 사임당의 세 딸 중 누구인지 무척 궁금하지만 현재로써는 알 길이 없다.

이씨 부인은 다섯 딸들에서 재산을 똑같이 나누어 주었다. 다섯째를 제외하고 24명씩 나누어 주었고, 별급마저 다섯 딸들에게 2명씩 똑같이 주었다. 신노비도 똑같이 4명씩 주었다. 이씨 부인은 『경국대전』의 규정대로 누구 하나 차별 없이 다섯 딸들에게 고루 마음을 표현해주었다.

사임당 어머니가 두 외손에게도 재산을 나눠준 이유는?

오늘날 〈이씨 분재기〉는 오랜 세월이 지나면서 앞쪽이 떨어져 나가 글자를 잘 알아볼 수 없는 상태다. 그런데 글자를 잘 알아볼 수 없는 앞쪽에 적힌 내용이 이씨 부인이 살아생전 재산을 나누어준 이유를 알 수 있는 실마리가 된다.

그래서 다 해진 종이 사이사이로 보이는 글자들을 종합해서 읽어보면 "제사에 힘쓰지 아니하거든 불효………제사를 끊어지지 않도록 하라. 만일 자식이 없으면……제사를 지내되, 나중에 다른 말을 하거든……"이라 했다.

글자가 잘 보이지 않지만 제사를 지내지 않으면 불효이니 제사를 끊어지지 않게 하라고 거듭 당부하는 내용이다. "나중에 다른 말을 하거든"은 조선시대에 작성된 분재기마다 나오는 상투적인 내용이다. 나중에 누군가 재산 분배에 대해 불만을 제기하거나 딴소리를 하면 이 문서를 제출해 증거로 삼으라는 내용이 이어진다.

이씨 부인은 본인 사후에 선조들의 제사와 묘소 관리를 맡을 사람이 필요했다. 딸만 다섯을 둔 이씨 부인은 외손들에게 이 일들을 맡기고자 했다. 그래서 70을 바라보는 노부인은 살아생전에 제사와 묘소 관리에 필요한 비용 문제를 해결하기 위해 딸들에게 재산을 분배하면서 두 손자들에게도 재산을 나눠주었다. 선조의 제사와 묘소를 후대까지 잘 이어지게 하기 위한 노부인의 지혜였다.

그리고 이런 조치가 가능했던 이유는 당시 관행이 그러했기 때문이다. 이씨 부인이 양자를 들이지 않고 외손을 선택한 것은 그다지 특별한 일이 아니었다. 당시 사회 분위기가 제사도 아들딸 구별 없이 함께 맡았으며, 아들딸이 없는 집에서는 외손들에게 제사를 맡기는 '외손 봉사'도 꺼려하지 않았다. 남자들도 장인·장모나 외가를 위해 제사를 지내는 일을 이상하게 여기지 않았다.

신사임당 어머니가 두 손자에게 나눠준 재산 몫

재산 \ 몫	제사 담당: 이이	강릉 묘소 관리 담당: 권처균
가옥	기와집 1채(수진방)	기와집 1채(강릉 북평)
노비	남자종 3, 여자종 2	남자종 2, 여자종 3
논밭	논 20두락지, 밭 7부 6속	논 35두락지

(근거: 〈이씨 분재기〉)

〈이씨 분재기〉에서 이이는 어린 시절 이름인 '현룡'으로 나온다. 이이에게는 선조들의 제사를 맡기면서 서울 수진방에 있는 기와집 1채, 노비 5명과 함께 경기 지평 소재의 논밭 일부를 나누어 주었다.

권처균도 어린 시절 이름인 '운홍'으로 나온다. 강릉에 있는 선조의 묘소들을 돌보라고 강릉 북평촌에 있는 기와집 1채, 노비 5명과 함께 강릉 소재 논 35두락을 남겨주었다. 권처균은 이씨 부인의 넷째 사위인 권화의 아들이었다. 권처균의 자는 사중이며, 호는 오죽헌이다. 지금의 강릉 오죽헌은 권처균의 호에서 기원한다.

권처균은 학행으로 이름이 높았으며 문장이 세상에 널리 알려졌다. 강릉 읍지에 따르면, 일찍이 문과 정시에 수석으로 올랐으나 허균이 이이의 무리라고 비난하면서 저지하는 바람에 급제하지 못했다고 한다. 이후로 과거시험을 단념하고 벼슬을 구하지 않았다고 한다.(『증수 임영지』)

이처럼 오늘날까지 전해오는 〈이씨분재기〉라는 한 장의 옛 문서에는 수많은 사연이 담겨있다. 사임당이 살던 시대는 아들딸이 본가의 어엿한 구성원이었다. 외손들도 외가의 제사와 묘소의 지킴이가 되는 시대였다. 이런 시대였기에 사임담은 며느리로서만이 아니라 딸 그리고 여성으로서의 정체성을 잘 간직할 수 있었다.

끝으로, 이이는 위의 전답 이외에 외할머니로부터 특별히 더 받은 논도 있었다. 언제 받았는지 알 수 없는데 해당 문서에는 '별득(別得)' 곧 특별이 얻었다고 되어 있다. 곧 별급에 해당한다. 1579년(선조 12)에 이이는 이 논을 이종 사촌동생인 권처균에게 팔면서 매매 문서를 작성했는데 이 문서가 오늘날 〈토지 양여서〉(강원도 유형문화재 제10호)라는 이름으로 전해오고 있다. 문서 내용은 아래와 같다.

1579년(만력 7년 기묘년) 12월 2일 사촌동생 권처균에게 주는 문서

이 문서를 작성하는 것은 다른 곳에 있는 땅을 사기 위해 외할머니로부터 특별히 얻어서 갈아 먹던 강릉 우계에 있는 논 두 섬지기와 호공에 있는 논 스무 마지기의 땅에 대해 값을 매겨 회봉목(回捧木) 80필과 벼[租] 35섬을 받고 영구히 팔되, 원래 문서는 다른 논밭과 노비들이 함께 기록돼 있어서 주지 못하므로 이 다음에 딴소리가 있게 되면 이 문서를 가지고 옳고 그름을 가려 바로잡을 것.

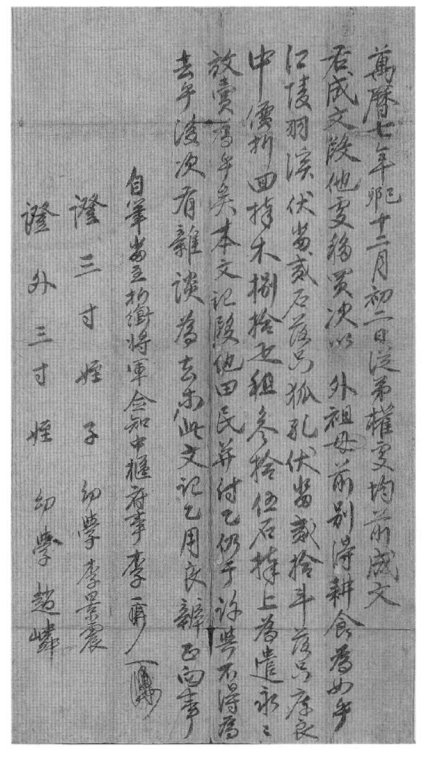

〈토지 양여서〉| 68.3×38.3cm, 강원도유형문화재 제10호, 강릉 오죽헌·시립박물관.

이 문서는 토지매매문서로서 이이가 논 주인으로서 자필로 직접 작성했으며, 증인으로 두 조카 이경진(큰형 이선의 첫째아들)과 조인(큰누이 이매창의 첫째아들)을 세웠다. 내용 중 회봉목은 면포를 가리키는 듯한데 정확하게 무엇인지 모르겠다.

1579년이면 이이의 나이 44세이며 외할머니 이씨 부인이 세상을 뜬 지 10년째 되던 해였다. 이이는 한 해 전인 1578년 겨울에 관직을 그만두고 해주 석담으로 돌아간 상태였다. 이 〈토지 양여서〉는 이씨 부인이 〈이씨 분재기〉에서 나눠준 재산 이외에 토지를 더 갖고 있었으며, 이이가 별급으로 강릉 소재의 논도 더 받았음을 보여주는 귀중한 문서라 할 수 있다.

4 신사임당에게 남편이란?

다시 장가들지 말 것을 당부하다

신사임당은 오늘날 한국의 어머니이자 '현모양처'를 대표하는 인물이다. 흔히 조선시대 현모양처라 하면 벙어리 3년 귀머거리 3년을 보내며 남편과 시부모를 하늘같이 떠받드는 여성의 모습을 떠올린다. 하지만 막상 사임당 부부의 일화들을 보면 남편 말에 순종하는 아내가 아닌 본인 의견을 차분히 주장하는 당찬 아내의 모습을 먼저 발견할 수 있다.

일제강점기에 국학 연구자로서 명성이 높던 이능화(1869~1943)는 1927년에 한국에서 최초의 여성사라 할 수 있는 『조선여속고』를 펴냈다. 이능화는 미국 선교사 영 앨런(Young Allen, 1836~1907, 중국명: 린웨즈[林樂知])이 지은 『오주여속통고(五洲女俗通考)』에서 조선의 여성에 대해 "어린 아이가 울면 고양이가 온다고 어른다."는 내용만 나오는 현실에 충

『조선여속고』 신사임당 부분 | 일제강점기 국학자 이능화가 1927년에 지은 최초의 한국여성사 개설서다.

격을 받았다. 그래서 "우리에게 조선 여속에 관한 역사서가 없다는 것은 조선인의 잘못이니 어찌 외국 사람을 해괴하다고 탓할 수 있겠는가?"하는 반성에서 이 책을 펴냈다.

『조선여속고』를 여기서 소개하는 이유는 사임당이 남편과 재혼 문제로 의견을 나눈 유명한 대화가 나오기 때문이다. 이능화는 이 대화의 근거 자료로『동계만록』을 제시했으나 현재『동계만록』이 어떤 책인지 정확하지 않다. 다행히 이 이야기가『좌계부담』에도 똑같이 들어 있어 조선 후기에 사임당 일화가 퍼져나가던 정황을 짐작할 수 있다. 먼저 두 사람의 대화를 소개해본다.

- 신사임당 : 내가 죽은 뒤에 당신은 다시 장가들지 마세요. 우리에게 아들 넷이 있으니 어찌 후사를 얻기 위해 예에 실린 교훈을 어길 수 있겠습니까?
- 이 원 수 : 공자가 아내를 내보낸 것은 과연 예법에 맞는 것이오?
- 신사임당 : 공자가 노나라 소공 때 난리를 만나 제나라 이계로 피난을 갔는데 그 부인이 따라가지 않고 송으로 갔기 때문입니다. 그리고는 더 이상 아내에 대해 이야기하지 않으셨으니 아내를 내쫓았다고 하는 말은 나오지 않습니다.
- 이 원 수 : 그러면 증자가 부인을 내쫓은 것은 무슨 예이오?
- 신사임당 : 그 부인이 배[梨]를 쪄도 익지 않아 부모를 모시는 도리에 어긋남이 있었으므로 부득이 내쫓은 것입니다. 하지만 종신토록 다시 부인을 맞이하지 않았으니 부부의 예는 소중히 지켰습니다.
- 이 원 수 : 『주자가례』에도 그런 일이 있지 않소?
- 신사임당 : 주자가 나이 마흔일곱에 부인 우씨가 죽고 맏아들 숙은 아직 장가를 들지 않아 살림할 사람이 없었지만 다시 혼인하지 않고 근신했습니다.

이능화, 「조선부녀지식계급」, 『조선여속고』

위의 대화에서 보듯이 사임당은 남편에게 본인이 죽은 뒤에 다시 혼인하지 말 것을 부탁했다. 말이 부탁이지 거의 결정이나 다름없었다. 이미 아들 넷을 두었으니 후사를 얻기 위해 다시 장가들 이유가 없지 않겠느냐는 이유였다.

사임당과 이원수는 4남 3녀를 두었다. 이 중 막내이자 넷째 아들 이우를 39세인 1542년(중종 37)에 낳았다. 위의 대화에서 "아들 넷이 있으니"라는 말이 눈에 들어온다. 그러므로 이 대화는 사임당 부부가 한양 집에서 혼인한 지 20여 년을 훌쩍 넘겨 막내까지 얻은 이후에 허심탄회하게 나눈 이야기라 할 수 있다.

남편은 사임당의 말에 선뜻 수긍할 수 없었다. 그래서 공자·증자 그리고 주자의 사례를 들어 훌륭한 성인들도 아내를 내쫓거나 재혼했다면서 아내의 의견을 반박했다.

그때마다 사임당은 그런 성인들이 아내를 내쫓은 적이 없거나 내쫓았어도 다시 혼인하지 않고 혼자 살았다는 점을 조목조목 설명하였다. 두 사람의 대화가 과연 어떻게 끝을 맺었을지 궁금하다. 기록에는 "남편의 말문이 막히었다."고 한다.

이 짤막한 일화는 자의식이 강하고 본인 의견을 논리적으로 피력하는 사임당의 모습을 잘 전해주고 있다. 이원수는 사임당과 재혼 문제로 논쟁을 벌였지만 사임당이 죽자 아내 부탁대로 재혼하지 않았다. 첩은 있었으나 재혼하지 않은 채 사임당보다 10년을 더 살다가 세상을 떴다.

남편에게 첩이 있었으니

조선시대 양반의 혼인 형태는 일부일처제였다. 여성과 남성 모두 한 명의 남편과 한 명의 부인만 둘 수 있었다. 다만, 사회적으로 남성의 경우 부인 이외에 첩을 두는 것을 용인했다.

양반 남성들은 부인이 아들을 낳지 못해 첩을 들인다는 명분을 내세웠으나 실상 이보다 더 다양한 이유로 첩을 들였다. 기생을 첩으로 들이는 일도 다반사였다. 그래서 조선시대 부부 관계에서 갈등을 야기하는 가장 큰 사안은 단연 첩이었다.

사임당의 남편 이원수에게도 첩이 있었다. 권씨(權氏)라는 여성으로 사임당의 자녀들이 부모 재산을 분배한 〈이이 남매 화회문기〉에 '서모(庶母) 권씨'로 나온다. 서모란 서어머니란 의미로 아버지의 첩을 말한다. 현재 사임당과 관련한 대부분의 글에서 권씨를 주막집 여성으로 소개하고 있다. 하지만 권씨가 주모였다는 기록은 조선시대 자료 그 어디에서도 찾을 수 없다.

권씨가 언제 이원수의 첩이 되었는지 알 수 없다. 권씨에 대해 여러 추측들이 있으나 사임당이 살아생전에 함께 살았을 가능성이 높다. 이이가 쓴 「돌아가신 어머니의 행장」을 보면 사임당이 서울 수진방에서 생활하면서 "시어머니 홍씨 앞에서 희첩(姬妾)을 꾸짖은 적이 없으셨다."고 했다.

이 '희첩'에 대해 후대에 『율곡전서』를 편집·간행한 사람들은 "시중드는 여자종[侍婢]을 모두 '희첩'이라 한다."는 모호한 설명을 덧붙여 놓았다. 곧 문집의 편집자들은 희첩을 '모시는' 또는 '시중드는' 여자종이라는 의미에서 '시비(侍婢)'로 풀이했다.

하지만 이이가 시중드는 여자종을 희첩이라 했을 리가 없다. 왜냐하면 어머니의 행장에서 노비들을 '장획(臧獲)'으로 표현했기 때문이다. 그러므로 희첩은 첩으로 보는 것이 맞다. 이 희첩이 권씨인지 단언할 수 없으나 그 가능성을 배제할 수 없다. 그러므로 사임당은 서울 수진방에서 시어머니를 모시고 살면서 남편의 첩과 함께 생활했다고 판단된다.

자애롭지 않은 첩 권씨

이이는 벗 성혼(1535~1598)과 편지를 주고받으면서 학문에 대해 열띤 토론을 자주 벌였다. 어느 날 두 사람은 양반가에서 제사를 거행할 때 서모(아버지의 첩)가 어느 위치에 서야 하는지를 놓고 의견을 나누었다.

성혼이 이 문제를 간단하게 여겼던지 이이는 성혼에게 답답한 속내를 내보이는 편지를 보냈다.

> 모든 일은 겪어 본 뒤에야 그 어려움을 알게 되는 것이니 형은 몸소 겪지 않았기 때문에 논리를 세우는 것이 매우 쉬운 것입니다. 만약 나 같은 가정 형편을 만나게 되었다면 반드시 난처하여 아마도 말 나오는 대로 붓 가는 대로 그렇게 쾌활하게 말하지는 못할 것입니다.
>
> 이이, 「송운장에게 답장하다」, 『율곡전서』

당시 서모를 모시고 있던 이이는 가족 안에 다양한 여성 구성원들이 있으면 변수가 많아져 서모의 위치를 딱 잘라서 결론 낼 수 없는 어려움을 잘 알고 있었기에 이런 편지를 써서 보낸 것이다.

권씨는 이원수가 죽자 남은 가족들과 함께 살았다. 사임당의 자녀들은 "아버지의 첩이 자애롭지 않았"지만 함께 살았다.(『명종실록』 1566년 3월 24일) 이이는 "부친이 돌아가신 뒤로부터 서모와 과부가 된 맏형수를 어머니처럼 섬기고 둘째 형을 아버지처럼 섬겼다."고 한다.(「(이이)신도비명」(이항복),『율곡전서』)

이이는 서모를 친어머니처럼 모시면서 아침저녁으로 정성껏 문안을 드렸고 집안일에 대해서도 서모의 말을 듣고 녹봉도 마음대로 하지 않았다. 이 때문에 학자들이 그것은 예가 아니라고 지적하자 "내 스스로 의견이 그러할 뿐 내 행동이 본보기가 될 수는 없다."고 하면서 서모에 대한 소신을 굽히지 않았다.(『선조수정실록』 1584년 1월 1일)

1587년(선조 20)에 제자 이유경이 국왕 선조에게 글을 올려 이이가 모함을 받은 여러 사항들을 조목조목 변호했다. 그 글에 "아버지가 악첩을 두었는데 그 첩이 가정을 어지럽혀서 일이 장차 예측하지 못할 지경이 되었을 때 조용히 잘 간언해 화가 일어나지 않게 했습니다. 부친이 돌아가신 뒤에는 그 악첩을 친어머니처럼 섬겨서 집안의 모든 일을 먼저 아뢴 다음에 하는 등 그 뜻을 조금도 어기지 않았습니다."고 했다.(「앞뒤로 이이의 억울함을 밝히는 상소문들」, 『율곡전서』)

이이의 친구들이나 제자들의 증언에 따르면 권씨는 성격이 대단히 불같고 화도 잘 냈으며 술도 잘 마셨다. 권씨는 조금이라도 불만스러운 일이 있으면 문을 닫고 누워서 아침 내내 나오지 않았다. 그러면 이이가 관대를 갖추고서 방문 밖에서 몇 번이나 머리를 조아리면서 잘못했다고 용서를 빌었다. 그러면 그제야 서모가 문을 열고 나와 노여움을 풀었다.

또 언젠가 손님이 있을 때에 홍시 한 쟁반을 받았는데 손님이 시장기가 있어 보여 한 개를 주고 이이 본인도 한 개를 먹고는 서모에게 들여보냈다. 그러자 서모가 두 개가 비어있는 자국을 보고 노발대발하자 이이가 재빨리 홍시 두 개를 가지고 들어가 사죄했다.

이이는 술을 좋아하는 서모를 위해 매일 새벽에 일어나 문안하고 술그릇을 갖고 들어가 두어 잔을 따라 드린 뒤에 물러나왔다. 이런 이이의 행동에 감동한 서모는 이이가 죽자 삼년상을 치르는 정성을 보이기도 했다.(「(이이)시장(諡狀)」(이정구), 『율곡전서』)

막내 이우와 권씨의 일화도 있다. 이우가 아버지 상을 당해 시묘살이를 할 때에 직접 제기를 씻고 헹구는 바람에 겨울에 손이 터서 피가 나왔다. 그러자 이를 본 서모가 걱정하면서 눈물을 흘렸다. 이우는 서모의 걱정을 덜어주기 위해 재빨리 소매 사이로 손을 숨겨 보지 못하게 하니 소매가 빨갛게 물들었다고 한다.(「통훈대부 군자감정 이공 묘표」(송시열), 『옥산시고』)

권씨에게 아이는 없었던 것 같다. 사임당 부부의 자녀들이 부모 재산을 나눌 때에 본인만 참여하고 아이들은 없었다. 조선시대에는 첩 자녀들도 재산 분배에 참여할 수 있었다. 정실 부인의 자녀에 비해 몫은 달랐지만 재산에 대한 권리가 있었다. 그런데 〈이이 남매 화회문기〉(1566년)에 권씨의 자식 이름이 기재되지 않았으므로 아이는 없었다고 보인다.

1579년에 이이가 벗 성혼에게 보낸 편지 중에 "서모가 풍중으로 매우 고통을 받으시니 걱정입니다."(〈송운장에게 보내다〉(1579년), 『율곡전서』)는 내용이 있어 말년에는 풍중으로 고생도 한 것 같다.

남편을 위해 조언을 아끼지 않다

사임당은 남편 이원수에게 조언을 자주했던 것 같다. 이이는 「돌아가신 어머니의 행장」에서 아버지와 어머니 사이를 "아버지께서 어쩌다 실수하시는 일이 있으면 반드시 올바르게 충고하셨다."고 썼다.

실제로 이에 관한 일화 하나가 전해지는데 흥미롭다. 『좌계부담』이라는 책에 나오는 내용이다. 서명이 매우 낯선 이 책은 작자 미상으로

18세기 영조 연간에 편찬되었다. 17~18세기 인물 212명의 이야기가 담겨있으며, 부록으로 여성 20명의 다양한 일화도 소개했다. 신사임당 이야기는 이 책의 부록에 들어 있다.

이 일화의 시대 배경은 중종의 세 번째 왕비인 문정왕후(1501~1565)가 정치를 좌지우지하던 시절이다. 조선 정치사에서 16세기는 '권신의 시대'로 평가된다. 권신(權臣)이란 왕의 신임을 받아 권한을 휘두르는 관료를 뜻하는데, 왕이나 왕후의 친인척이 정치 일선에 전면으로 나선 시대였다.

중종에게는 3명의 왕비가 있었다. 그 중 두 번째 왕비인 장경왕후의 아들이 중종의 뒤를 이어 즉위했다. 이 국왕이 인종이었다. 하지만 인종이 즉위한 지 8개월 만에 세상을 뜨자 뒤를 이어 문정왕후의 아들 명종이 열두 살의 어린 나이로 즉위했다. 당시 조정은 대윤과 소윤으로 불리는 두 외척들끼리 갈등의 골이 깊었다. 대윤은 인종을 지지하는 일파를, 소윤은 명종을 지지하는 일파를 가리켰다.

문정왕후의 입장에서 볼 때 명종의 즉위는 자신과 동생 윤원형이 온몸을 던져 치열하게 싸운 결과였다. 문정왕후는 명종에게 "그대가 왕이 된 것은 모두 우리 오라버니와 나의 공이다."(『연려실기술』)라고 시종일관 주장하면서 자신의 정치적 지분을 당당하게 요구했다. 그리하여 문정왕후는 어린 명종 대신에 수렴청정을 했고 정국은 소윤의 세상이 되었다.

윤원형의 심복 중에 이기(1476~1552)라는 사람이 있었다. 이기는 이원수의 아버지 이천의 사촌으로 이원수에게는 5촌 아저씨가 된다. 1545년에 이기는 명종이 즉위하자 윤원형과 결탁해 대윤을 숙청하는 데에 적극 가담했다. 이 사건을 을사사화라 하며 40여 명에 달하는 많은 선비들이 죽임을 당하거나 귀양 보내졌다. 이기는 이 공으로 보익공신 1등이 되어 풍성부원군에 봉해졌으며 1549년(명종 4)에 영의정이 되었다. 한마디로 당대 최고 실권자로 부상했다.

『좌계부담』에 실린 사임당의 일화는 바로 이기와 연관돼 있다. 내용을 소개하면 당시 이원수는 이기의 문하에 출입했다. 그 덕택에 문음으로 관직에 첫발을 내딛을 수 있었다. 그럼에도 이원수가 이에 대해 그다지 부끄러워하지 않자 사임당이 만류하면서 조언했다.

> 저 영의정이 거짓을 꾸며서 어진 선비들을 해롭게 하고 권세를 탐하니 덕룡부원군의 영광이 오래갈 리 있겠습니까?
>
> 『좌계부담』

이 일화의 결말은 훈훈하게 마무리된다. 이원수가 사임당의 조언을 듣고 멀리해서 이기의 옥사에 연루되는 화를 면했다고 한다. 이 일화에는 이기를 덕룡부원군이라 했으나 이는 틀렸으며 풍성부원군이 맞다.

이기는 사임당이 세상을 뜬 그 이듬해에 죽었다. 국왕 명종의 배려 속에서 "편히 자기 집에서 늙어 죽었으며" 명종은 '문경'이라는 시호까지 내려주었다.(『명종실록』, 1522년 4월 28일) 이기는 살아생전 큰 탈을 겪지 않았지만 말년에 정치적으로 큰 위기를 맞았으며 죽기 한 해 전부터 탄핵 대상으로 거론되었다.

결국 이기는 죽은 지 25년이 지난 1577년(선조 10)에 모든 녹훈을 박탈당했다. 이때 이원수도 세상을 뜬 지 10여 년이 넘었지만, 이원수가 만약 이기의 집에 계속 드나들었으면 이기가 죽은 직후에 변을 당했을 가능성이 높다. 사임당이 이런 상황을 예견해 조언한 덕분에 이원수도 무탈할 수 있었다.

사임당은 남편에게만 그런 것이 아니었다. 자녀나 주변사람들이 잘못해도 마찬가지였다. 이이는 어머니가 "아들딸들이 잘못하면 타이르고 주변 사람들이 죄가 있으면 꾸짖으니, 종들도 모두 공경하고 받들어서 그들의 마음을 얻을 수 있었다."고 회고했다. 남편과 자녀 그리고 아랫사람들의 잘못을 그냥 지나치지 않은 사임당의 곧은 성품을 알 수 있는 대목이다.

다만 이 일화를 이원수 입장에서 들여다보면 조금 불편한 측면이 있다. 이 일화에는 이원수와 이기를 먼 친척 사이로 표현했다. 하지만 이원수와 이기는 5촌 사이로 가까운 친척이었다. 그럼에도 마치 이원수가 먼 친척에게 줄을 대는 염치없는 사람처럼 해놓았다. 더구나 이 일화에는 이원수를 이렇게 평가했다.

> 이원수는 학업이 충실하지 못하고 행실도 부족한 면이 있었는데 부인이 미진한 점을 돕고 잘못된 부분을 바로잡아 주었으니 참으로 어진 부인이라 할 만하다.
>
> 『좌계부담』

이에 비해 사임당에 대해서는 "유학에 바탕을 둔 집안에서 나고 자라서 경서와 역사서들을 두루 이해하고 잘 기억했으며, 선인들의 좋은 언행을 공경히 마음에 새기고 몸소 실천했다. 또 그림 그리는 재능도 뛰어났다."고 평가했다.

사임당에 대한 평가가 맞다 하더라도 사임당을 훌륭하고 어진 아내로 부각하기 위해 이원수를 못난 사람으로 만들어 놓은 듯하다. 이런 측면에서 사임당에게 가려 부족한 이미지로만 언급되는 이원수의 진면목을 알기 위해 관심을 기울일 필요가 있다고 생각한다.

5 신사임당 부부의 일곱 자녀들

사임당은 남편 이원수 사이에서 슬하에 자녀 7명을 두었다. 딸 셋에 아들 넷이었다. 그 중 첫째 이선과 막내 이우는 서울에서 낳았고 다섯째인 율곡 이이는 강릉에서 낳았다. 나머지 네 명의 자녀는 출생지를 알 수 없으며, 세 명의 자녀도 언제 낳았는지 알 수 없다.

신사임당·이원수 부부의 일곱 자녀들

순서		성명	생몰년	과거시험	배우자	자녀
1	1자	이 선	1524~1570	생원시	선산 곽씨	2남 2녀
2	1녀	이매창	1529~1592	·	조대남	3남 3녀
3	2자	이 번	미 상	·	남양 홍씨	2남
4	2녀	미 상	미 상	·	윤섭	1남
5	3자	이 이	1536~1584	생원시 진사시 문과	곡산 노씨	(첩 2남 1녀)
6	3녀	미 상	미 상	·	홍천우	1남
7	4자	이 우	1542~1609	·	덕산 황씨	1남 2녀

첫째 _ 장남 이선, 41세에 생원시에 합격하다

1551년(명종 6) 사임당이 눈을 감았을 때에 장남 이선은 28세였다. 이선은 그때까지 장가를 가지 않았으며 어떤 과거시험에도 합격한 상태가 아니었다.

조선시대에 양반가 남성이 28세까지 장가를 들지 않았다니 믿기 어렵지만 이이가 쓴 묘지명이나 집안 족보를 보면 부인으로 32세에 혼인한 곽씨 부인만 있으므로 사실로 받아들일 수밖에 없다. 사임당이 늦게까지 장가를 가지 않은 이 아들을 두고 어찌 눈을 감았을지 모르겠다.

사임당 부부의 첫째이자 장남인 이선(1524~1570)은 1524년(중종 19) 9월에 서울에서 태어났다. 자는 백헌, 호는 죽곡으로 사임당이 아버지 상을 치르고 난 후 얻은 아들이었다. 이선은 성품이 온화하고 유순하여 어릴 때부터 어른이 돼서도 남의 미움이나 시샘을 받은 적이 없었다고 한다.[28]

이선은 어려서부터 가정에서 글을 배웠으며 과거시험에 여러 번 응시했다. 조선시대 양반이라면 집안을 빛내기 위해 입신양명의 뜻을 품고 과거시험에 응시하는 것이 의무라면 의무였다. 이선도 예외가 아니어서 과거시험에 응시했지만 번번이 낙방하고 말았다. 1557년(명종 12)에도 생원진사시의 1차 시험인 한성시에 합격했으나 최종 시험에는 낙방했다.

그러다가 1564년에 41세의 나이로 동생 이이와 함께 생원시에 나란히 합격했다. 41세에 합격했으니 늦은 나이라 할 수 있다. 전체 합격자 1백 명 중 37등으로 합격했으며, 이이는 장원으로 합격했다. 어머니 사

임당이 세상을 뜬 지 13년이 지
난 뒤였으며, 아버지 이원수가 돌
아가신 지 3년째 되는 해였다. 이
선과 이이 모두 아버지 삼년상을
치르자마자 생원진사시에 응시해
합격했던 것이다.

이선은 혼인도 빠른 편이 아
니었다. 1555년인 32세에 회덕
(오늘날 대전시 대덕구 회덕동)에 사
는 전(前) 습독관 곽연성(본관 선
산)의 딸과 혼인했다. 곽씨 부인
(1537~1582)은 19세에 혼인했는데

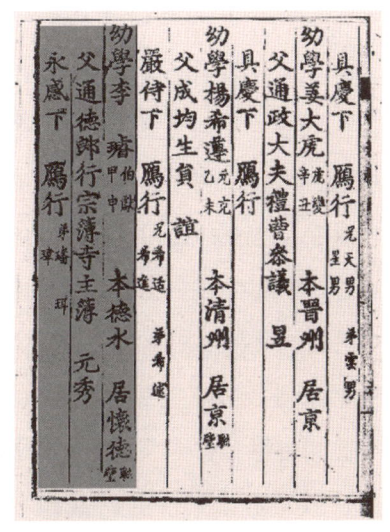

이선의 생원시 합격자 명부 | 『가정43년 갑자 7
월 20일 사마방목(嘉靖四十三年甲子七月二十
日司馬榜目)』, 국립중앙도서관.

이선보다 13살이나 적었다.29 1564년 생원시 합격자 명부에는 이선의
거주지가 충청도 회덕으로 되어 있어 혼인 후 처가살이를 했음을 알
수 있다.

이선은 생원시에 합격하고 나서 한참 뒤인 1570년에 처음으로 벼슬
길에 올라 남부 참봉이 되었다.30 이때 나이가 47세였다. 이이는 "일찍
이 글을 익혀 벼슬을 하고자 했으나 애석하게도 약간의 뜻을 이루었을
뿐, 크게 뜻대로 되지 않아 만년에야 낮은 벼슬에 오를 수 있었다."고
했다.(「큰형에게 제사지내는 글」, 『율곡전서』)

하지만 말단의 관직 생활도 잠시 했을 뿐이다. 안타깝게도 참봉으로
제수된 1570년에 병으로 죽고 말았다. 부인 곽씨의 나이 불과 34세였
다. 이선은 곽씨 부인 사이에서 2남 2녀를 두었는데 큰아들이 12살, 작

은 아들이 6살로 모두 어린 상태였다.

이이는 형을 위한 제문에서 "집 지을 장소가 정해지는 대로 형님 가족을 이끌고 서쪽으로 돌아가겠습니다. 조카들을 가르치고 성취시켜 맹세코 집안의 명성을 떨어뜨리지 않게 하겠습니다."하고 맹세하면서 편히 눈을 감으라고 기원했다.(「큰형에게 제사지내는 글」, 『율곡전서』)

1577년에 이이는 형에게 한 약속을 지켰다. 회덕에 살고 있는 형수와 어린 조카들을 본인 처가가 있는 해주로 오게 하여 함께 살았다. 이때 형수 집에 보관하고 있던 집안의 선대 신주도 가져왔다. 1566년에 이선을 비롯한 일곱 형제들은 부모의 재산을 나누어 가지면서 제사를 맏이인 이선의 집에서 지내기로 합의했다. 큰형이 죽고 난 다음에도 선대 조상의 신주들이 그대로 큰형수 집에 있자 형수를 모셔오면서 함께 옮겨온 것이다.

1580년 12월에 이이는 대사간이 되었다. 서울에 온 이이는 해주로 돌아갈 수 없게 되자 이듬해 봄에 식구들을 서울로 오게 했다. 곽씨 부인은 시동생 뜻대로 서울로 와서 함께 살았다. 이이는 조카들을 혼인시키고 본인의 하인들도 나누어 주었다. 재정도 조카가 맡아서 처리하게 했다.

그러다가 1582년에 형수마저 46세에 세상을 뜨고 말았다. 이이는 형과 형수를 부모님의 묘소가 있는 파주 두문리 선영에 안장했다. 그리고 큰형수를 위해 제문을 짓고 만사도 지었다. 그만큼 큰형 부부에 대해 가슴에 맺힌 슬픔이 컸던 것 같다. 형수의 죽음을 애통해하면서 지은 만사 중 일부를 소개한다.

이선과 선산 곽씨 부부 합장묘 | 경기도 파주이이유적의 가족 묘역 안에 있다.

> 우리 형수님이 내게 오셔 살았는데
> 남쪽에서 애들도 데리고 오셨네.
> 삼 칸 집 지어서 선대 신주 모시고
> 대광주리 밥 하나로 함께 굶주림 참았네.
> (중략)
> 남으로 북으로 괴로움 마다않고
> 은혜와 의리 둘 다 모자람이 없으셨네.
> 하루아침에 깊은 병으로 고생하시나
> 좋은 의원 없어서 애통하여라!
>
> 　　　　　　　　이이, 「큰형수를 위한 만사」, 『율곡전서』

둘째 _ 장녀 이매창, 작은 신사임당

사임당의 둘째 자녀는 '작은 사임당'으로 불리는 딸 이매창(1529~1592)이다.[31] 사임당이 26세에 낳은 장녀로 첫째 이선과 5년 터울이다. 『매창집』으로 유명한 전라도 부안의 기생 이매창(1573~1610)과는 다른 사람이다.

이매창은 글을 배워 여러 경전과 역사책을 두루 읽었으며 그림도 잘 그린 여성으로 알려져 있다. 그래서 사임당의 딸 중에서 어머니의 예술적 기질과 재능을 그대로 물려받았다고 평가받고 있다.

이매창은 사리에 밝고 혜안을 가진 여성이었다. 그래서 이이가 크고 작은 일이 생기면 찾아가 의논했다. 송강 정철의 아들 정홍명(1592~1650)은 이이가 국가에 중대한 일이 있으면 그 누이에게 물었다고 하면서 한 가지 일화를 남겨 두었다.

> 1583년 북방 변란 때에 율곡이 병조판서로 있으면서 군량 부족을 걱정하자 그 누이가 "오늘날 급선무는 반드시 인심이 즐겨 따를 것을 생각해서 시행해야 성취할 수 있다. 재주 있는 서얼들이 버려지고 가로막힌 지 이미 백 년이 넘어 모두 울분을 품고 있다. 지금 만일 그들에게 곡식을 납부하는 대로 벼슬길을 틔어주면 군량을 금방 마련할 수 있을 것이다."고 하니 율곡이 탄복하며 즉시 임금께 요청하여 시행했다.
> 「여러 사람들이 기록한 다양한 이야기들」, 『율곡전서』

1583년(선조 16)에 이이가 큰누나 이매창에게 국가 중대사를 의논한 것은 다 이유가 있었다. 이해 1월에 여진족 니탕개 등이 변방에서 난을 일으키면서 대규모 군사를 이끌고 조선을 침략해 왔기 때문이다. 한국사에서는 '니탕개의 난'으로 잘 알려진 사건으로 7개월여나 지속된 국지전이었다.

조선 왕조가 건국 이후로 북방 영토를 개척하는 과정에서 가장 큰 골칫거리는 여진이었다. 여진은 한마디로 조선에 가깝고 먼 이웃이었다. 여진은 생활필수품을 확보하는 한편 군사 보복을 목적으로 조선의 변경을 자주 침입했고 그때마다 사람과 물자를 약탈해갔다.

그러자 조선 조정에서는 여진에게 동화 정책을 구사하면서도 내부 분열책을 써서 세력을 약화시켜 나갔다. 또 성곽을 쌓거나 군사력을 증강시켜 적극적으로 토벌도 강행했다.

이와 함께 변경의 방어와 수비를 위해 평안도와 함경도에 일정 규모의 군대를 주둔시켰다. 이 군사들을 '유방군'이라 하는데, 해당 지역민과 남쪽지방 사람들이 돌아가면서 당번군이 되었다. 그런데 당번이 되면 근무 비용이 많이 들어가고 각종 핍박도 끊이지 않아 도망자들이 속출했고 군사 수도 자꾸 줄었다.

이런 상황에서 여진족이 대규모로 함경북도 변경을 침략해 온 것이다. 당시 이이는 조선의 국방을 책임진 병조 판서로서 누이의 의견을 참조해 부족한 병력을 해결하기 위한 대책을 내놓았다. 곧 서얼이나 남자종들을 모집해 국토를 지키게 하고, 그 대가로 서얼에게는 벼슬길을 틔워주고 남자종들은 천인 신분에서 벗어나게 해주면 일석이조의 효과를 얻을 수 있다고 보았다. 국왕 선조도 타당성이 있다고 판단해 즉시 전라도와 경상도에서 시범적으로 시행하게 했다.

이매창은 본인보다 한 살 적은 조대남(1530~1586)과 혼인했다. 조대남의 본관은 한양이며 자는 희언이다. 아버지는 사옹원 참봉을 지낸 조건이며, 어머니 한산 이씨는 오늘날 『토정비결』의 저자로 알려져 있는 토정 이지함(1517~1578)의 누이였다. 조대남에게는 이지함이 외삼촌이 된다.

조대남은 큰 벼슬은 하지 못하고 사축서 별제(정6품), 황해도 해주의 청단도 찰방(종6품)이 되었다가 마지막으로 종부시 직장(종7품)을 지냈다. 종부시는 왕실의 족보를 편찬하고, 국왕 친족들의 잘못을 조사하는 일을 담당하는 부서였다.

1585년(선조 18)에 조대남은 병을 크게 앓아서 여러 날 출근도 못하는 지경이었다. 그러자 사헌부에서 국왕 선조에게 종부시 직장 조대남이 출근도 못하면서 구차하게 관직을 차지하고 있으니 파직해야 한다고 건의했다.(『선조실록』 1585년 윤9월 8일) 조대남은 이렇게 큰 병을 앓다가 이듬해인 1586년에 세상을 뜨고 말았다. 이때 이매창의 나이 58세였다. 슬하에 3남 3녀를 두었다.

이매창은 그림을 잘 그리고 시도 잘 지었다. 이매창의 남동생 이우의 8대손 이서(1752~1809)는 「집안에 전해오는 서화첩에 발문을 쓰다」라는 글에서 이매창의 그림 솜씨에 대해 다음과 같이 적었다.

> 매창은 부녀자 중의 군자다. 일찍이 어머니의 교훈을 받들어 여자의 규범을 따르고 또 그 재주와 학식이 보통사람보다 뛰어나 깊은 지혜와 원리를 가졌다. …… 요즘 우연히 선조의 옛 문적들을 뒤적거리다가 수백 년 뒤에 문득 그 필적을 보니, 시의 운치는 맑고 깨끗하며 그림 솜씨는 정교하여 그야말로 "이 어머니에 이 딸이 있다."는 그대로다.[32]

실제로 오늘날 강릉시 오죽헌 · 시립박물관에는 이매창의 작품으로

〈매창 매화도 및 옥산 국화도첩〉 중 이매창의 매화도 | 강원도 유형문화재 제12호, 강릉 오죽헌·시립박물관.

알려진 〈매화도〉가 소장돼 있다. 이 작품은 가로 26.5㎝, 세로 30㎝의 종이에 그린 묵화다. 현재 〈매창 매화도 및 옥산 국화도첩〉이라는 이름으로 동생 이우의 작품과 함께 강원도 유형문화재 제12호로 지정되어 있다. 이 그림 외에도 개인이 소장한 이매창의 작품들이 더 있는 것으로 알려져 있다.

이매창과 조대남 부부 묘소 | 경기도 파주이이유적의 가족 묘역 안에 있다.

　오늘날 이매창과 남편 조대남의 묘소는 경기도 파주의 신사임당 가족 묘역 안에 자리하고 있다. 이매창은 1592년(선조 25) 임진왜란 때에 목숨을 잃었다. 전쟁이 발발하자 큰아들 조인과 함께 강원도 원주의 영원성으로 피난을 갔다가 성이 함락되는 바람에 아들과 함께 왜적의 칼에 죽임을 당하고 말았다. 나중에 이 일이 알려져 어머니를 업고 피하려다 목숨을 잃은 조인에게 효자 정려가 내려졌다.(『원주읍지』, 『양주조씨족보』(1743년))

　이매창의 예술적 재능은 그의 아들에게까지 이어졌다. 이매창의 아들 중 조영도 시를 잘 짓고 글씨를 잘 써서 필치가 오묘했으며 산수화에 뛰어났다는 평을 받았다. 사임당의 예술적 자질이 딸을 거쳐 외손자까지 미쳤음을 알 수 있다. 하지만 안타깝게도 조영은 35세에 요절하고 말았다.

조영의 부인 창녕 성씨는 정철의 문인 성로(1550~1615)의 딸로 절부가 되어 세상에 이름을 남겼다. 남편이 병을 앓자 날마다 정성껏 약을 마련해 복용하게 했으며, 남편이 죽자 삼년상을 치르고 6년간 상복을 입어 정려를 받았다.(「한양 조공과 절부 성씨의 두 묘지명」(허목), 『기언』)

셋째 _ 둘째 아들 이번, 동생 이이의 글들을 모으다

사임당의 셋째 자녀는 아들 이번이다. 이번의 자는 중헌이며 태어난 해와 사망한 해는 알 수 없다.[33] 이번은 이이의 제자들로부터 세상 물정에 어둡다거나 오활하다는 평을 들었으나 이이의 글을 모으는 데 수훈갑을 세운 사람이다.

이번의 자는 중헌, 호는 정재다. 부인은 남양 홍씨로 진사 홍대룡의 딸이다. 이이는 큰형이 세상을 뜬 후에 이번을 아버지처럼 모셨다. 이번은 일이 있으면 이이를 불러서 시켰는데 이이는 형이 시키는 일이면 무엇이든 마다하지 않았다. 예컨대, 종이를 자르거나 차를 올리는 일들이었다.

그때마다 제자들은 "선생님은 삼달존과 같은 신분으로서 지나치게 공손하신 것이 아닙니까?"하면서 만류했다. 하지만 이이는 벼슬은 타고난 것이 아니니 지위 고하를 논할 것이 아니라면서 형이 시킨 일들을 마다하지 않고 했다. 제자들은 그런 이이의 모습을 "민첩하기가 마치 나이 어린 사람 같았다."고 했다.(「여러 사람이 기록한 다양한 이야기들」, 『율곡전서』)

이번도 동생을 아꼈다. 이이가 외출했다 돌아오면 그날 어떤 글을 지었는지 늘 물어보았다. 이이가 지은 글이 있다고 하면 바로 적어 놓았다. 이런 이번의 노력으로 이이가 지은 시나 글들이 후세에 전해질 수 있었다고 한다.(「여러 사람이 기록한 다양한 이야기들」, 『율곡전서』)

이번은 황해도에서 토지를 개간한 일로 곤란을 겪은 적도 있다. 16세기에 양반가에서는 재산을 증식하는 방편으로 개간을 선호했다. 당시 조정에서는 농지를 넓혀 세금을 더 걷기 위해 묵은 땅이나 황무지를 개간한 사람들에게 그 땅의 경작권이나 소유권을 인정해주고, 그 권리를 공증해주는 문서를 발급했다. 이 문서를 '입안'이라 했다. 여기에는 당시 이앙법의 보급으로 농사기술이 좋아진 것도 한몫했다.

그런데 이 개간에는 문제점도 있었다. 양반들이 민들과 공유해야 하는 공유지인 산림, 하천, 연못, 바다 등지마저 마구 개간하거나 메워서 농지를 만들었기 때문이다. 만약 이런 곳을 농지로 만들었다고 해서 소유권이나 경작권을 인정한다면 양반에게 특권을 주는 것이며 그만큼 백성의 생활은 어려워지게 된다. 그럼에도 양반들은 권력을 이용해 불법으로 개간해 토지를 늘려갔고 이를 둘러싼 송사나 고발도 많았다.

이번은 개경에 살면서 황해도 배천 바닷가에 있는 빈 땅을 얻어 개간한 뒤에 관으로부터 입안을 받았다. 문제는 이번이 개간한 땅이 봉씨 집안의 땅과 붙어있었다. 그러자 봉흔이라는 사람이 자기 집안 땅이라고 하면서 차지하자 이번이 이이의 이름으로 소송해서 되찾아왔다. 송사에 진 봉흔은 판결에 승복하지 않고 이 일을 이이가 사주했다고 의심했다. 이때가 1580년(선조 13) 무렵이었다.[34]

이후 1583년 무렵 국왕 선조가 이이를 등용하려 하자 이이와 반대파에 있던 송응개가 이이가 봉흔이 대대로 갈아먹는 전답을 무리하게 빼

앗고, 그의 형이 봉흔의 종을 때려 죽였다고 선조에게 아뢰었다. 권력을 남용한 이이를 등용해서는 안 된다는 증거로 이 일을 거론한 것이었다. 선조는 이이에게 왜 형에게 비록 본인 토지라 하더라도 봉가에게 다 넘겨주라고 권유하지 않느냐면서 핀잔을 주었다.

하지만 이이는 벌써 형에게 그 땅을 봉씨 집에 내줄 것을 부탁한 상태였다. 하지만 이번은 처자식들이 그 땅으로 먹고살고 있어 절대 내줄 수 없다고 버텼다. 이 일이 해결되지 않자 이이를 돕기 위해 주변사람들이 나섰으며, 이이의 친구들이 베나 무명 등을 갹출하여 얼마간의 전답을 구매해주기로 약조했다.

결국 이번은 이이를 위해 개간한 땅을 봉씨 집에 모두 넘기고 말았다. 이후 이번은 동생 이이의 벗과 제자들이 사준 전답으로 생활했으나 규모가 크지 않아 생활에 어려움을 겪었다. 이번이 어떤 삶을 살았는지 자세하지 않지만 이 사건을 통해 동생 이이를 아꼈음을 볼 수 있다.

현재 이번의 묘소는 충북 괴산군 사리면 화산리(도촌 오룡동)에 있다. 이우가 1592년에 괴산 군수로 부임했을 때에 이번의 작은아들 이경정이 이우를 따라 괴산으로 와 살게 되면서 그 후손들이 오룡동에 살게 되었다고 한다. 묘소는 원래 경기도 장단에 있었는데 18세기 후반에 이곳으로 옮겨왔다고 한다.

넷째 _ 둘째 딸, 윤섭 부인

사임당의 넷째 자녀는 윤섭과 혼인한 딸이다. 딸로서는 둘째 딸이 된다. 남편 윤섭은 본관이 파평이다. 할아버지 윤사정은 중종반정(1506년)

에 참여한 공으로 정사공신 3등에 오른 인물이며 군수(종4품)를 지냈다. 아버지 윤철은 무과에 급제해 현감(종6품)을 지냈다. 윤섭도 아버지와 마찬가지로 무과에 급제하여 첨사를 지냈다.(『덕수이씨세보』, 1776년) 첨사는 지방에서 근무하는 종3품의 무관직이다.

이 딸은 혼인 후에 황해도 황주에 살았다. 그래서 이이가 1574년(선조 7) 10월부터 1575년 2월까지 황해도 관찰사로 재임할 때에 황주로 가서 이 누이를 방문한 적이 있다.

이 딸에게는 아들 윤담이 있었다. 사임당에게는 외손자가 되는 셈인데 윤담은 이이의 제자 명단인 「문인록」(『율곡전서』)에 올라 있다. 곧 윤담이 외삼촌 이이를 스승으로 모신 것이다.

「문인록」에 따르면 윤담은 1592년에 임진왜란이 일어나자 황주에서 의병을 일으켰고, 이 공으로 의금부 도사(종5품)에 임명되었다. 윤담이 의병을 일으킨 사실은 『재조번방지』와 『연려실기술』에도 나온다. 이 두 책에는 "황주 사람 황하수와 윤담, 봉산 사람 김만수가 의병을 일으켰다."고 나와 있다.

윤담은 이이의 절친한 벗인 성혼(1535~1598)에게도 학문을 배웠다. 이이가 성혼에게 보낸 편지 중에 윤담에 대한 이야기가 나온다. 이이는 편지에서 "담이 혼자 수업한다 하는데 이 아이는 성품이 나태하므로 매우 경계하여 그 습성을 고쳐주면 그 은혜가 크겠습니다."하거나, "조카 담의 공부가 가르칠 만한 수준에 있다 하니 매우 다행한 일입니다."고 쓰고 있어 조카의 학문 정진에 큰 관심을 보였다.(『율곡전서』)

이이가 조카에게 학문에 힘쓰라는 글을 직접 써준 적도 있었다. 그 글에서 "뜻이 서지 못하는 것은 나태하여 성의가 없는 데서 연유한다.

성의가 있으면 나태하지 않고 나태하면 성의가 없게 된다."고 강조했다.(『율곡전서』) 그러면서 뜻을 세운 다음에는 나태하지 말고 성의를 갖고 독서에 전념해 참된 공부를 해야 한다고 당부했다.

다섯째 _ 셋째 아들 율곡 이이, 사임당을 '조선의 어머니'로 만든 천재

사임당의 다섯째 자녀이자 셋째 아들인 이이(1536~1584)는 오늘날 '5천원'권 지폐에 실릴 만큼 한국 역사에서 차지하는 비중이 높다.

'사림'의 시대에 태어나 한 시대를 구가한 정치가이자 개혁가로서 실천적인 지식인으로 살다 갔으며, 후대 이이의 학문에 연원을 둔 '율곡학파'가 생기면서 이 학파에 속한 사람들이 18세기 이후로 정치권을 장악했다. 그 결과 이황과 함께 조선 후기에 학문과 정치권에 지대한 영향력을 준 양대 산맥으로 우뚝 솟은 인물이 이이였다.

이이의 자(字)는 숙헌이다. 이이는 1536년 12월에 강릉 북평촌에서 태어났다. 신사임당이 꿈에 동해에 갔더니 어떤 신녀가 어린 남자아이를 안고 있다가 품안에 던져 준 태몽을 꾸고 낳은 아들이었다.

출산 하루 전날에도 검은 용이 큰 바다에서 방으로 날아와 마루 사이에 서려있는 꿈을 꾸었다. 그래서 용이 나타났다는 의미로 어릴 적 이름도 '현룡(見龍)'이라 했다.

이이는 3세 무렵 말을 배우자마자 글을 읽을 줄 아는 신동이었다. 처음 어머니에게 공부를 배우다가 4세 무렵에 스승에게 나아갔다. 7세 무렵에는 문리가 통해서 사서(四書: 대학·중용·논어·맹자)를 비롯한 대부분의 경서를 읽고 이해했다.

이이는 여섯 살에 어머니를 따라 강릉을 떠나 서울로 갔다. 16세에 어머니가 돌아가시자 크게 방황한 나머지 상을 마친 후 불교에 심취해 아버지에게 알리지도 않고 금강산에 들어가 '의암'이라는 호를 짓고 밤낮으로 수행했다.

1년 정도 지나 산중 생활을 정리한 이이는 강릉 외할머니 댁으로 가서 유학에 정진하겠다고 다짐하면서 〈자경문〉(1555년)을 지었다. 그리고 1557년에 스물둘의 나이로 성주 목사 노경린의 딸과 혼인했다. 이후 처가인 황해도 해주는 이이에게 강릉·파주와 함께 중요한 삶의 공간이 되었다.

오늘날 조선 후기 당쟁을 이해할 때에 동인의 비조는 이황, 서인의 비조는 이이로 파악하지만 당대 이이와 이황의 관계는 이렇게 딱 구분되지 않는다. 이이는 이황이 세상을 뜨자 제문을 지어 본인이 학문의 길을 잃고 방황할 때에 "수레를 돌리고 길을 바꿀 수 있던 것은 이공께서 실로 계발해주신 덕분"이라고 했다.(「퇴계 이(황) 선생에게 제사드리는 글」, 『율곡전서』)

이이가 이황을 처음 찾아뵌 것은 스물세 살이었다. 당시 이황은 58세로서 학문적으로 큰 존숭을 받았다. 이황은 이이가 다녀간 뒤에 제자 조목(1524~1606)에게 편지를 보내 이이를 만난 소감을 전했다. 이이가 명랑하고 시원스러우며 지식과 견문이 많아 '아래 세대(후배)를 두려워할 만하다[후생가외(後生可畏)].'는 옛 성인 말씀이 하나도 틀리지 않았다고 평했다. 그러면서 "그가 문장을 너무 숭상한다는 소문을 일찍이 들었기에 조금 억제하려고 시를 짓지 말게 하였소." 하고 썼다.

이이는 '구도장원'으로 불릴 만큼 비상한 재능을 보여주었다. '구도(九度)'란 아홉 번이라는 뜻으로 구도장원은 곧 아홉 번 장원했다는 의미이나 실제 최종 시험에 장원한 것은 두 번이었다.[35] 1564년(명종 19)에 소과(小科)인 진사시와 생원시 두 시험에 모두 최종 합격했는데 이 중 생원시에서 장원을 했다. 같은 해에 대과(大科)인 문과에도 응시해 장원으로 급제했다.

이이는 문과에 급제한 직후 호조 좌랑(정6품)으로 관직 생활을 시작했다. 이미 글을 잘한다는 명성이 있던 이이는 정계에 입문하자 경세가로서 제도 개혁에 힘을 쏟았다. 이황이 도학자라면 이이는 실천적 관료이자 지식인에 가까웠다.

오로지 민생을 향한 제도의 마련과 개선·개혁에 힘을 쏟아 부은 이이는 선조에게 올린 상소에서 오늘날 민생의 폐해는 남산의 대쪽을 다 사용해 기록해도 모자랄 정도로 심각하다면서 힘없고 나약한 백성을 구제하기 위해 조금도 지체해서는 안 된다고 주장했다.

이이는 솔직한 성격이었다. 절친하거나 소원한 관계를 가리지 않고 격의 없이 대화하면서 속내를 다 내보였다. 조정에서도 본인 생각을 거침없이 토로해 반대파로부터 "과격한 논의를 일삼는다."는 비난도 자주 받았다.

국왕 선조에게까지 인재를 등용하고 민생을 돌보아야 한다는 직언을 거침없이 하는 바람에 선조의 얼굴색이 변한 적도 있었다. 선조조차도 노수신이 이이를 천거하자 "크게 쓸 만하다는 것은 알고 있으나 그의 말에 과격한 점이 많으니 나이가 젊기 때문에 그러한가?" 하고 말할 정도였다.(『선조수정실록』)

율곡 이이의 주요 관직 경력

연도		나이	주요 경력
중종	1536		강릉 북평촌에서 태어남
명종	1564	29	생원시 합격(장원), 진사시 합격, 문과 급제(장원), 호조 좌랑
	1565	30	예조 좌랑, 사간원 정언
선조	1568	33	사헌부 지평, 명나라 천추사 서장관, 이조 좌랑
	1569	34	교리
	1571	36	이조 정랑, 교리, 홍문관 부응교, 청주 목사
	1573	38	사간원 사간, 홍문관 응교, 홍문관 전한, 홍문관 직제학, 승정원 동부승지
	1574	39	우부승지, 사간원 대사간, 우부승지, 황해도 관찰사
	1575	40	홍문관 부제학
	1576	41	병조 참지
	1578	43	대사간, 이조 참의
	1580	45	대사간
	1581	46	사헌부 대사헌, 대사간, 호조 판서. 대제학
	1582	47	이조 판서, 형조 판서, 의정부 우참찬, 원접사, 병조 판서(12월)
	1583	48	이조 판서
	1584	49	사망
	1591		광국원종공신 1등
광해	1611		문집 간행
인조	1624		'문성'의 시호가 내려짐
숙종	1682	사후	문묘 배향
	1689		문묘 철향
	1694		문묘 복향
영조	1744		『율곡전서』 완성

(근거: 「(이이) 연보」. 『율곡전서』)

이이는 1575년(선조 8)에 정치권이 동인·서인으로 나누어지면서 서로 대립각을 세울 때에 사림의 분열을 못 견뎌했고 동서 화합을 주장했다. 그 과정에서 양쪽으로부터 쏟아지는 비난을 감내해야 했다.

이이는 "동·서 두 글자는 나라를 망치는 재앙의 씨앗"이라 했다. 그래서 선조에게 "동인·서인의 이름이 한 번 나오고부터 조정에는 온전한 사람이 없으니 이 또한 사림의 재앙"이니 이를 타파하기 위해서는 오로지 당파에 구애 없이 어진 인재만을 등용해야 한다고 간언했다.(「대사간을 사직하면서 동·서를 깨끗이 씻어버릴 것을 아울러 말씀드리는 상소」, 『율곡전서』)

앞서 사임당의 장녀 이매창 편에서 소개했듯이 이이는 1582년 12월에 병조 판서에 임명되어 이듬해 조정에 섰다. 죽기 한 해 전으로 임명되자마자 닥친 일이 '니탕개의 난'의 해결이었다. 당시 이이는 북쪽으로 보내는 군사들의 군마를 조달하기 위해 말을 바치는 사람에게 변방에 가는 것을 면제해주는 조치를 임시로 시행했다.

그런데 전황이 다급한 나머지 이 조치를 국왕의 승인을 받기도 전에 시행하였다. 결국 이 일이 빌미가 되어 국가권력을 농단했다는 동인의 탄핵으로 병조 판서에서 물러났다. 그리고 이듬해인 1584년 1월 한양 대사동 집에서 세상을 떴다.

이이는 호방하면서도 소신이 강했고 천재적인 기질이 있었다. 이이의 천부적인 자질은 공부 방식에서 잘 드러난다. 성혼의 회고에 따르면 이이가 사람들과 담소하면서 책을 볼 때면 휘리릭 빨리 넘기지만 이미 내용과 의미를 터득했다고 한다. 나중에 그 책을 다시 차분히 연구해도 더 진취한 사항이 없을 정도로 대강대강 보면서도 대의를 터득했던 것이다.

또 하루는 성혼이 이이에게 "형은 글을 볼 때 몇 줄을 한꺼번에 보아 내려가는지 모르겠구려!"하고 물으면서 본인은 7~8줄에 불과하다고 말했다. 그러자 이이가 "나도 10여 줄에 불과할 뿐이오."하고 대답했다.

한편, 이이의 가족사랑은 유별났다. 어린 시절 이이에게 심리적으로 영향을 미친 책이 있는데 바로 『이륜행실도』였다. 아홉 살의 이이는 이 책에서 중국 당나라 사람 장공예가 9세대와 함께 살았다는 내용을 보고 큰 감동을 받았다.

『이륜행실도』는 1517년(중종 12)에 김안국 등이 오륜 중에서 장유(長幼: 어른과 아이 사이의 지켜야 할 예의)와 붕우(朋友: 벗 사이의 믿음)의 이륜을 장려하기 위해 본받을 만한 인물 48명의 행적을 모아 편찬한 책이다.

이이는 "아홉 세대가 한 집에 산다는 것은 아마도 형편상 어려움이 있겠지만 형제가 떨어져 살 수는 없는 일이다."

『이륜행실도』의 「공예서인(公藝書忍)」 | 이이가 감명을 받은 장공예의 일화가 실린 부분이다.

하고는 바로 형제가 부모를 받들고 함께 사는 그림을 직접 그려 놓고 수시로 감상했다. 장공예 사례는 이이의 삶에 큰 영향을 미쳐 후에 여러 어려움 속에서도 형제들과의 끈을 놓지 않았다.

1570년에 큰형이 세상을 뜨자 이이는 큰형 가족들과 함께 살 계획을 했다. 하지만 사정이 여의치 않았다. 1574년에 허봉(1551~1588)이 성절사(聖節使: 명·청의 황제·황후의 생일을 축하하기 위해 보낸 사신)의 서장관이 되어 명으로 가는 길에 파주 율곡에 들렀다. 허봉은 허균의 형으로 이이와 정치적으로 반대편에 선 사람이다.

이이를 찾아 이야기를 나눈 허봉은 이이와 함께 뒷산을 넘어 화석정에 도착했다. 탁 트였지만 가파른 곳에 자리한 탓에 오래 서있기 어려웠다. 당시 화석정을 본 허봉은 다음과 같은 글을 남겼다. '숙헌'은 이이의 자다.

> 그곳을 새로 지었는데 아직 집칸을 제대로 엮지 못했다. 숙헌이 여기에 온 목적은 전원을 널리 개간한 다음 종족을 전부 모아 함께 살 계획이었다. 일이 뜻대로 되지 않아 집안 재산이 줄어들어 보잘 것 없이 되어서 죽끼니도 제대로 잇지 못하고 있으니 참으로 안타깝다.
>
> 허봉, 『조천기』 상, 1574년 5월 13일

한 집에 대가족이 모여 사는 이이의 오랜 소망은 1577년에야 이루어졌다. 나이 42세였다. 이해 처가가 있는 해주로 온 이이는 집을 짓고 사당을 세워 형수를 모셔와 제사를 모시게 했다. 그리고 형제 및 여러 조카들을 불러 한 집에 함께 살았다.

이이는 '함께 지내면서 지켜야 할 사항[同居戒辭]'도 만든 다음 매달 1

일과 15일에 남자식구들을 데리고 사당에 나가 참배한 다음에 정침에 모여 본인은 동쪽에, 서모 및 형수·부인은 서쪽에 앉아 자식과 조카들의 절을 받았다. 이어서 자제 중 한 사람을 시켜 '함께 지내면서 지켜야 할 사항'을 읽게 한 다음 노비들을 뜰아래에 나누어 서게 하여 절을 하게 했다.

하지만 대가족을 건사하는 일에는 희생이 따랐다. 제자 조헌(1544~1592)은 "이이가 조정에 재직할 때에 형·아우·고아·과부가 모두 한 솥밥을 먹어 위아래로 1백여 식구가 항상 한양과 해주로 따라다녔습니다. 그래서 녹봉이나 전답에서 나오는 수입으로는 도저히 의식을 다 마련할 수 없어 집을 팔고 전답을 팔기까지 했습니다."고 하였다. 주변 사람들이 가속을 덜어야 한다고 할 때에도 이이는 차라리 함께 굶어 죽을 지언정 떠나보내는 일은 차마 못하겠다고 하였다.(「앞뒤로 이이의 억울함을 밝히는 상소문들」, 『율곡전서』)

그 결과 이이가 사망했을 때에 집안에는 쓸 만한 옷 한 벌도 없었다. 집을 팔고 나서는 한양에서 남의 집을 세내어 살았으므로 식구들은 의탁할 곳도 없었다. 그래서 친한 친구와 제자들이 부의를 거두어 염을 하고 장례를 치렀으며 식구들에게 집을 마련해주어서 살게 했다. 하지만 가족들이 살아갈 방도는 마땅히 없는 상태였다.

이이는 부인 노씨 사이에서 아들을 얻지 못했다. 그래서 첩에게서 아들 둘과 딸 하나를 얻었으며 서자 이경림에게 대를 잇게 했다. 한편 부인 노씨는 1592년에 임진왜란이 발발하자 피난을 가지 않고 서울에서 신주를 받들고 파주로 왔다. 왜적이 이르자 도망치지 않고 왜적을 꾸짖다가 남편 무덤 옆에서 죽임을 당했다. 후에 이 일이 알려져 정려를 받

았다.[36]

여섯째 _ 셋째 딸, 홍천우 부인

사임당의 여섯째 자녀는 홍천우와 혼인한 딸이다. 홍천우의 본관은 남양이며 아버지는 홍윤식이다. 1566년(명종 20)에 사임당의 일곱 자녀들이 모여서 부모님 재산을 나눌 때에 이 셋째 딸의 남편 홍천우는 이미 세상을 떠난 상태였다.

이 딸의 위로 이이가 있고 아래로 이우가 있는데 이이가 1536년생이고 이우가 1542년생이다. 이를 고려해보면 이 셋째 딸은 1537년에서 1541년 사이에 태어났으며 부모님 재산을 나눈 1566년에 26살에서 30세 정도 되었을 것이다. 따라서 이 딸은 이미 20대 후반 이후부터 청상과부로 살고 있었다.

이 딸은 홍천우와 사이에서 아들 홍석윤(1564~?)을 두었다. 현재 국립중앙도서관에는 『만력33년 을사 증광 사마방목(萬曆三十三年乙巳增廣司馬榜目)』이 있다. 이 방목은 1605년(선조 38)에 실시한 생원진사시의 합격자 명단으로 홍석윤이 진사시 합격자로 올라 있다.

홍석윤이 출생한 해는 1564년이며, 자는 선응, 거주지는 이산이다. 이산은 오늘날 충남 논산 지역에 해당한다. 이 방목에 '영감하(永感下)'라 기록돼 있는데 부모님이 모두 돌아가셨다는 의미다. 따라서 1605년 당시 사임당의 셋째 딸은 이미 세상을 뜬 상태였다.

홍석윤은 젊은 시절에 외삼촌 이이에게 글을 배웠고 이종 사촌 윤담과 함께 이이의 「문인록」(『율곡전서』)에 올라 있다. 홍석윤이 이이에게 와서 글을 배운 것을 보면 아마도 남편이 없는 누이동생이 본인 오빠에게 아이를 부탁한 듯하다.

홍석윤은 이이에게 글을 배우다가 19세(1582년)에 어머니를 뵙기 위해 집으로 돌아가면서 나태한 마음을 깨우칠 수 있는 말을 해달라고 요청했다. 이이는 선비로서 학문하지 않는 사람은 모두 짐승이 되는 것을 두려워하지 않는 사람들이라면서 내면을 다스려야 한다고 당부했다.

이이가 죽고 나서는 이이의 절친한 벗인 성혼(1535~1598)이 그의 학문을 북돋아주었다. 성혼은 1597년 3월에 홍석윤에게 편지를 보내 "오직 바라노니 돌아가신 스승(필자주: 이이)께서 교육하신 뜻을 저버리지 말고 서책을 가까이하여 고개를 숙여 읽고, 우러러 생각하며 마음을 잡아 지키고 진리를 탐색하여 이 공부를 지극히 하십시오."하면서 스승의 뜻을 저버리지 말라고 당부했다.(『우계집』)

홍석윤도 성혼에게 보낸 편지에서 "배우고자 하는 뜻이 옛날보다 더 간절하고 자기 몸을 돌이켜 보는 공부가 치밀하여 뉘우칠 일이나 부끄러운 일이 있는지 많이 살핍니다."하고 화답했다.(『우계집』)

홍석윤은 이이가 세상을 뜬 후에 이이의 문집을 필사하고 보관하는 역할을 담당했다. 1591년에 성혼은 이이의 문집을 편찬하는 일이 지지부진하자 한탄하면서 홍석윤 등에게 문집 교정을 맡겼다. 이로부터 한참이 지난 1597년 7월에 성혼은 홍석윤에게 편지를 보내 이이의 문집 필사본 1부를 본인이 가져왔으니 사람을 보내 가져가면 좋겠다는 뜻을 밝혀왔다.

그러면서 "세상이 어지러울 때에 글을 후세에 전하는 책임은 문생들에게 있으니 문생들은 마음을 다해야 할 것입니다. 그대가 손수 한 본을 필사하고, 이 한 본까지 믿을 만한 곳에 나누어 보관한다면 후일 없어지지 않고 세상에 전해지는 것을 기대할 수 있겠습니다."하고 말했다.(『우계집』)

이처럼 사임당의 자녀들은 혼인 후에도 서로 왕래하면서 지냈으며 그들의 아들들은 이이의 문하에서 가르침을 받았다. 사임당의 딸 중 둘째 딸과 셋째 딸에 대한 기록은 거의 없지만 아들들의 기록을 통해 어떤 삶을 살았을지 조금이나마 짐작할 수 있다.

셋째 딸의 경우 일찍 혼자가 되었지만 아들 교육을 포기할 수 없었기에 아들을 오라버니에게 보내 학문을 권유한 그 모습을 통해 고군분투했을 그녀의 삶을 엿볼 수 있다.

홍석윤이 진사시에 합격했을 때가 나이 42세였다. 이이가 세상을 뜬 지 햇수로 21년이 지난 시점으로 합격하기까지 참으로 기나긴 세월을 인내했을 것 같다. 이미 어머니도 돌아가신 상황이지만 어머니와 스승의 권학을 저버리지 않고 거둔 의미 있는 성과라 할 수 있다.

일곱째 _ 막내 아들 이우, 어머니의 예술성을 물려받다

사임당의 막내는 명필가로 유명한 아들 이우(1542~1609)다. 사임당이 한양으로 돌아와서 수진방에 자리를 잡은 이듬해인 1542년에 낳은 아들이었다. 이우는 이이가 사랑한 동생으로 사임당의 예술적 기질과 재능을 고스란히 물려받았다고 평가받는 인물이다.

이우는 자(字)가 계헌이며 스스로 지은 호가 옥산이다. 10살이 되던 해에 어머니 사임당을 여의었다. 이이는 이우를 정성으로 보살피고 아겼다. 이이는 본인보다 훨씬 뛰어한 재능을 갖고 있는 이우가 학문에 몰두하기를 바랐으나 뜻대로 되지 않자 속상해했다.

이우는 형 이이와 잠시도 떨어져 있지 않았다. 1579년에 전라도 전주에 있는 경기전의 참봉(종9품)에 임명되었으나 형과 멀리 떨어져 있고 싶지 않아 관직에 나아가지 않을 정도였다.

이우는 거문고도 잘 연주했다. 그래서 이이가 한가하게 있을 때에는 서모(아버지의 첩)와 형들을 모시고 이우에게 거문고를 타면서 노래를 부르게 했다. 이우의 노래 소리는 맑고 씩씩하여 듣는 사람들의 마음이 화평해져서 원망과 욕심이 저절로 사라질 정도였다고 한다. 마치 이이와 이우는 서로를 알아주는 친구 같은 사이로 지냈다.

> 율곡이 해주 석담에 집을 짓고 틈만 있으면 반드시 술상을 차려놓고 아우를 시켜 거문고를 타게 하고 시도 짓게 하면서 날이 저물도록 즐겁게 지냈다. 형제 사이에 서로 '지기'라 하였다.
>
> 「통훈대부 군자감정 이공 묘표」(송시열), 『옥산시고』

두 사람의 친밀한 관계는 이이가 세상을 뜨기 이틀 전의 일화에도 잘 남아 있다. 당시 이이와 알고 지내던 서익(1542~1587)이 순무어사(巡撫御使)가 되어 함경도로 나가게 되었다. 이 소식을 들은 이이는 주변의 만류에도 불구하고 방략을 전해주기 위해 병든 몸을 일으켜 동생 이우에게 본인의 말을 받아쓰게 했다. 그리고 다음날 숨을 거두었다.[37] 이처럼 이우는 형 이이의 곁에서 형을 보필하고 마지막까지 수족이 되어준 동생이었다.

이우는 황기로(1521~?)의 딸과 혼인했다. 황기로는 본관이 덕산이며 경상도 선산에 살았다. 조선시대 서예사에서 초서로는 김구·양사언과 함께 제1인자라는 평가를 받고 있으며 초서를 잘 쓰기로 이름이 나서 '초성(草聖)'으로 불리었다. 1534년에 진사시에 합격한 실력을 가졌으나 벼슬에 나가지 않고 술과 글씨로 평생을 보냈다.

이우는 1567년(선조 즉위년)에 생원시에 합격했다. 당시 26세였으며, 거주지는 처가인 경상도 선산이었다. 혼인 후에 당시 풍습대로 처가살이를 한 결과였다. 합격 당시 이름은 '위(瑋)'였는데 나중에 '우'로 개명했다. 문과에 두 번이나 응시했다가 작은 실수 때문에 낙방하자 이후로 시험을 더 이상 보지 않았다.

이우는 문과에는 급제하지 못했으나 중앙 조정과 지방에서 크고 작은 관직을 지냈다. 빙고 별검(8품), 사복시 주부(종6품), 비안 현감(종6품), 사헌부 감찰(종6품), 상의원 판관(종5품), 괴산 군수(종4품), 고부 군수(종4품)를 지냈다. 그리고 1605년에 군수품 담당 관서인 군자감에서 가장 높은 벼슬인 정(정3품)에 임명되었으나 병으로 부임하지 못했다. 그 후 초야에서 묻혀 살다가 68세의 나이로 세상을 떴다. 묘는 처가가 있는 경상도 선산의 무래산에 있다. 사후에 경상도 선산의 무동향현사[38]에 배향되었다.

이우는 괴산 군수로 재직할 때에 임진왜란이 일어나자 용기를 발휘했다. 이우는 왜군들을 피해 주민들을 데리고 산속에 들어간 다음 전열을 가다듬었다. 건장한 남성들을 뽑아 일본군이 침입하는 길을 방어하고, 적의 왕래를 정탐하면서 중요한 길목에 군사들을 매복시켜 일본군들을 무찔렀다. 그리고 노약자들과 여성들에게는 농사를 짓게 하여 식량과 군량을 확보했다.

신사임당의 막내아들 이우의 관직 경력

연도	나이	주요 경력
1542	-	서울 수진방 탄생
1551	10	어머니 신사임당의 상을 당함
1561	20	아버지 이원수의 상을 당함
1567	26	생원시 합격
1579	38	경기전 참봉에 제수되었으나 부임하지 않음
1583	42	빙고 별검에 임명
1584	43	사복사 주부, 사헌부 감찰, 비안 현감
1589	48	사헌부 감찰, 상의원 판관
1592	51	괴산 군수
1600	59	고부 군수
1602	61	벼슬에서 물러나 고향으로 돌아옴
1605	64	군자감 정에 제수되었으나 병으로 부임 못함
1609	68	사망. 선산 무래산에 장사
1680	사후	문집 간행

(근거: 『옥산시고』)

그 결과 이웃 고을에서도 일본군을 피해 이우가 관할하는 지역으로 피신했다. 전쟁이 끝나고 나서 이 공로를 인정받아 1605년에 '선무원종공신'이 되었다.

이우는 앞서 소개했듯이 그림과 글씨에 뛰어났으며 천문·지리 등에도 해박한 지식을 가졌다. 조선 후기 학자 이긍익은 이우를 장인 황기로와 함께 조선시대의 명필가로 꼽았으며, 시·글씨·그림을 잘했으며 거문고도 잘 탔다고 소개했다.(『연려실기술』) 이우의 처가인 선산에서도

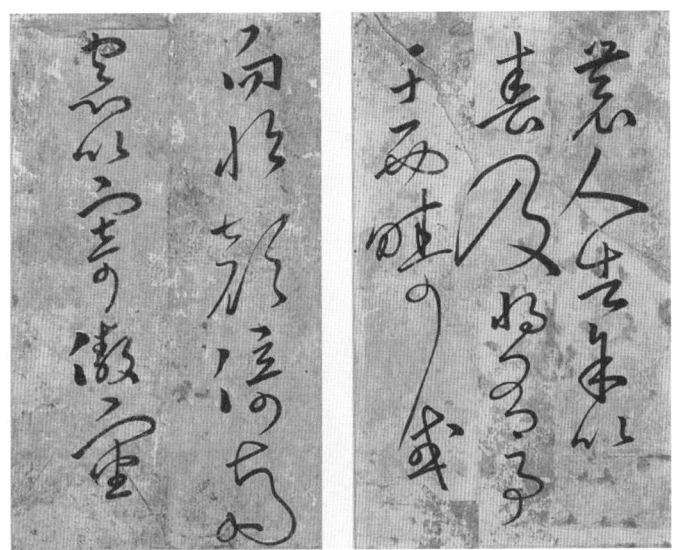

이우의 《옥산서병》 | 강원도 유형문화재 제13호, 강릉 오죽헌·시립박물관.

명망이 높아 선산 사람들은 이우를 거문고·글씨·그림·시 네 가지에 뛰어났다는 의미에서 '사절(四節)'이라 불렀다.(『일선지』)

이 가운데 글씨가 많은 사람들에게 회자되었다. 이우의 서법은 초기에 어머니 사임당의 영향을 받았으며 혼인 후에는 장인 황기로의 영향을 받았다. 더구나 황기로가 사랑한 정자 매학정을 포함해 그의 유산들을 물려받았기에 누구보다 황기로 서체에 큰 영향을 받았다.

장인 황기로는 이우의 글씨에 대해 "씩씩하기로는 나를 뛰어 넘지만, 아름답기로는 나에게 미치지 못한다. 조금 더 정교하게 다듬는다면 내가 따라가지 못할 것이다."고 평가했다.(『옥산시고』)

이우는 여러 작품을 남겼는데 현재 문화재로 지정된 작품이 2점 있다. 앞서 큰누이 이매창에서 소개한 〈매창 매화도 및 옥산 국화도첩〉(강원도 유형문화재 제12호)이 있는데 옥산의 그림인 국화도는 가로 25㎝, 세로 35㎝ 크기의 종이에 그린 그림이다.

《옥산서병》(강원도 유형문화재 제13호) 10폭은 원래 17매로 구성된 글씨첩이었으나 9폭의 병풍으로 다시 꾸미고 병풍 맨 끝에 민태식이 쓴 발문 한 폭을 덧붙인 것이다.

끝으로 이우가 첩에게서 낳은 딸 중 한 명을 소개하고 싶다. 이우는 부인 황씨 사이에서 1남 2녀를 두었으며 첩을 얻어 딸 넷을 두었다. 첩에게서 얻은 딸들 중에 첫째 딸이 벽오 이시발(1569~1626)의 첩으로 들어갔다.

이시발은 문신으로서 국방·군사 분야에 업적을 쌓은 사람이다. 임진왜란기 류성룡의 종사관으로 활약했으며, 1596년(선조 29)에 이몽학의 난을 평정했다. 인조반정 이후 한성부 판윤을 거쳐 형조판서에 오르고 이괄의 난을 평정하는 공도 세웠다. 1626년에 남한산성의 축성을 감독하다가 순직했다.

이시발은 1609년에 첩 이씨(1584~1609)가 26세에 요절하자 제문을 지어 추모했다. 거기에 다음과 같은 내용이 있다.

> 그대의 행실을 보니, 과연 총명하고 영특한 재주와 단정하고 정숙한 자질이 보통 규수에 비할 것이 아니었네. 문학과 역사에 해박한 것, 거문고와 바둑에 능한 것, 자수나 서화에 뛰어난 것들은 그 밖의 일이라 할 수 있네.
>
> 이시발, 「측실 영전에 바치는 제문」, 『벽오유고』

이시발의 글에서 이씨가 문학과 역사에 해박하고 자수와 서화에 뛰어나다는 말이 눈에 띈다. 이시발도 그의 글씨가 1926년에 백두용이 우리나라 역대 필적 7백 점을 모아 편찬한 『해동역대명가필보』에 들어 있을 만큼 글씨에 조예가 있었다.

이시발이 어떤 인연으로 이우의 서녀를 첩으로 맞이했는지 자세하지 않다. 그저 사임당의 재주가 이우를 거쳐 손녀 대까지 계속 이어지는 모습을 볼 수 있어서 흥미롭다.

5부

파주 자운산에 잠들다

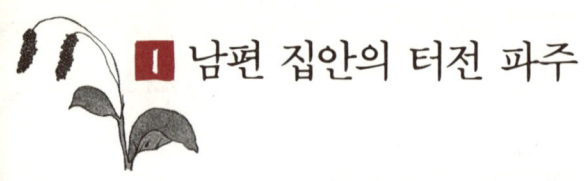
1 남편 집안의 터전 파주

사임당은 파주에 살았을까?

사임당은 죽어서 경기 파주 자운산 자락에 묻혔다. 사임당이 살아생전에 파주에서 살았다는 기록은 없다. 기록으로만 볼 때 사임당과 파주의 인연은 그 사후였다.

이이가 지은 「돌아가신 어머니의 행장」을 보면 사임당이 살아생전에 생활한 지역은 강릉과 서울 그리고 봉평이었다. 파주에 대한 언급은 없다. 이은상은 사임당이 파주에서도 살았다고 보았지만 아들의 말이나 여러 정황들을 살펴보면 사임당이 파주에서 살았다고 보기 어렵다.

다만 파주 지역에 남편 이원수가 관리한 농장이 있고 그의 선대 조상들이 묻혀있는 선산이 있었으므로 왕래는 했던 것 같다. 1543년(중종 38) 이이는 화석정에 올라 불과 여덟 살에 본인이 느낀 감흥을 시로 남겼다. 앞쪽 일부만 소개해본다.

숲 속 정자에 가을이 이미 깊으니
시인의 생각 끝없이 일어나네
멀리 보이는 저 물빛은 하늘에 닿아 푸르고
서리 맞은 단풍은 햇볕 받아 붉구나

이이, 〈화석정〉, 『율곡전서』

이이가 〈화석정〉을 지을 당시 사임당 나이는 40세였다. 화석정은 파주 율곡리에 있는 정자로 이원수 집안의 역사를 고스란히 간직하고 있는 공간이다. 현재 '파주이이유적'에서 10km 정도 떨어진 곳에 자리하는데, 이이가 어린 시절에 이 정자에 놀러갔다면 사임당도 그곳에 가보았을 것이다.

오늘날 경기도 파주시는 서북쪽으로 휴전선을 경계로 하여 북한의 개풍 지역과 붙어 있다. 분단 한국의 최전방 지역으로 임진각, 도라산 평화공원 및 도라산 역, 오두산 통일전망대가 있으며 판문점도 견학할 수 있는 등 분단의 현실을 맞닥트리는 곳이다. 파주에 분단의 아픔을 일깨워주는 기념물이나 장소가 많고 군부대들이 주둔해 있다 보니 지역의 다른 역사나 문화들이 가려져 있는 것도 사실이다.

역사적으로 파주를 돌아다보면 고려 왕조의 문신으로 여진 정벌에 수훈을 세우고 9성을 쌓은 윤관(1040~1111)이 나고 자란 곳이다. 조선 초기 청백리의 귀감 황희(1363~1452) 정승이 노년을 보낸 곳도 파주이며 현재 황희 묘소도 이곳에 있다. 또 조광조의 제자이자 학행으로 명성이 높던 성수침(1493~1564)과 그 아들 성혼(1535~1598)도 파주에 살았으며 두 사람의 묘소도 이곳에 있다. 여기서는 몇몇 대표 인물을 소개하는 데 그쳤지만 파주는 전통시대의 유구한 역사와 전통을 간직한 유서 깊은 곳이라 할 수 있다.

사임당과 이원수가 살던 시기에 파주는 목사(정3품)를 파견한 곳이었다. '파주'라는 이름을 얻은 것은 1459년(세조 6)이었다. 조선시대에는 전국 팔도를 각각 부·목·군·현으로 나누었는데, 역적이나 반인륜적인 사건 사고가 발생하면 고을의 위상을 낮추었고 이와 반대로 좋은 일이나 의미를 부여할 만한 일이 있으면 고을의 위상을 높여 주었다. 고을에서 일어난 좋고 나쁜 일에 대해 공동으로 책임을 지운 것이었다.

1459년에 이곳이 세조의 왕비인 정희왕후 윤씨의 친정이라 하여 '목(牧)'으로 고을 위상을 한껏 올려 주고 이름도 고쳐준 것이다. 그 이전까지 이 지역은 여러 번 재편을 겪다가 왕비를 배출하면서 지역의 위상을 높일 수 있었다.

오늘날 파주시는 조선시대의 파주, 교하, 적성, 장단의 일부 또는 전체가 포함돼 있다. 이 역시 파주가 계속해서 재편을 겪었음을 보여준다.

파주 화석정에 새긴 덕수 이씨 집안의 역사

파주에서 사임당 부부와 관련이 깊은 곳이 율곡리다. 율곡리는 조선시대에 파주 관아에서 북쪽으로 10리쯤에 떨어진 지역이다.

'율곡'은 이이의 호이기도 하다. 이이가 파주 율곡리에 터전을 잡은 다음 스스로 율곡이라 호를 지었다고도 하며, 이이가 이곳에서 학문에 전념하자 그 제자들이 이 지역 이름을 따서 율곡으로 부르기 시작했다고도 한다.

사임당 가족과 파주를 이야기할 때 꼭 빼놓지 말아야 할 기념물이 화석정이다. 어찌 보면 이원수 집안의 처음과 끝에는 화석정이 있다고 해도 과언이 아니다. 화석정이 조성되면서 파주가 이원수 집안의 터전으로서 의미 있는 공간이 되었으며, 이후에 이이가 화석정을 새롭게 조성하면서 화석정이 이이를 기리는 기념 장소가 되었기 때문이다.

이원수 집안의 묘소 위치

관계	성명	묘소 위치
5대조	이양	파주 임진도 상류 10리쯤 장포
고조부	이명신	파주 하산, 장인 심종 묘소 아래
증조부	이추	파주 하산, 아버지 이명신 묘 왼쪽
조부	이의석	파주 율곡
아버지	이천	파주 율곡
본인/부인	이원수/신사임당	파주 두문리 자운산
자녀	이선, 이이	파주 자운산 선산
자녀	이번	장단 송서면 칠담
자녀	이우	경북 선산 무래산

(근거: 『덕수이씨세보』(1776년))

그렇다면 이원수 집안은 언제부터 파주와 인연을 맺었을까? 이 점이 궁금해서 자료를 찾다가 1776년에 간행된 덕수 이씨의 족보에서 파주를 발견하고서 반가운 마음에 〈표〉 하나를 만들어 보았다.

조선시대에 어느 지역에 묘를 쓴다는 것은 그 지역과 해당 인물이 연관을 맺었다는 의미를 띤다. 그러므로 묘소 위치는 이원수 집안과 파주의 인연을 알 수 있는 하나의 단서라 할 수 있다.

이원수의 선조 중에 파주에 묘소를 처음 쓴 사람은 이원수의 5대조 이양이었다. 이양(1367~1447)의 호는 춘당으로 1389년(고려 우왕 9)에 사마시에 합격했다. 조선 왕조가 건국되자 사헌부 감찰, 공조 좌랑, 병조 정랑, 지사간원사, 공조 참의 등을 거쳤으며 외직으로 양주 도호부사, 순천 도호부사, 철원 부사 등을 지냈다. 1422년에는 사신으로 명나라 수도 북경에 다녀왔는데 이때 물품을 매매했다는 죄명으로 전라도 보성에 유배되었다. 1425년에 유배에서 돌아와 생을 마쳤다.(『국조인물고』)

이양은 경기도 파주의 율곡에 전답을 소유했던 것으로 보인다. 오늘날 화석정의 역사를 말할 때에 야은 길재(1353~1419)가 살던 터를 시초로 잡기도 하는데, 여기에는 이양과 길재의 인연이 자리하고 있다. 이양과 길재가 어떤 사이인지 알 수 없으나 길재가 세상을 뜨기 6년 전인 1403년(태종 3)에 이양이 길재를 방문했다.

이양은 길재의 가난을 민망하게 여겨 율곡에 있는 농장을 받아 달라고 했다. 그러자 길재는 필요한 만큼만 받고 나머지는 모두 돌려보냈다고 한다.(『덕수이씨세계열전』) 길재의 연보에도 "군사(郡事) 이양이 율곡의 전원으로 옮겨 살도록 주선하고 감사(監司) 남재가 가묘를 지어주자 이에 선생이 집을 지어서 평생 살았다."고 되어 있다.(「연보」,『야은집』)

이처럼 이원수의 선조 중 처음 파주에 묘소를 쓴 사람이 이양이라는 점, 이양이 길재에게 율곡 전원으로 옮겨 살도록 주선한 것으로 보아 파주와 인연을 맺고 파주 율곡에 농장을 연 사람은 저 멀리 이양이었다고 판단된다.

이후 율곡리에 화석정을 조성한 사람은 이양의 맏아들 이명신(1392~1459)으로 이원수의 고조부가 된다. 이명신은 파주 율곡리에 별장을 갖

화석정 | 경기도 파주 임진강가에 자리하고 있으며 현재 건물은 1966년에 복원한 것이다.

고 있었다. 그런데 만약 이명신이 이 별장으로만 그쳤다면 율곡리는 이 원수 집안의 역사에서 큰 획을 긋지 못했을 것이다.

1443년(세종 25) 이곳으로 온 이명신은 별장의 북쪽 방면으로 임진강이 굽어보이는 가파른 언덕 위에 정자를 지었다. 이것이 오늘날 파주 화석정의 전신이다. 하지만 이명신이 세상을 뜨고 세월이 오래 지나면서 점점 퇴락해져서 터만 남게 되었다.

화석정을 다시 일군 사람은 이명신의 손자이자 이원수의 할아버지 이의석이었다. 그는 할아버지가 일궈놓은 곳이 흔적도 없이 사라질까 염려해 옛터에 정자를 다시 지었다. 그리고 문장과 글씨로 이름이 높은 이숙함에게 정자 이름을 부탁해 '화석'이라는 이름을 받았다.

'화석'이라는 이름에는 자손들에게 터전을 잘 지켜달라는 마음이 담겨 있다. 예전에 중국 당나라의 재상 이덕유가 지은 별장이 '평천장'인데 경치가 매우 아름다웠다. 이덕유가 평천장을 기념해서 쓴 글에 "평천을 남에게 파는 자는 나의 자손이 아니며, 꽃[花] 하나 돌[石] 하나라도 남에게 주는 자도 아름다운 자제가 아니다."는 말이 있는데, 여기에서 '화석(花石)' 두 글자를 따서 정자 이름으로 지어준 것이었다.

화석정은 임진강 상류와 바로 접해있어 지세가 가파르지만 그 덕분에 화려한 절경이 탄생했다. 정자 기단 아래 부분에 석벽이 병풍처럼 둘러 있고 발밑 아래로 임진강을 굽어볼 수 있었다. 여기에다가 한양의 삼각산을 비롯해 개경 오관산까지 어렴풋이 보일 정도로 뛰어난 경관을 자랑했다. 지금도 화석정에 올라서면 임진강의 굽이굽이를 한 눈에 내려다볼 수 있을 만큼 아름다운 경관을 간직하고 있다.

이원수의 선조들은 화석정을 매개로 하여 파주 율곡리에 오랫동안 터전을 일구었다. 그들은 파주 율곡리에 농장과 별장을 두고 이곳에서 조금 떨어진 곳에 정자를 지어 노년을 보냈다. 그리고 여기에 선산도 마련했다. 이원수의 농장이 율곡리에 있는 것도 바로 이 때문이었다.

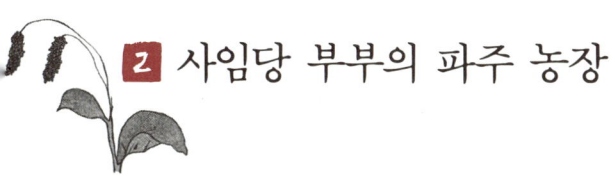

2 사임당 부부의 파주 농장

사임당 부부의 재산이 기록된 옛 문서

  사임당은 혼인 후에 어느 정도 규모의 살림살이를 했을까? 이에 대한 답변을 다할 수 없지만 사임당 부부의 재산이 어느 정도였는지 대략 짐작할 수 있는 옛 문서가 남아 있다. 현재 〈이이 남매 화회문기〉로 불리는 문서가 바로 그것이다.

  이 문서는 1566년(명종 21) 사임당 부부의 일곱 남매들이 모여서 작성했다. 세로 44cm이며 가로 길이가 무려 256cm나 되는 긴 문서로서 장남 이선이 자필로 작성했다. 필자는 2014년에 한국학중앙연구원 장서각 전시회에서 이 문서를 직접 본 적이 있는데 문서라 부르기에는 대단히 커서 인상적이었다. 이 전시회에서도 문서가 길어서 다 펼쳐놓지 못했다. 현재 대한민국 보물 제477호이며 건국대학교 박물관에 소장 중이다.

조선시대에 부모 재산은 부모가 살아계실 때에는 부모가 나누어 주었으며, 돌아가신 다음에는 자녀들이 서로 나누어 가졌다. 앞의 사례는 사임당 어머니의 재산 분배 문서인 〈이씨 분재기〉(1548년 추정)에서 이미 소개했으므로 여기서는 뒤의 사례를 소개하고자 한다.

자녀들은 부모가 돌아가시고 나면 통상 삼년상을 치르고 나서야 재산에 대해 서로 이야기를 꺼낼 수 있었다. 삼년상을 치르기도 전에 재산 문제를 입 밖으로 꺼내는 일은 불효로 간주되었기 때문이다. 상속 대상자들은 부모가 남긴 유언이나 유훈 또는 부모가 사전에 미리 작성해 둔 문서의 내용에 따라 재산을 나누었다. 그리고 재산을 나눈 후에는 각자 그 결과에 승복했다.

그래서 부모 사후에 재산을 나눈 문서를 '화회문기'라 한다. '화회'란 부모가 돌아가신 후에 상속 대상자들이 서로 모여 분쟁 없이 재산을 나누었다는 뜻깊은 의미를 담고 있다.

사임당 부부의 자녀들은 아버지가 세상을 뜬 지 5년여가 지난 1566년에서야 재산을 나누었다. 4남 3녀가 전부 모였으며, 여기에 이원수의 소실 권씨도 함께 참여했다. 문서에서 권씨는 서(庶)어머니라는 뜻인 '서모'로 기재돼 있다. 딸들의 경우 남편과 함께 참여해 남편이 서명을 했는데 셋째 딸은 과부였으므로 혼자 참여해 본인이 직접 서명했다.

앞서 〈이씨 분재기〉에서도 말했듯이 이 문서에 나와 있는 재산이 사임당 부부의 전 재산은 아니다. 살아생전에 이미 재산의 일부를 자녀들에게 특별히 나누어주었을 수도 있으며 미처 파악하지 못한 재산도 있을 수 있다. 이 점을 전제하면서 이 문서를 소개해 본다.

사임당 부부의 재산 규모

사임당 부부가 자녀들에게 남겨놓은 재산은 기와집 1채, 노비 119명, 논 118두락, 밭 171복(卜) 1.5일경(日耕)이었다.

신사임당 · 이원수 부부가 자녀들에게 남겨놓은 재산

재산	노비	논	밭	기와집
규모	119명	118두락	171복 1.5일경	1채

(근거: 〈이이 남매 화회문기〉)

이 분재기에는 논 면적을 '14복 8두락'처럼 복(卜)과 두락(斗落)을 함께 사용해 나타냈는데, 보통 이렇게 표기되었을 때에는 두락을 기준으로 제시하므로 두락만 제시했다. 밭은 복 또는 일경(日耕)으로 나타냈다.

두락이란 한국에서 전통적으로 사용한 경지 면적의 단위로 보통 '마지기'라 한다. 1두락은 벼나 보리 등의 종자 한 말을 파종할 수 있는 넓이를 말한다. 오늘날에는 1두락이 200평 정도인데 16세기 경상도 안동 지방에서는 1두락이 100평 정도였다고 한다.[39] 16세기에 강원도에서 1두락이 어느 정도 면적이었는지 연구가 되어 있지 않으므로 아쉬운 대로 경북 안동을 제시해 보았다.

복은 부(負)라 하기도 하는데 우리나라 고유의 단위제다. 곡식 1악(握)을 1파(把), 10파를 1속(束), 10속을 1부 또는 1복, 1백복(부)를 1결(結)이라 한다. 토지의 비옥도를 고려한 면적 표시 방법으로 같은 1복이라 해도 면적에는 차이가 있으나 생산량은 동일한 것으로 간주했다. 1일경이란 소가 하루에 갈 수 있는 면적이다.

앞서 〈이씨 분재기〉에서도 답답함을 호소했듯이 위의 수치로 사임당 부부가 잘살았다 못 살았다를 판단하기는 어렵다. 지역이나 시대, 그리고 농토의 비옥도나 위치에 따라 소출량이 차이가 있기 때문이다. 무엇보다도 비교할 수 있는 대상이 없다. 한 집안에 세대별로 분재기가 남아있으면 그 규모의 변화에 따라 경제력의 변화를 가름이라도 할 수 있는데 현재 이 부부의 문서는 이것뿐이며 자녀들의 문서도 없다.

그럼에도 이 문서를 통해 알 수 있는 사항이 있다. 사임당은 어머니로부터 토지를 거의 상속받지 못했던 것으로 보인다. 〈이이 남매 화회문기〉에 올라있는 논밭의 위치는 파주, 양주, 여주, 고양 등지다. 이 가운데 파주에 대부분의 논밭이 있었다. 밭은 거의 파주에 있었으며, 논은 전체 70%가 파주에 있었다.

그러므로 〈이이 남매 화회문기〉에 올라있는 논밭은 저 멀리 파주에 자리잡은 이원수의 5대조로부터 고조부, 증조부, 조부, 아버지를 거쳐 대대로 이어 내려온 토지였을 것이다. 이원수의 아버지 이천은 24세에 요절했다. 이원수에게는 여동생이 한 명 있었으므로 여동생과 나눠 가진 토지가 이 논밭이었을 것이다.

신사임당 · 이원수 부부가 소유한 논밭 위치

구분	파주	양주	여주	고양	합
논	율곡리: 74두락 두문리: 7두락	15두락	12두락	10두락	118두락
밭	율곡리: 120복 0.5일경 이 천: 7복 두문리: 44복	1일경			171복 1.5일경

(근거: 〈이이 남매 화회문기〉)

더구나 논밭이 파주에서도 율곡리에 집중되어 율곡리가 이원수 집안의 터전이었음을 확인할 수 있다. 이밖에 두문리와 이천에도 논밭이 있었다. 두문리는 사임당 가족의 묘역이 조성된 곳으로 사임당이 처음 이곳에 묻혔다. 이 문서를 통해 알 수 있는 사항은 사임당 부부의 부동산 토대가 파주 율곡리였다는 사실이다.

일곱 자녀와 서모가 함께 재산을 나눠 갖다

사임당 부부의 일곱 자녀들은 재산을 나누면서 부모 제사와 산소 관리를 위한 몫을 따로 떼어놓았다.

먼저 제사 몫으로 논 8두락과 밭 7복을 두었다. 부모 기제사는 자식들이 돌아가며 지내지 않고 맏아들 집에서 거행하기로 합의했다. 그리고 형제 중 유사 1명을 뽑아 맏아들과 함께 의논해서 지내기로 약조했다.

제사 몫으로 떼어둔 논밭에서 나온 소출과 노비들이 바치는 신공(노비가 노동력 대신에 납부하는 공물)은 오로지 제사에만 사용하기로 약속했다. 그리고 자손들도 곡식을 조금씩 내어 제사 비용에 보태기로 했다. 아들딸은 10말씩, 손자·손녀는 5말씩, 증손자·증손녀와 외손녀는 2말씩 내기로 약조했다.

또 선대의 묘소를 돌보고 묘 제사를 지내기 위한 비용으로 '묘전'조를 두어 논 15두락, 밭 44복도 따로 떼어놓았다. 그리고 묘지기로 노비 5명을 배정해두었다. 자녀들이 묘전으로 정한 땅은 파주 율곡리와 두문리에 있는 논밭이었다. 율곡리에는 선대 조상들이, 두문리에는 어머니와 아버지의 합장묘가 있어서였다.

신사임당 · 이원수 부부의 일곱 자녀와 첩 권씨가 나눈 재산 몫

대상		노비	토지		기와집
			논	밭	
제사 몫		3	8두락	7복	1좌
산소	묘전	·	15두락	44복	
	묘지기	5	·	·	
1	첫째 아들 (이선)	16	15두락	1일경(텃밭)	
2	첫째 딸 (이매창)	16	20두락	29복	
3	둘째 아들 (이번)	16	8두락	11복 0.5일경	
4	둘째 딸	15	8두락	14복	
5	셋째 아들 (이이)	15	18두락	19복	
6	셋째 딸	15	12두락	27복	
7	넷째 아들 (이우)	15	12두락	14복	
서모 권씨		3	12두락	6복	
합		119	118두락	171복 1.5일경	1좌

(근거: 〈이이 남매 화회문기〉)

 제사와 산소 관리를 위해 따로 떼어놓은 것을 제하고 나니 노비는 111명, 논은 95두락, 밭은 120복 1.5일경이었다. 노비는 대체로 고르게 15명 또는 16명으로 나누었다. 노비의 성별, 나이, 거주지를 고려해 나누었다고 보인다.
 토지는 서로 나눈 몫이 조금 들쭉날쭉하다. 수치상 장남이 많지도 않다. 무슨 이유인지 모르겠지만 첫째 딸이 가장 많다. 서모 권씨도 논 12두락, 밭 6복으로 일곱 자녀들과 비교해보면 적은 양은 아니다. 아마도 서로 나눈 몫이 이렇게 들쑥날쑥한 이유는 토지의 비옥도, 논밭의 안배, 지역 등을 고려한 결과 때문인 듯 하나 정확하게 균분은 아니었다고 판단된다.

3 48세에 생을 마치다

남편 얼굴도 못 본 채 세상을 뜨다

사임당은 48세에 한양 삼청동 집에서 눈을 감았다. 1551년(명종 6) 삼청동으로 이사한 바로 그해 5월이었다. 조선시대에 환갑이 귀한 이유는 수명이 길지 않아 환갑을 넘기기 힘들었기 때문이다. 이 점을 감안한다 해도 사임당의 이른 죽음이 아쉽기만 하다. 남편은 61세까지 살았으며 친정 어머니는 90세까지 천수를 누렸기 때문이다.

사임당은 37세에 한번 크게 앓은 적이 있었다. 서울로 오기 한 해 전이었다. 강릉 친정에 있으면서 위독한 지경까지 갔던 것 같다. 당시 온 집안 식구들이 사임당의 병이 악화될까 봐 노심초사했으며, 다섯 살 난 이이도 외할아버지 신명화의 사당에 들어가 어머니 병환을 낫게 해달라고 기도했다. 조숙하던 이이의 어린 눈에도 어머니가 자리에 누워있는 모습이 심상치 않게 보였나 보다.

율곡이 5세에 신부인이 병이 나서 위독하여 온 집안이 어쩔 줄을 모르고 있었는데 선생이 몰래 외할아버지 사당에 들어가 기도를 드렸다. 그의 이모가 마침 지나가다가 보고 감동해서 그를 달래어 마음을 풀어 주고 안고서 돌아왔다.

「(이이)행장」(김장생), 『율곡전서』

사임당은 이때 고비를 잘 넘기고 이듬해에 서울로 오게 되었다. 하지만 이때를 전후하여 건강이 나빠졌을 가능성이 크다. 더구나 서울로 오면서 생활환경이 크게 바뀐 것도 사임당의 건강에 좋지 않은 영향을 주었을 것이다. 사임당이 남편에게 다시 혼인하지 말라고 조목조목 이야기한 것도 바로 서울 생활을 하면서였다. 어쩌면 사임당이 남편에게 재혼 문제를 꺼냈을 때에 건강이 좋지 않았던 것은 아닐지 짐작해본다.

1551년에 사임당이 죽음을 앞두고 있었을 때에 남편은 곁에 없었다. 당시 이원수는 장남 이선과 다섯째 이이를 데리고 수운 판관으로서 나라에서 세금으로 거둔 곡식을 한양으로 실어 올리는 일로 평안도로 출장을 간 상태였다.

아픈 와중에 사임당은 남편이 근무하는 수참(水站)으로 편지를 써서 보냈다. 수참은 조선시대에 세금으로 거둔 곡식을 운송하기 위해 물길에 설치한 역참이었다. 사임당은 남편에게 편지를 쓸 때마다 눈물을 흘리면서 슬퍼했으나 주변에서는 "아무도 그 까닭을 알지 못했다."고 한다. 아마도 이때 벌써 사임당은 본인의 죽음을 예감하고 눈물을 흘리지 않았을까 싶다.

이이는 어머니가 병이 난 지 2~3일 만에 돌아가셨다고 하면서 어머니의 죽음을 갑작스럽게 여겼으나 사임당에게 지병이 있었을 가능성이 높다. 그럼에도 남편이나 아이들에게 아프다는 내색을 하지 않은 것 같다.

사임당은 임종이 다가오자 자녀들을 모두 불러 모았다. 그리고 "내가 일어나지 못하겠구나."하고 말했다. 밤중이 되자 사임당은 평소처럼 편안하게 잠이 들었다. 자녀들은 사임당이 잠든 모습을 보고 병환이 조금 나아졌다고 생각했다. 하지만 그것이 마지막이었다. 다음날 새벽에 영영 일어나지 못하고 세상을 뜨고 말았다.

> 밤중이 되자 평소처럼 평안히 주무시므로 여러 자식들이 병환이 조금 나아졌다고 생각했으나, 17일 새벽에 갑자기 돌아가셨으니 향년 48세였다.
>
> 이이,「돌아가신 어머니의 행장」,『율곡전서』

이때 남편 이원수는 이 사실을 모른 채 일을 다 마치고 서울로 돌아오는 중이었다. 이원수와 두 아들은 바로 이날 아침 서울 서강[40]에 도착하여 사임당의 사망 소식을 들었다.

이이는 서강에 도착하면서 죽음을 예고하는 이상한 일을 겪었다. 당시 아버지의 짐 속에 있던 놋그릇이 모두 빨갛게 변해있었던 것이다. 주변 사람들이 이 광경을 보고서 이상한 일이라면서 모두 놀랐는데 조금 있다가 어머니가 돌아가셨다는 전갈을 듣고 말았다.

사임당의 곁에는 비록 여러 자식들이 있었지만 남편 얼굴은 보지 못한 채 쓸쓸히 세상을 떴다. 사임당이 별세했을 때에 이원수 나이 51세였다. 그리고 첫째이자 장남 이선이 28세, 장녀 이매창이 23세, 이이가 16세였으며, 막내 이우가 10살에 불과했다. 장남 이선은 이때까지 혼인도 하지 않은 상태였다. 사임당이 눈을 감으면서 이 점이 가장 마음이 편치 않았을 것 같다.

사임당 묘소가 있는 자운산

사임당은 죽어서 시가의 터전인 파주 두문리 자운산 기슭에 묻혔다. 남편은 사임당보다 10여 년을 더 살다가 세상을 뜬 후 사임당과 합장되었다. 장남 이선도 자운산에 묻혔으며, 이이도 아버지와 어머니 묘소에서 수십 보 뒤에 묻혔다.

이원수 집안의 선산은 원래 두문리가 아니었다. 앞서 〈이원수 집안의 묘소 위치〉에서 소개했듯이 이원수의 선조들은 파주의 장포·하산 등지에 묘를 쓰다가 이원수의 할아버지 이의석부터 파주 율곡리로 옮겨왔다. 이원수의 아버지 이천도 파주 율곡리에 묻혔다.

그러다가 사임당이 사망하자 처음으로 두문리 자운산에 묘소를 마련한 것이다. 사임당이 두문리 자운산에 처음 묻힌 이후로 이곳에 가족 묘역이 형성되었다. 두문리는 율곡리에서 서쪽으로 조금 떨어진 곳으로 이곳에 이원수 집안의 논밭도 있었다.

사임당의 묘소는 오늘날 주소로 경기도 파주시 법원읍 동문리에 해당한다. 이곳은 본래 천현외패면 지역으로, 1914년 행정구역 통폐합에 따라 동문리라는 곳이 만들어졌는데 이곳을 바로 두문리라 한다.

현재 '파주이이유적'의 여현문 안에 조성된 가족 묘역에는 사임당과 이원수 합장묘를 비롯해 가족 및 후손의 묘소 13기가 있다. 이 중 사임당과 이원수 부부 묘소가 있는 곳은 총 4단으로 조성돼 있는데 아래로

사임당 가족 묘역 올라가는 곳 | 경기도 '파주이이유적'에 가족 묘역이 조성되어 있다. 현재는 신사임당과 이원수 부부의 합장묘를 비롯해 이이와 곡산 노씨 부부, 이선과 선산 곽씨 부부 등 묘소 13기가 있다.

신사임당과 이원수 부부 합장 묘소

부터 이경림 부부 합장묘, 사임당 부부 합장묘, 이선 부부 합장묘가 있으며, 맨 끝에 이이의 묘와 부인 곡산 노씨의 묘가 앞뒤로 차례로 있다. 이경림은 이이의 서자로 이이의 대를 이은 사람이다.

그리고 이 묘역을 바라보고 오른쪽 구역에 사임당의 첫째 딸 이매창 부부의 쌍분이 있고, 그 뒤에 이매창의 시부모 합장묘가 있다.

1668년 무렵 묘표도 없이 방치된 사임당 묘

신사임당과 이원수 부부가 죽고 이이마저 세상을 떠난 후 두문리 묘역은 돌보는 사람이 없이 황폐하게 방치되었다. 후손이 제대로 잘 이어지지 못해서였다. 사임당 사후 1백 년이 훌쩍 넘은 1668년(현종 9) 10월 28일에 송시열(1607~1689)은 병조 판서 홍중보에게 편지를 보낸다. 자운서원과 이이의 묘소에 절하고 돌아온 직후였다.

송시열은 선비들이 말끝마다 '율곡 선생'을 존경하고 사모한다고 하면서도 그 묘소를 돌보지 않고 방치하고 있는 처사에 대해 분통을 터트렸다. 또 '율곡 선생'의 부모님 묘소도 묘표가 없어서 세월이 지나면 누구 묘소인지 알아보지도 못할 것이라고 언급했다.

> 이선생의 산소는 황폐했고 또 선생의 부인 묘는 마치 어린아이 무덤같이 작은 데다가 봉분이 무너졌는데도 보수도 하지 않았습니다. 또 그 아래에 있는 선생의 부모님인 감찰공과 신부인의 묘소에는 묘표마저 없으니 백 년도 되기 전에 누구 묘인지도 알아보지도 못하게 될 것입니다.
>
> 송시열, 「홍원백(증보)에게 보냄」, 『송자대전』

당시 송시열은 인근에 있는 성수침과 성혼의 위패를 모신 서원과 묘소도 같이 방문했는데 이곳은 자손이 번창하고 외손 중에 훌륭한 사람이 많아서 잘 관리되고 있으나 이이는 후손이 변변치 못해 이렇게 되었다고 자평했다. 그러면서 서둘러서 이이의 신도비에 처마를 얹고 비석 표면을 고치고 그 부인 묘도 보수하고 사임당과 이원수 합장묘에 표석을 세우자고 제안했다.

이이는 정실부인 사이에 아들이 없어 첩 자식으로 대를 이었다. 먼저 서자 이경림이 이이의 대를 이었고, 이어서 이경림의 아들 이제가 대를 이었다. 이제는 아들이 없자 동생 이거의 아들 이후시를 양자로 들였다.

문제는 이후시가 가난한 데다가 관직에도 나가지 못해 해마다 한 차례씩 받드는 제사마저 제대로 올리지 못했다. 하는 수 없이 송시열은 병조판서 홍중보에게 청탁을 넣어 묘역 단장과 이후시의 관직 자리를 부탁했다.

송시열은 위 편지에서 "대감 부서에는 으레 자체 비용에 충당하는 물건이 있을 터이니 그것을 지급해 그곳 유생들에게 책임지우고, 또 대감 아들이나 서울 대갓집 자제를 시켜서 가서 그 일을 주관하게 한다면 한 달이면 마칠 수 있을 것인데, 대감 생각은 어떠하십니까?" 하고 썼다.

그리고 이후시에게 긴요하지 않은 서반 체아직 한 자리를 주어 녹을 받아 제사를 받들게 해달라고 요청했다. 체아직은 해당 자리에 사람들을 번갈아 근무시키고 근무 기간 동안만 녹봉을 지급했다. 지금으로 보면 비정규직이라 할 수 있다. 그래서 이왕이면 서반 실직(實職)이면 더 좋겠다는 말도 잊지 않았다.

이처럼 사임당 부부가 사망한 이후로 후손이 제대로 이어지지 않으면서 사임당 부부의 합장묘는 묘표도 없이 방치돼 있었다. 오늘날 이곳은 사적지로서 잘 관리되고 있지만 사임당의 존재는 사람들에게 오랫동안 잊힌 채 있다가 17세기 후반에서야 비로소 역사의 전면에 등장하게 되었다. 그 배경에 대해서는 1부에서 이미 자세히 소개했다.

죽어서 정경부인이 되다

사임당은 죽어서 정경부인(1품)이라는 작호를 받았다. 아들 이이 덕분이었다.

여성의 작호는 왕실 및 종친가의 여성이 받는 내명부와 양반 부인이 받는 외명부가 있었다. 외명부는 1품에서 9품까지 총 10등급이 있었다. 사임당이 받은 작호도 외명부에 해당한다.

조선시대 양반 여성의 작호

품계	1품	2품	정3품 당상	3품	4품	5품	6품	7품	8품	9품
작호	정경부인	정부인	숙부인	숙인	영인	공인	의인	안인	단인	유인

(근거: 『경국대전』)

양반 여성이 작호를 받는 방법은 두 가지가 있었다. 첫째, 살아생전이나 죽은 뒤에 남편의 품계에 따라 그에 해당하는 작호를 받았다. 예컨대, 남편이 정3품 당상관이면 그 부인은 숙부인이 되며, 남편이 종9

품직에 있으면 그 부인은 유인이 된다. 곧 남편이 관직에 임용되면 부인도 거기에 해당하는 작호를 내려주었다. 죽은 뒤에도 살아생전과 마찬가지로 남편 관직에 따른 작호를 받았다.

둘째, 사후에 아들, 손자, 증손자가 출세하면 '추증'이라는 절차를 통해서 작호를 받았다. 죽은 뒤이므로 개인에게는 큰 의미가 없겠지만 후손에게 추증이란 선조를 추모하고 집안을 빛내는 중요한 일이었다.

추증 제도는 종친을 비롯해 문관·무관 가운데 실직 2품 이상에 임명되면 그의 3대 선조까지 관직 및 품계를 내리는 제도였다. 족보에서 관직 앞에 '증(贈)'이라 적혀있는 것이 대부분 추증으로 받은 관직이다.

사임당은 의인(宜人)이었다가 정경부인에 추증되었다.(「(이이)행장」(김장생), 『율곡전서』) 의인은 6품의 작호로 아마도 본인 사후에 남편 이원수가 감찰이나 주부가 되면서 받은 것 같다.

정경부인은 1품의 작호로 아들 이이가 1582년(선조 15) 의정부 우찬성(종1품)이 되면서 추증받은 관직이다. 이때 이원수도 '통덕랑 사헌부 감찰'에서 '숭정대부 의정부 좌찬성'으로 추증되었다.

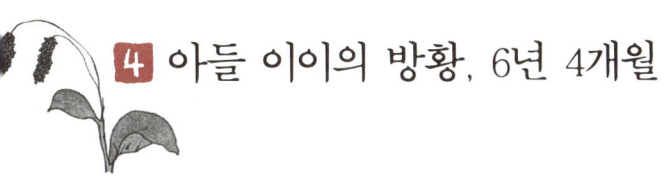
4 아들 이이의 방황, 6년 4개월

지극정성으로 어머니 상을 치르다

후대에 이이를 추앙하고 사모해 마지않은 문인들이 한 가지 노심초사한 일이 있었다. 바로 이이가 젊은 시절에 불교에 심취해 금강산까지 들어간 전력이었다. 문인들은 하나같이 이이가 한때 잠시나마 유학자의 길을 벗어났지만 1년 만에 다시 돌아와 유학을 공부해 큰 성취를 이뤄냈다고 강조하고 또 강조했다.

유학을 중시한 조선 사회에서 문인이나 후학들의 간담을 서늘케 한 이이의 이 '탈선'은 바로 사임당의 죽음이 도화선이 되었다. 거기에 아버지와의 갈등까지 엉켜 있었다. 다른 자녀들의 경우 기록이 없지만 어머니의 갑작스러운 죽음은 모든 자녀들에게 충격으로 나가왔을 것이다. 이이가 겪은 방황을 보면 짐작할 수 있다.

이이의 나이 16세인 1551년 5월에 사임당이 세상을 떴다. 이이의 상심은 너무 컸다. 어머니 임종도 보지 못한 채 한강 서강 나루에서 부음을 들었기에 슬픔이 더 컸고 좀처럼 마음을 잡지 못했다. 월사 이정구(1564~1635)는 "어머니를 일찍 여읜 것을 스스로 상심해 밤낮으로 크게 울었다."고 했다.(「(이이)시장(諡狀)」(이정구),『율곡전서』)

이이는 예법대로 어머니 상을 치렀다. 시묘살이를 하면서 최질을 벗지 않고 직접 제수를 장만했다. 제기를 씻고 닦는 일도 하인에게 맡기지 않았다. 이이가 어머니의 상을 얼마나 극진히 치렀는지『명종실록』에도 "일찍 어머니 상을 당해서 예법대로 상을 치르면서 지극정성을 다했다."는 사관의 평까지 실렸다.(1566년 3월 24일)

『경국대전』(1485년 반포)의 규정에 어머니 상은 자최 삼년상이었다. 다만 아버지가 살아계시면 어머니를 위해 삼년상을 지내지 못하고 그 예를 낮추게 했다. 11개월 만에 소상을 지내고 13개월 만에 대상을 치르며 15개월 만에 담제를 지내게 했다. 원래대로 하면 27개월이 돼야 하나 아버지가 계시므로 예를 낮추어 15개월 만에 상을 마치게 한 것이다. 이이는 이 예법대로 하여 1552년 여름에 복을 마쳤다.

하지만 여기서 끝이 아니었다. 이이는 이듬해 가을까지 스스로 상을 연장했다. 심상(心喪)을 더 입은 것이다. 심상은 상복을 입지는 않지만 죽음을 애도하면서 몸과 마음을 여전히 상중에 있는 듯이 처신하는 것을 말한다. 심상을 하면 일반적으로 술도 마시지 않으며 고기도 먹지 않는다. 거처도 묘소 부근에 정하며 묘소에 참배하고 집에 돌아와서도 혼자 기거했다. 아마 이이도 이렇게 생활했을 것이다.

금강산에 나타난 살아있는 부처, 이이

이이의 방황은 심상에서 멈추지 않았다. 심상을 마친 이듬해 봄인 1554년 3월에 금강산으로 들어가 버렸다. 어머니를 잃은 슬픔을 불교의 힘으로 극복하기 위한 몸부림이었다.

먼저 이이의 심경부터 들어보자. 1568년(선조 1) 이이는 국왕 선조에게 홍문관 부교리(종5품)에서 물러날 것을 요청하면서 올린 상소에서 이렇게 토로했다.

이 글에서 "제가 좋지 못한 때에 태어나서 어머니를 일찍 여의고 망령된 교리로써 슬픔을 억누르기 위해 마침내 불교에 빠졌습니다. 기름이 배어들고 물이 스며들 듯 갈수록 깊이 빠지게 되자 나중에 본심까지 어두워져 깊은 산중으로 달려가 불교에 종사하기를 거의 1년 가까이나 했습니다."고 썼다.(「부교리를 사직하면서 올리는 글」(1568년), 『율곡전서』) 어머니 상을 당한 슬픔을 억누를 길이 없어 불교라는 신앙의 힘에 의지했다고 고백한 것이다.

이이의 문인이나 주변 사람들은 이렇게 변명해주었다. 이이의 집에 불경이 있어 소싯적에 대략 섭렵했는데, 부처의 이치를 깨달으면 마침내 죽은 사람을 볼 수 있다는 말에 마음을 빼앗겼다고 한다. 그래서 어머니가 돌아가시자 보고 싶은 간절한 마음에 곧 살아서 돌아오실 것만 같아 불교에 귀의했다는 것이다. 이이의 문인 김장생(1548~1631)도 이렇게 말하고 있다.

하루는 봉은사에 가서 불서를 읽고 그 죽음과 삶에 대한 이론에 깊이 감명을 받았으며, 또 그 학문이 간편하면서도 고상하고 오묘한 것이 좋아 한 번 속세를 떠나 도(道)를 구해 보려 했다.

「(이이)행장」(김장생), 『율곡전서』

당시 금강산에 들어간 이이는 스스로 '의암(義菴)'이라는 호를 짓고 밤낮으로 수행했다. 얼마나 열심히 도를 닦고 수행했는지 금강산에 살아있는 부처가 나왔다는 소문이 자자할 정도였다. 그렇게 금강산에서 생활한 이이는 1년 만에 산중 생활을 정리하고 하산했다. 그때 나이 스무 살이었다.

아버지와의 갈등

1555년 봄 금강산 생활을 정리한 이이는 한양 집으로 가지 않았다. 그 대신에 곧장 외가가 있는 강릉으로 갔다. 그곳에서 지난 산중 생활을 반성하고 스스로 경계하는 글인 「자경문」(『율곡전서』)을 지어 유학의 도를 끝까지 추구하겠다고 다짐했다.

이후 강릉에서 1년을 지내고 나서야 한양 집으로 돌아왔다. 심상을 끝내고 가출한 지 2년 만이었다. 오랜 방황을 끝내고 온 이이는 이듬해인 1557년 9월에 노경린의 딸과 혼인했다. 비로소 오랜 방황을 마치고 진짜 성인이자 가장이 된 것이다. 어머니가 돌아가신 지 무려 6년 4개월 만으로 오랜 방황을 끝내는 순간이었다.

그렇다면 금강산에서 나온 이이는 왜 아버지가 계시는 한양 집으로 가지 않고 외가로 갔을까? 여기에는 아버지와의 갈등이 크게 자리했다고 여겨진다. 이이는 집을 떠나 금강산으로 들어가면서 부친에게 알리지 않았다. 친구들에게는 장문의 편지를 써서 금강산에 가는 이유를 낱낱이 밝혔지만 집에는 알리지도 않은 것이다.

더 흥미로운 사실은 이이의 문집에서 부친에 대한 기록을 전혀 찾아볼 수 없다는 점이다. 이이는 할머니, 어머니, 장인, 형들, 큰형수, 심지어 이모부 권화의 묘지명까지 남겼지만 부친에 대한 글은 공교롭게도 단 한 편도 없다. 외할머니를 추모하는 글은 3편이나 썼으며, 장인 노경린을 추모하는 글도 무려 4편이나 된다.

어린 시절에 이이는 여느 자식이 그러하듯이 아버지에 대한 정이 애틋했다. 1546년(명종 1)에 아버지가 큰 병을 앓자 11세의 어린 이이는 팔뚝을 찔러 피를 내어 드리고 사당에 들어가 대신 죽게 해달라고 울면서 기도까지 했다. 그런 이이가 왜 아버지를 추모하고 기억하는 글을 한 편도 남기지 않았을까? 아마도 아버지에 대한 심정이 마냥 좋지는 못해서 그런 것이 아닐까 짐작해본다.

이이는 「돌아가신 어머니의 행장」에서 아버지가 집안 살림을 잘 돌보지 않았으며 어머니가 절약해서 할머니를 봉양하고 자식들을 키웠다고 썼다.

여기에다가 아버지의 첩 곧 서모의 존재도 이이를 힘들게 했던 것 같다. 당시 말하기 좋아하는 자들은 "이이가 그 부친에게 사랑을 받지 못하여 불교에 종사했다."고 수군거리기까지 했다.(「전후에 억울하게 당한 무함을 분명하게 밝히는 소장」, 『율곡전서』) 또 조선왕조실록에도 이렇게 쓰여 있다.

아버지의 첩이 자애롭지 않았다. 또 아버지 이원수가 일찍이 불경을 좋아했는데 그의 나이 16~17세 때 한 스님이 죽은 영령을 위해 복을 빈다는 말로 그를 유혹했다. 그가 아버지에게 알리지도 않고 바로 의복을 꾸려서 금강산으로 들어갔다.

『명종실록』, 1566년 3월 24일

이이는 〈부교리를 사직하면서 올리는 글(1568년)〉(『율곡전서』)에서 "신의 부친이 신에게 약간의 글재주가 있음을 아깝게 여겨 굳이 명성을 추구하게 했습니다."고 하면서 "'아버지가 살아 계실 때에는 그 뜻을 살핀다.'고 했기에 소신으로서는 어쩔 수 없었으며, 스스로 생각해보니 집은 가난하고 어버이는 늙었는데 봉양할 길이 없었습니다. 그래서 부끄러움을 무릅쓰고 허물을 감추어 둔 채 마침내 과거시험에 응시했습니다."고 했다.

이이가 처음 과거시험을 본 해는 1548년으로 진사시의 초시(1차 시험)에만 합격했다. 이후 다시 과거시험을 본 해가 1556년으로 방황을 끝내고 한양으로 돌아와 문과의 초시에 수석을 차지했다. 1558년에도 다시 문과의 초시에서 수석을 차지했다. 하지만 모두 초시에서 그쳤을 뿐이다.

그러다가 생원진사시를 최종적으로 합격한 해는 아버지가 돌아가시고 삼년상을 마친 이듬해였다. 1564년 7월에 생원시와 진사시 두 시험에 모두 합격했으며 생원시에서는 1등을 차지했다. 같은 해 8월에는 문과에서 장원 급제했다. 나이 29세였다.

어머니가 돌아가신 후에는 슬픔을 이기지 못해 방황하던 이이가 아버지의 삼년상을 마치고서는 모든 과거시험을 한 해에 모두 합격해 버린 것이다. 안타깝게도 이원수는 그토록 바라던 아들의 과거 급제를 보지 못한 채 눈을 감고 말았다.

어머니 대신 외할머니께 의지하다

이이에게는 사임당 말고 또 한 분의 어머니가 계셨다. 바로 외할머니였다. 이이의 문집 『율곡전서』에는 외할머니에 대한 기록이 참으로 많다.

이이는 "외조모에게 신은 마치 천금의 보물 같은 몸이오며, 소신도 한번 할머니가 생각나면 눈앞이 아득하여 아무것도 할 수 없습니다."고 했다. 외할머니 생각이 나면 아무것도 할 수 없다는 이이의 말이 두 사람의 친밀한 관계를 단박에 알게 해준다.

이이가 금강산에서 나와 강릉 외가로 갔을 당시 외할머니 나이 76세였다. 여기서 이이는 1년간 머물다가 이듬해 봄에야 한양 집으로 돌아갔다. 이이는 혼인한 이듬해인 1558년에도 강릉을 갔다. 본인이 태어날 때부터 할머니가 돌아가시기 전까지 강릉은 평온하게 쉴 수 있는 공간이었다. 그리고 그곳에는 본인을 무척이나 사랑하는 외할머니가 계셨다.

이이는 외할머니가 돌아가시기 2년 전인 1568년부터 1569년 10월까지 벼슬을 자주 버리고 강릉으로 갔다. 1568년 11월에 할머니 병세가 악화되자 벼슬을 그만두고 강릉으로 갔는데 이 일로 사간원의 탄핵까지 받았다. 외할머니를 위해 휴가를 얻는 조항이 법전에 실려 있지 않다는 이유였다.

하지만 국왕 선조가 "아무리 외할머니라 하더라도 마음이 간절하면 어찌 가보지 않을 수 있겠느냐?"고 하면서 이 일로 파직하는 것을 지나치다 하여 허락하지 않았다. 이 무렵 이이는 벗 정철에게 본인의 입장에 대해 이렇게 편지를 썼다.

> 벼슬에서 물러나는 날에 글을 올려서 학문이 모자라서 벼슬할 수 없다는 점과 할머니께서 의지할 곳이 없어서 인정상 돌아가서 봉양해야 한다는 뜻을 남김없이 아뢰어 꼭 윤허를 받을 각오를 하고 있습니다.
> 이이,「정철에게 답장하다(1568년)」,『율곡전서』

1569년 10월에도 이이는 간청 끝에 특별 휴가를 받아 강릉으로 다시 갔다. 바로 이때 강릉으로 가는 도중에 외할머니의 부음을 듣고 말았다.

오장에 열이 나서 끊어질 듯한 슬픔 속에서 이이는 "저의 태어남이 때를 만나지 못하여 부모께서 일찍 돌아가시는 슬픔을 안았습니다. 오직 할머님 한 분만이 자나깨나 마음속에 계셨는데 이제 또 저를 버리시니 하늘은 어찌 그리 혹독하십니까?"하면서 참담해했다.(「외할머니 이씨께 제사올리는 글」(1570),『율곡전서』) 이후 이이가 조정에 복귀한 때는 이듬해인 1570년 4월에 홍문관 교리(정5품)에 임명되고 나서였다.

할머니가 돌아가신 이듬해에 이이는 퇴계 이황에게 올린 편지에서 "저는 한 해 전에 외조모님의 상을 당해 장례를 마치고 서울로 올라왔는데, 우환을 겪고 난 이후로 몸과 정신이 모두 초췌해지고 학문도 황폐해졌습니다."하고 토로했다.(「퇴계선생께 올림(1570년)」,『율곡전서』) 외할머니의 상을 당한 슬픔이 어느 정도였는지를 짐작할 수 있는 대목이다.

이이는 어머니가 돌아가시고 나서 오랜 시절을 방황했다. 그리고 그 방황 끝에는 어머니의 고향이자 본인의 외가인 강릉이 있었고 그곳에 외할머니가 계셨다. 딸들이 혼인했다 하여 친정과 멀어지지 않았을 뿐만 아니라 딸이 낳은 아들이 여전히 외갓집과 애틋하면서도 친밀한 관계를 유지한 시대이기에 가능한 일이었다.

어머니는 돌아가셨지만 그 빈자리를 외할머니가 대신 해주던 그 시대의 모습을 사임당의 아들 이이의 모습을 통해 또렷이 확인할 수 있다.

> 부록

남아 있는 이야기, 오죽헌

누가 오죽헌을 지었을까?

강릉 오죽헌은 대한민국 보물 제165호다. 오죽헌은 신사임당과 율곡 이이가 태어나고 자란 집이다. '오죽헌(烏竹軒)'이라는 이름은 집 주변에 검은 대나무가 많아 집주인이 된 권처균이 그의 호를 오죽헌이라 지은 데에서 유래한다고 전한다.

이 건물을 지은 연대는 확실하지 않다. 다만 오죽헌이 속해 있는 가옥이 사임당의 어머니 용인 이씨의 외할아버지 최응현(1428~1507)의 고택으로 불리고 있어 15세기 후반 무렵으로 추정하고 있다. 조선 초기의 건물로서 한국건축사에서 중요한 가옥이라 할 수 있다.

이 고택은 최응현의 아버지인 최치운(1390~1440)이 창건했다고 보기도 한다. 그럼에도 이 고택을 최응현의 고택으로 추정하는 이유는 최응현이 조산에 살다가 북평촌으로 이사했다는 기록이 있기 때문이다. 곧

오죽헌 전경 | 왼쪽 대문이 본가로 들어가고 오른쪽 대문이 오죽헌으로 들어가는 문이다.

최응현이 고향을 떠나 북평촌으로 오면서 집도 새로 지었다고 보는 것이다.[41]

최응현이 살던 조산은 오늘날 죽헌동과 붙어있는 대전동에 자리한 마을이다. 이곳에 최치운·최응현·최수성의 묘소가 있으며, 용인 이씨도 남편 신명화의 묘를 이곳으로 이장하고 본인도 이곳에 묻혔다. 곧 조산은 강릉 최씨의 근거지이자 선영이 있는 마을이었다. 최응현이 이곳을 떠나 북평촌에 새 터전을 일구면서 집도 새로 지었을 것이다.

오죽헌의 옛 모습

최응현 고택은 사임당의 어머니 용인 이씨가 다섯 딸들과 두 손자에게 재산을 나누어준 문서인 〈이씨 분재기〉에 '강릉 북평에 있는 기와집 1채'[강릉북평복와가일좌(江陵北坪伏瓦家一坐)]로 표현되었다. 이 기와집은 조선 전기 일반 사대부의 집처럼 본가와 별채로 구분되었는데 오죽헌은 별채 곧 별당에 해당한다.

본가와 담장으로 구분된 오죽헌은 정면 3칸, 측면 2칸으로 이루어진 건물이다. 현재 '오죽헌'이라는 편액이 걸려있는 왼쪽의 4칸(정면 2칸×측면 2칸=4칸)짜리 공간이 마루를 깐 대청이다. 오른쪽 2칸(정면 1칸×측면 2칸=2칸) 중 1칸 반은 온돌을 들였는데 이 온돌방이 '몽룡실'이다. 그리고 이 몽룡실의 뒤편으로 반 칸짜리 마루를 깔았는데 책을 보관하던 서실(書室)로 추정하고 있다.

건물 사진은 아니지만 최응현 고택의 옛 모습을 짐작할 수 있는 자료가 하나 있다. 『조선과 건축(朝鮮と建築)』이라는 일제강점기에 나온 잡지

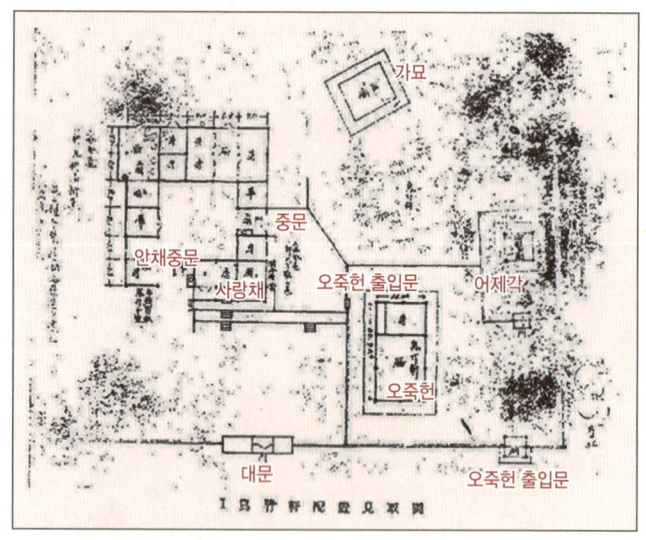

『조선과 건축(朝鮮と建築)』에 실린 〈오죽헌 배치 견취도〉
(사진 제공 및 건물 표시: 정정남 박사)

에 실린 〈오죽헌 배치 견취도(烏竹軒配置見取圖)〉가 바로 그것이다.

　일제강점기에 한국의 문화유산에 대한 조사와 연구는 조선총독부의 지원을 받은 일본인들이 독점하였다. 이 도면을 그린 사람 역시 조선총독부 문화재조사관 오가와 게이키치(小川敬吉, 1882~1950)였다. 그는 건축기사로서 1916년부터 1944년까지 조선총독부에 근무하면서 한국의 각종 문화재 조사에 참여해 수많은 사진과 도면을 남겼다.

　〈오죽헌 배치 견취도〉는 일제강점기 오죽헌의 모습을 유추할 수 있는 도면이다. 이 도면에서 흥미로운 사실은 집안 사당인 가묘의 존재다. 이 도면으로 보면 고택의 배치는 본가 우측 대나무 숲 가운데에 가묘가 있고 그 앞으로 오죽헌이 있는 모습이다.[42] 하지만 오늘날 오죽헌에는 가묘가 없다. 또 1974~1976년 '오죽헌 정화사업'에서도 가묘에 대한 언급이 없어 1970년대에 이미 가묘가 없는 상태였다고 추정된다.

　〈오죽헌 배치 견취도〉에서 본가의 모습을 보면 대문을 들어서면 바깥채가 나오고 그 옆으로 난 중문으로 안채에 들어가게 되어 있다. 바깥채 뒤로 난 중문은 가묘와 오죽헌으로 출입하는 문이다. 오죽헌은 밖에서 바로 출입할 수 있는 문이 있으며 본가와 연결된 출입문도 있었다. 정조가 내린 어제각이 담장 사이에 있는 모습도 보인다.

오죽헌을 물려받은 사람들

　최응현은 영양 남씨 사이에 5남 6녀를 두었다. 최응현이 세상을 뜬 후 이 고택은 둘째 딸과 그 남편 이사온이 물려받았다. 이사온은 딸이 성장할 무렵 처가인 강릉으로 와서 터전을 잡았는데 이것이 인연이 되어 아내와 함께 장인 집을 물려받은 것이다.

이사온과 강릉 최씨는 슬하에 딸 하나만 두었다. 바로 신사임당의 어머니 용인 이씨였다. 그래서 강릉 최씨와 이사온 부부가 물려받은 고택은 자연스럽게 용인 이씨와 신명화 부부에게 전해졌다. 그런데 신명화는 혼인 후 서울과 강릉을 오가며 생활하다가 47세에 세상을 떴으므로 사실상 이 집을 지켜낸 사람은 딸 용인 이씨였다.

용인 이씨는 다섯 딸들에게 재산을 나누어줄 때에 두 외손에게도 재산을 나눠주었다. 서울 수진방 집은 제사를 지내는 조건으로 외손 이이에게 주었다. 오죽헌이 속해 있는 강릉 기와집 곧 고택은 선조 묘지들을 관리하는 조건으로 외손 권처균에게 주었다.

이때부터 오죽헌이 속해 있는 이 고택은 안동 권씨의 후손들에게 전해지게 되었다. 결국 오죽헌은 최응현 이후 딸에게서 딸로 전해지다가 외손들이 물려받게 된 것이다.

오죽헌을 새로 고치다

세월이 지나면서 오죽헌은 '율곡 선생'의 자취를 기리는 명소가 되었다. 이곳에 이이가 지은 『격몽요결』의 초고본과 함께 이이가 사용한 붓과 벼루가 전해오고 있었다. 그래서 이이를 사모하는 수많은 사람들이 이곳을 방문해 시나 글들을 남겼다. 오늘날 오죽헌의 천장에 걸려있는 많은 현판들이 그 증거라 할 수 있다.

오죽헌을 방문한 사람 중에 조선 영조 대의 학자 채지홍(1683~1741)도 있었다. 채지홍은 이이-송시열로 이어지는 기호학파 학통을 계승한 인물로 수암 권상하 문하에서 공부했다. 1740년(영조 16) 채지홍은 동쪽 지역을 여행하는 도중 오죽헌을 방문하였다.

> 오죽헌은 율곡 선생의 외가로 선생이 출생하신 곳이다. 지금 이 오죽헌 주인은 선생의 이종 후손인 권각(權燩)으로 현재 어린 소년이다. 정자 옆 검은 대나무가 지금까지 그대로이며 현판에는 옛 사람들이 읊은 시들이 많다. 건물 편액인 '오죽헌'이라는 큰 세 글자는 수암(遂菴: 권상하) 선생의 필적이다. 들으니 사임당께서 거처한 내방이 오죽헌 바깥의 오른편에 있었다고 하는데 지금은 이미 황폐해져서 논밭이 되었으니 애석하다.
>
> 채지홍, 「동정기(東征記)」(1740년), 『봉암집』

채지홍은 오죽헌을 찾아 집 주인을 만나보고 스승이 쓴 '오죽헌' 편액도 구경하였다. 그리고 집주인으로부터 사임당이 거처한 안채가 없어졌다는 이야기를 듣고 못내 애석해했다. 이렇듯 오랜 세월의 풍파 속에서 고택은 변화를 겪었고 1740년 무렵에 사임당이 살던 안채는 이미 사라지고 없는 상태였다.

고택이 변화를 겪는 동안 오죽헌만은 많은 사람들의 관심으로 쇠락을 면했다. 1707년(숙종 33) 권처균의 4세손 권윤재는 주변 사람의 도움으로 오죽헌을 보수했다. 당시 양양 부사 정필동이 실질적인 도움을 주었으며, 1709년 양양 부사로 부임한 이해조도 도와주어 공사를 마칠 수 있었다.

오죽헌의 보수를 마친 권윤재는 삼척 부사 정호(1648~1736)를 찾았다. 그는 정호에게 이이와 정철의 인연을 들어 오죽헌 중수기를 써달라고 부탁했다. 정호는 송강 정철의 현손으로 송시열의 제자 중 가장 촉망받은 사람이었다. 정호는 흔쾌히 「오죽헌 중수기」(『장암집』)를 지어 이이의 업적을 기리고 오죽헌의 중수 과정을 기록해주었다.

국왕 정조가 지은 어제각

민간의 명소가 된 오죽헌을 국가 사적지로 만든 사람은 다름 아닌 국왕 정조였다. 1788년(정조 12) 정조는 이이의 이종 후손인 병조 좌랑 권한위에게 오죽헌에 이이가 쓴 『격몽요결』의 초고본과 그가 사용한 벼루가 아직도 있는지를 물어보고는 그것을 가져오라고 명했다.

정조는 이이가 친필로 작성한 초고본 『격몽요결』과 벼루를 보고 나서 큰 감동을 받았다. 정조는 "내가 일곱 살 때 이 책을 공부하면서 큰 도움을 받았는데 지금 진본을 보게 되니 더욱 공경하는 마음이 생긴다."면서 직접 『격몽요결』의 서문을 지어 책 앞에 붙이게 했다. 정조는 서문의 첫머리를 이렇게 시작했다.

> 그 사람을 사모하는 데는 반드시 그분의 글을 읽어 봐야 하며, 그분의 글을 읽으면서는 반드시 그분의 마음을 추구해 봐야 하니, 마음을 이해해야 그분에 대해 익숙하게 알 수 있다.
> 정조, 「율곡이 작성한 초고본 『격몽요결』의 앞에 쓰다」(1788년), 『홍재전서』

정조는 벼루에 대해서도 명(銘)을 직접 짓고 쓴 다음에 뒷면에 새기게 했다. 명문은 "무원 주자의 못에 적셔 내어/공자의 도를 본받아/널리 베품이여/율곡은 동천으로 돌아갔건만/구름이 먹을 뿌리니/학문은 여기 남아 있구려!"[함무지(涵婺池)/상공석(象孔石)/보궐시(普厥施)/용귀동(龍歸洞)/

운발묵(雲潑墨)/문재자(文在玆)]라는 내용이다.

정조는 두 유품을 보고 난 뒤 다시 오죽헌으로 돌려보냈다. 그리고 강원도 관찰사 김재찬(1746~1827)을 시켜 오죽헌 옆에 유물각을 지어 두 유품을 보관하게 하고 임금이 직접 글을 지어 내렸다는 의미로 '어제각(御製閣)'이라 하였다. 정조가 내린 어제각으로 오죽헌은 국가가 공인한 사적지로 거듭나게 되었다.

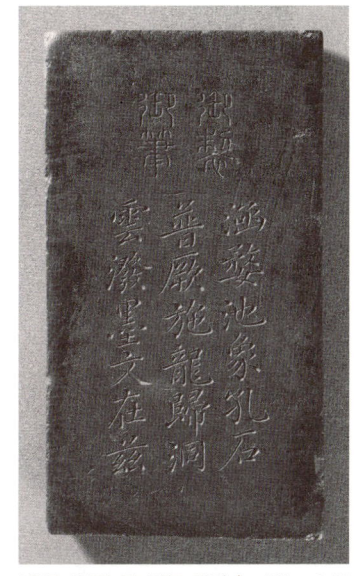

'율곡 유품' 중 벼루 뒷면 | 강원도 유형문화재 제10호, 강릉시 오죽헌·시립박물관. 1788년 정조가 직접 짓고 쓴 명문이 새겨져 있다.

일제강점기의 오죽헌

1933년 8월에 일제는 제령(制令) 제6호로 「조선보물고적명승천연기념물보존령(朝鮮寶物古蹟名勝天然紀念物保存令)」(24조)을 제정·공포하였다.

일제가 이 시점에 보존령을 제정한 이유는 원활한 식민 통치를 하기 위해서였다. 일제는 1931년 만주사변을 일으켜 만주국(1932년)을 세운 후에 한국·중국·일본의 문화적 연관성을 연구해 그 결과를 식민 지배에 이용하고자 했다. 또 한국에 들어오는 외국인이 늘자 한국과 일본이 문화적으로 연계되었다는 점을 홍보하기 위해 역사적 증거로서 문화재를 활용할 계획이었다.[43]

이런 목적으로 제정한 보호령으로 조선총독부는 전국의 중요 유적과 유물·명승·천연기념물 292건을 보물로 지정하였다. 1937년 6월 9일에도 제3회 조선 보물·고적·명승·천연기념물 보존위원 총회를 열고 추가로 102건을 보물로 더 지정하였다. 이때 강릉 오죽헌도 보물로 지정되었다.(『동아일보』 1937년 6월 11일)

그리고 다음 해인 1938년 9월에 일본인 건축사학자 후지시마 가이지로(藤島亥治郞)가 강릉을 찾았다. 후지시마는 고건축 전문가로서 한국에서 많은 조사에 참여하면서 일제강점기 식민주의 문화재 정책을 직접 또는 간접적으로 지원한 학자였다. 1930년에는 『조선건축사론』이라는 책도 펴냈다.

당시 후지시마는 강릉에서 보물이 될 만한 고적들을 더 조사해 3점을 추가하였다. 이 3점 중에 앞서 소개한 고택의 가묘가 포함되었다. 이에 대해 『동아일보』는 "오죽헌 말고 그 집 가묘에다 꼬리표를 붙이었는데 이 집 역시 이조 초기의 것으로 오죽헌과 같은 역사를 가진 숨은 보물"이라고 보도했다.(『동아일보』 1938년 9월 10일)

한편 일제강점기 오죽헌의 모습을 확인할 수 있는 자료가 더 있다. 조선총독부가 15책으로 간행한 『조선고적도보(朝鮮古蹟圖譜)』다. 이 자료집은 조선총독부의 지원 아래 일본인 학자들이 조사해 모은 한국의 고적 및 각종 유물의 도판들을 펴낸 것으로 1915년부터 1935년까지 오랜 기간 간행되었다. 그만큼 조선총독부에서 식민 정책의 하나로 집요하게 한국의 문화재를 조사했다는 증거다.

그 중 1931년에 간행된 『조선고적도보(11)』에 오죽헌의 사진 4장이 들어 있다. 오죽헌 전면 사진 1장 및 세부 사진 1장, 오죽헌의 천장 사진 2장이다. 전면 사진을 보면 왼쪽 측면의 벽에 '오죽헌'이라는 편액이

『조선고적도보(11)』에 실린 오죽헌 사진들

걸려 있다. 내부 천장에는 권상하가 쓴 것으로 알려진 '오죽헌' 편액과 여러 현판들이 걸려 있는데 오늘날에도 오죽헌 안에 그대로 걸려 있다.

1974~1976년의 '오죽헌 정화사업'

1945년 광복 후에 오죽헌을 다시 역사의 전면으로 불러낸 사람은 박정희 대통령이었다. 1962년 박정희 대통령은 강원도에 오죽헌을 보수하라는 특별 지시를 내렸다. 도에서는 이 지시대로 오죽헌을 보수한 후 그해 11월에 이이를 추모하는 제1회 '율곡제 행사'도 열었다.[44]

1963년에는 오죽헌을 보물 제165호로 지정하고, 이듬해인 1964년에 율곡선생기념사업회도 설립하였다. 1965년에는 대통령 하사금으로 율곡기념관을 건립하고 율곡기념사업회에서 신사임당과 이이의 영정을 제작해 신사임당 영정은 몽룡실에, 이이 영정은 어제각에 봉안했다.

이후 오늘날 '강릉 오죽헌'을 만든 '오죽헌 정화사업'이 1974년 연초 강원도를 순시한 박정희 대통령의 특별 지시로 추진되었다. 도에서는 지시에 따라 용지를 매입하고 관리인 및 인근 주택 14동을 이주시켰다.

이후 공사는 1975년 10월 28일에 시작해 1776년 4월 30일 완료했으며 같은 해 5월 7일에 준공식을 거행하였다. 예산은 대통령 하사금 2억 9천 8백만 원을 포함해 총 4억 7천 1백만 원이 들어갔다.

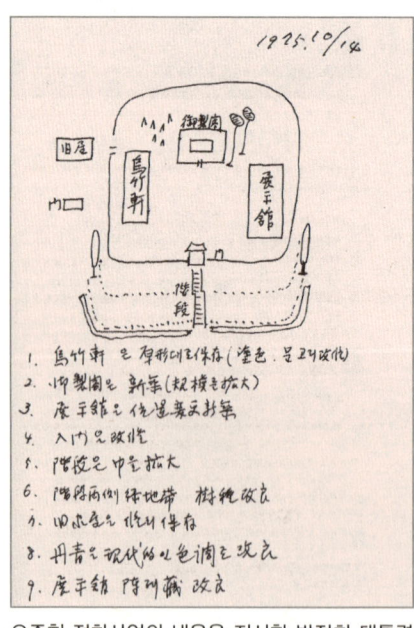

오죽헌 정화사업의 내용을 지시한 박정희 대통령 친필 | 『오죽헌 정화지』(1974년) 수록, 오른쪽 위쪽으로 1975년 10월 14일이라는 날짜가 보인다.

사업 이전에 오죽헌은 오죽헌, 어제각, 율곡기념관, 고택으로 이루어졌으나 사업 이후 대폭 바뀌었다. 먼저 오죽헌 정화사업으로 문성사, 율곡기념관, 자경문, 사주문, 관리사무소, 휴게소, 매점, 안내판, 화장실이 새로 지어졌다.

이 가운데 문성사는 이 사업에서 역점을 둔 부분이었다. 문성사는 이이의 영정을 모신 곳으로 어제각을 헐어버리고 그 자리에 세운 것이다.

강릉 오죽헌의 문성사 | '오죽헌 정화사업' 당시 어제각을 철거하고 그 자리에 세웠다.

'문성사'라는 현판도 박정희 대통령이 직접 썼다. 율곡기념관도 기존 건물을 헐어버리고 오늘날의 자리에 다시 지었다.

 보수한 건물은 오죽헌, 고택, 협문이었다. 오죽헌의 경우 몽룡실을 집중적으로 보수하였다. 고택은 당시 대문채·사랑채(바깥채)·안채가 있었는데 사랑채를 제외하고 근래 개조 또는 신축한 건물이라는 이유로 모두 철거해버렸다. 이렇게 해서 탄생한 성역화 공간이 오늘날 오죽헌이 되었다.

 오죽헌 정화사업은 박정희 대통령이 추진한 문예진흥 5개년계획(1974~1978)에 따른 문화재 정화사업의 일환이었다. 역사 유적의 성역화 및 정화사업은 민족 주체성을 민족 문화에서 계발하기 위한 사업으로 국민들이 쉽게 찾을 수 있게 도로와 부대시설 확보가 반드시 수반되었다.

오죽헌 정화사업도 이이를 민족의 정신적인 연원을 보여주는 위인으로 높이기 위해 정권의 강력한 지원으로 진행한 사업이었다.

「율곡선생 유적 정화 기념비문」(이은상 지음, 1976년)에도 "여기를 찾는 모든 국민이 율곡 선생의 지혜와 학문과 나라 사랑하던 정신을 더욱 본받게 될 것이다."고 하였다. 하지만 이 사업으로 고택과 오죽헌은 원래 모습과 풍경을 크게 잃어버리고 말았다.

율곡선생유적정화기념비 | 강릉시 오죽헌·시립박물관, 1976년 4월 건립, 노산 이은상이 비문을 지었다.

복원된 어제각과 고택 안채

고택과 오죽헌을 옛 모습대로 복원하려는 노력은 1980년대 후반에서야 이루어졌다. 먼저 1987년 6월에 강릉시에서 오늘날의 위치에 어제각을 복원하였다.

복원 경위는 어제각 내부에 걸려 있는 「어제각 복원기」(1987년 6월)가 도움이 된다. 끝부분의 내용을 소개하면 아래와 같다.

서기 1976년 오죽헌 정화사업 시 선생의 영(影: 영정)을 봉안키 위한 문선사를 건립함으로써 어제각은 철거의 운을 당하였다. 그 후 이 고장의 뜻

1987년 복원된 어제각   어제각 내부

있는 분들이 꾸준히 복원을 염원하여 오던 차 이번에 그 소원을 이루게 되었으니 선생의 높은 뜻이 더욱 빛나게 되었고 후학들에게 커다란 얼음이 되리라 믿어 여기에 삼가 복원의 대강을 적는다.

어제각은 강릉 지역의 '뜻있는 분들'의 노력으로 철거된 지 11년 만에 복원되었다. 오죽헌 경내에서 고택을 지나 가장 안쪽에 있는 운한문을 들어서면 어제각이 있다. 현재 내부에 '어제각'이라는 현판과 함께 「어제각 상량문」(1788년), 「어제각 복원기」(1987년) 등이 걸려 있으며, 이이가 사용한 벼루와 『격몽요결』 등을 복제해서 전시해놓았다.

어제각과 함께 고택의 안채도 복원되었다. 1996년에 정부의 문화재 복원 계획에 따라 정화사업 당시 철거된 안채를 복원하였다. 그래서 현재 고택은 바깥채와 안채 모두 원상으로 회복된 상태이나 가옥의 본 모습을 온전히 되찾지는 못했다. 또 아쉽게도 여전히 가묘가 없다.

고택과 오죽헌은 기나긴 세월 동안 신사임당과 이이를 기리는 사람들에게 사랑받아온 공간이다. 그 과정에서 '오죽헌 정화사업'이라는 풍파를 겪기도 하였다. 그 결과 18세기 초에 보수된 이후로 유지되어 오던 고택과 오죽헌은 변형되고 말았다. 따라서 오늘날 고택과 오죽헌의 진정한 복원은 어제각을 원래 자리로 되돌리고 가묘를 복원하는 일에서부터 시작해야 한다고 생각한다.

저자 후기

필자가 신사임당 관련 자료들을 뒤지고 기왕의 연구 성과들을 자양분 삼아 풀어낸 이야기는 여기까지다. 열심히 풀어 헤치고 궁리도 했지만 아쉬움이 남는 것이 사실이다. 그 아쉬움은 신사임당이 살던 시대와 주변인들에 대한 자료들을 더 파헤치지 못한 점이다. 또 뒤늦게 찾아낸 자료들도 있지만 이 책에 반영하지 못한 점도 아쉬움으로 남는다.

필자의 판단으로 신사임당은 조선이 건국되고 나서 최초로 당대에 재능으로써 명성을 떨친 여성이었다. 무엇보다도 오늘날 우리 역사에서 신사임당처럼 격렬하게 많은 논쟁을 제기하는 여성 인물을 만나기도 쉽지 않을 것 같다. 이런 측면에서 신사임당은 한국사에서 매우 특별하면서 중요한 역사 인물이라고 생각한다. 아직 못다 한 이야기들이 남아있지만 자료들을 찾아 사임당과 그 가족들의 삶에 대해 퍼즐을 조금씩 맞춰나가는 과정은 커다란 즐거움이었다.

이 책을 쓰면서 여러 분들에게 도움을 받았다. 정정남 박사는 신사임당의 삶터에 대해 큰 영감을 주었고 공간과 건축물에 대해서도 많은 자문을 해주었다. 이 지면을 통해 감사의 마음을 전하고 싶다. 또 이 원고를 처음부터 끝까지 읽고 귀중한 조언과 비판을 해준 탁효정 박사에게도 큰 신세를 졌다.

강릉시 오죽헌·시립박물관의 정호희 선생님과 강원도 봉평 이효석 문학관의 김성기 관장님은 자료 제공과 함께 지역에 대한 이해를 높이는 조언들을 해주셨다. 경기도 파주이이유적(옛 '파주 율곡선생유적지')의 이종산 소장님은 덕수 이씨 집안과 파주의 인연에 대해 귀한 정보들을 알려주셨다. 이 지면을 빌어 다시한번 감사드린다.

끝으로 나의 어머니 이남자 여사 그리고 딸 현민이와 이 책을 함께 하고 싶다.

 주석

1. 반정: 여정의 절반 정도 왔다는 의미다. 현재 대관령 옛길(명승 제74호) 중 옛 영동 고속도록 정상 부근에 '대관령 옛길'이라고 새긴 비석이 조성돼 있는데 거기에 조그맣게 '반정'이라 쓰여 있다. 이 책 150쪽 사진 참조.
2. 조운(漕運): 조선시대에 각종 조세를 배로 실어 나르는 일이다.
3. 수참(水站): 조선시대에 세금으로 거둔 곡식을 운송하기 위해 물길에 설치한 역참이다. 사임당의 남편 이원수가 맡은 수운 판관은 수참을 관장하는 직책이었다.
4. 서강(西江): 한강의 서쪽 구역으로, 마포에서 서강대교 부근을 흐르는 한강을 따로 부르는 이름이다. 이곳에 광흥창이 있었다. 광흥창은 경기와 충청도·전라도·경상도에서 세금으로 거둔 곡식을 보관해 두었다가 관리들에게 녹봉을 지급하던 곳이다. 그래서 오늘날 이곳의 서울 지하철 6호선 역 이름도 '광흥창(서강)'이다.
5. 안견(安堅): 조선 초기 세종 대부터 세조 대까지 활동한 화가다. 신분이 낮은 화원(畵員: 직업화가)이었지만 산수화의 일인자로서 조선 화단에 큰 영향력을 끼쳤다. 대표적인 작품이 현재 일본 덴리[天理]대학 중앙도서관에 소장 중인 〈몽유도원도〉(1447년 작품, 세로 38.7×가로 106.5㎝)다.
6. 죽청(竹廳): 이문건이 생활하는 거처 중 마루가 깔린 공간을 말한다. 이문건은 죽청에서 집안 제사를 지내기도 하고 손님을 대접하기도 했다.
7. 한리과(漢吏科): 조선시대 명과 주고받는 외교문서에 사용하는 특수 문체 담당 관원을 선발하는 시험이다. '한리'는 중국어를 뜻하는 한학(漢學)과 행정 문서에 사용하는 독특한 문어체인 이문(吏文)을 합친 말이다.
8. 이성미, 「조선시대 여류화가 연구」, 『미술자료』 51호, 국립중앙박물관, 1993, 136쪽.
9. 이은상, 『(보유 수정) 사임당의 생애와 예술』, 성문각, 1977, 113~114쪽.
10. 이완우, 「사임당과 옥산의 글씨」, 『신사임당 가족의 시서회』, 200쪽. 또한 유지복도 "백광훈과 백진남 부자, 신사임당과 이우 모자간의 초서는 광초(狂草)에 가깝도록 분방한 서풍이 대세를 이루던 16세기 중반에 간결하면서도 단아한 초서풍으로 하나의 유파를 형성하여 그 흐름이 석봉 한호에게로 이어졌다."고 보았다.(유지복, 「김인후의 초서와 예술적 성취」, 『호남문화연구』 58, 2015, 299~300쪽)

11. 이성미는 신사임당에 대한 추모 및 숭배가 송시열을 비롯한 서인-노론계 학자들을 중심으로 이루어졌음을 처음 지적했다. 이후 2007년에 박지현은 신사임당을 둘러싼 담론의 역사를 예술사회학의 시각으로 정리해 신사임당이 화가에서 율곡의 어머니로 전개되는 양상을 치밀하게 밝혀냈다. 2008년에 이숙인은 박지현의 논의를 더 보완 발전시켜 16세기부터 19세기까지 신사임당을 둘러싼 담론을 젠더 관점으로 깊이있게 분석해냈다.

12. 최응현의 호는 기록마다 다르다. 『국조문과방목』(규장각한국학연구원 소장본: 태학사, 1987)에는 '수재(睡齋)'로, 『국조방목』(국립중앙도서관 소장본: 국회도서관, 1971)과 강릉 최씨 집안에서 펴낸 『임영세고(臨瀛世稿)』(1887)에는 '수헌(睡軒)'으로 나온다.

13. 『성화19년계묘식2월일생원진사방목(成化十九年癸卯式二月日生員進士榜目)』(하버드대학교 옌칭도서관). 이 방목에는 이익달이 수군 우후를 지낸 것으로 나온다. 이이는 외할머니 묘지명에서 병마 우후를 지냈다고 했으나, 『성종실록』에도 수군 우후로 나오므로 이익달의 관직은 수군 우후가 맞다고 본다.(『성종실록』 권157, 성종 14년 8월 10일)

14. 오늘날 사임당의 이름이 '인선'으로 알려져 있으나 조선시대 기록에서 찾을 수 없었다. 또한 신사임당의 막내아들 이우의 14대 후손 이장희님이 수집, 정리한 자료들을 이용해 『사임당의 생애와 예술』(1962, 성문각)을 저술한 이은상 선생도 이 책에서 '사임당'이라는 당호만 제시했고, 1977년 보유수정판에서도 '사임당'이라는 당호만 제시했다. 따라서 사임당의 이름에 대해서는 확인이 필요한 사항이다. 이장희님이 사임당과 관련하여 수집, 정리한 원고는 현재 강릉 오죽헌의 율곡기념관에 '수집원고'라는 이름으로 전시돼 있다.

15. 지온양군사 : 온양지군사라고도 한다. 지군사는 조선 초에 군(郡)의 행정을 맡아 보던 관직이며, 1466년(세조 12) 관제 개편 때에 군수로 바뀌었다.

16. 용인 이씨의 재산 분배에 대해서는 이 책 4부 3장 참조.

17. 강원도 봉평의 지리와 역사에 대해서는 『봉평면지』, 봉평문화원, 1991을 참조했다.

18. 강릉부 치소를 벗어난 곳에 설치한 8개 창고는 연곡창, 우계창, 임계창, 진부창, 봉평창, 내면창, 대화창, 운교창이었다.

19. 〈봉산서재현판문〉과 『봉평면지』에는 봉산서재의 창립 연도를 1905년 또는 1906년으로 제시하고 있다. 그런데 2010년 10월 봉산서재유림회에서 봉산서재 연혁을 정리하면서 1906년으로 제시했으므로 필자도 유림회의 의견에 따라 1906년으

로 제시했다.
20. 봉산서재는 '강수재'라고도 한다. 서재를 건립할 때부터 '봉산서재'로 추진했으므로 봉산서재라 하는데, 강수계에서 주최한 관계로 강수계 이름을 따서 '강수재'라고도 하여 이름이 두 가지로 되었다. 강수계는 면암 최익현이 화서 이항로를 위해 조직한 계다.(『봉평면지』, 82쪽)
21. **수운 판관**: 전함사에 소속된 관직이다. 전함사에서 담당한 업무는 주로 서울을 포함하여 전국의 선박과 전함을 관장했다. 관원으로는 도제조(정1품)·제조(종1품~종2품) 각 1인, 제검(종4품)·별좌(종5품)·별제(정·종6품) 등 5인과 수운 판관(종5품) 2인, 해운 판관(종5품) 1인이 있었다.
22. 이은상 선생은 『덕수이씨가승』에 실린 시를 소개했는데 그 마지막 구절이 "어버이 무릎 아래서 다시 색동옷 입고 바느질 하리오?"(更着斑衣藤下縫)다. 『조선여속고』는 "색동옷 입고 어버이 무릎 아래서 재롱부리고 바느질하리오?"(綵舞斑衣藤下縫)로 되어 있어 앞의 두 자 '채무(綵舞)'와 '경착(更着)'이 서로 다르다.
23. 전경목, 「율곡 이이 가문의 재산 형성과 관리」, 『신사임당 가족의 시서화』, 2006, 53쪽 주72번.
24. 이이가 이 때 강릉에 머물 당시의 이야기는 이 책 3부 1장에서 소개했다.
25. 조선시대는 신분제 사회여서 사람 수를 셀 때에 신분마다 붙이는 용어가 달랐다. 관원을 셀 때에는 '원(員)', 양반을 셀 때에는 '인(人)', 양인을 셀 때에는 '명(名)', 노비를 셀 때에는 '구(口)'라 했다. 이 책에서는 오늘날 흔히 사용하는 '명'으로 통일했다.
26. 이 문서에는 논의 면적을 두락(斗落) 또는 석락(石落)으로 표시했다. 조선시대에 1석락은 대략 15두에 해당한다. 이씨 부인이 두 손자에게 나눠준 토지가 총 2석락 25두락인데, 이를 두락으로 환산하면 총 55두락이 된다.
27. 박도식, 「1541년에 작성된 「李氏分財記」 연구」, 『율곡사상연구』13, 2006, 223쪽.
28. 이선과 부인 곽씨에 대해서는 이이, 『율곡전서』권14, 제문, 제백씨문(祭伯氏文), 제백수곽씨문(祭伯嫂郭氏文) 및 『율곡전서』권18, 묘지명, 백씨참봉공선묘지명(伯氏參奉公璿墓誌銘)을 참조했다.
29. 이선과 곽씨가 혼인한 해는 곽씨 부인이 혼인한 지 15년 만에 과부가 되었다는 이이의 말을 근거로 하여 계산했다. 곽씨 부인이 혼인한 지 15년이 되었다면 형 이선도 혼인한 지 15년이 되었다고 할 수 있다. 따라서 이선이 사망한 해인 1570년에서 15년을 뺐다.

30. 남부는 서울을 다섯 구역으로 나누어 관장하는 오부(五部) 중 하나다. 참봉은 해당 관내의 범법(犯法) 사건과 교량이나 도로, 불씨 나누어 주는 일, 화재 방지, 집터 측량 등을 담당했다.

31. '매창'이라는 이름은 사임당의 막내아들 이우의 8세손인 이서(1752~1809)가 쓴 〈집안에 전해 오는 서화첩 발문[家傳書畵帖跋]〉에 나오고 있다.(이은상, 『(보유수정) 사임당의 생애와 예술』, 성문각, 1982(보유수정 6판), 134쪽)

32. 필자는 이 자료를 직접 볼 수 없었으므로, 이은상 선생의 저서에 있는 내용을 재인용해서 소개한다.(이은상, 『(수정보유)사임당의 생애와 예술』, 성문각, 1982, 132~134쪽, 284~285쪽)

33. 현재 강릉 오죽헌·시립박물관 홈페이지에는 이번이 태어난 해를 1530년으로 해 놓았다. 하지만 근거 자료가 무엇인지 모르겠다. 또 1962년에 이번의 후손 이만영님이 세운 묘갈명에는 태어난 해와 사망한 해가 자세하지 않다고 밝혔으나, 2009년에 집안에서 기념행사를 하면서 1531년에 나서 1590년에 사망했다고 밝혔다.(이상주, 「'이번·이우의 사적과 율곡선생남매분재기 번역」, 『괴향문화』 19, 2011, 16~18쪽) 필자는 이번의 생몰년은 미상이라고 보는 것이 맞다고 판단한다.

34. 이 사건은 다음의 자료를 이용해 정리했다. 이이, 『율곡전서』 권38, 부록 〈6〉, 여러 사람이 기록한 다양한 이야기들[諸家記述雜錄];『선조실록』 권14, 선조 13년 5월 26일(갑오);『선조수정실록』 권17, 선조 16년 9월 1일(기묘);『선조수정실록』 권20, 선조 19년 10월 1일(임술).

35. 조선시대 문예와 관련한 과거시험은 소과(小科)인 생원시와 진사시, 대과(大科)인 문과가 있었다. 생원시·진사시는 합쳐서 생원진사시 또는 사마시(司馬試)라고도 했다. 생원진사시는 초시와 복시 두 단계로 진행되었다. 문과는 3년마다 시행된 정기시험인 식년시, 국왕 즉위 등 나라에 큰 경사가 있을 때에 실시한 증광시, 그 외 비정기적으로 실시한 별시로 구분된다. 식년시와 증광시는 초시·복시·전시 세 단계로 실시되었고 별시는 초시·전시 두 단계로 실시되었다. 이이의 「연보」 및 여러 기록들을 토대로 이이가 합격한 시험들을 살펴보면 1548년 식년 진사시 초시, 1556년 별시 문과 초시, 1558년 별시 문과 초시, 1564년 식년 진사시 초시 및 복시, 식년 생원시 초시 및 복시, 식년 문과 초시·복시·전시다. 그런데 이이가 장원으로 합격한 시험은 1564년의 진사시와 문과뿐이다.

36. 참고로 이이의 사후에 이이를 기리는 현창 사업들이 진행되었다. 1611년(광해 3)에 문집이 10권 7책으로 간행되었으며, 1682년에 속집(續集)·외집(外集)·별집(別集)을 추가로 편찬했다. 그 사이 서인이 주도한 인조반정 이듬해인 1624년(인

조 2)에 '문성(文成)'의 시호가 내려졌다. 1682년(숙종 8)에 문묘에 배향되었다가 1689년에 쫓겨났고 1694년에 다시 문묘에 배향되었다. 1744년(영조 20)에 문집을 확대한 『율곡전서』가 완성되어 1749년에 활자본으로 간행되었다가 1814년(순조 14)에 목판본(44권 38책)으로 다시 간행되었다.

37. 『선조실록』에는 선조가 함경도 순무어사로 나가는 서익에게 이이를 찾아가 변방에 관한 일을 물어보게 했다고 되어 있다.(『선조실록』 권18, 선조 17년 1월 1일(기묘))

38. 무동향현사(茂洞鄕賢祠): 이우, 전좌명(田佐命), 전윤무(田胤武)의 학문과 덕행을 추모하기 위해 세운 사우다. 1704년에 지역 선비들이 뜻을 모아 무등서원으로 승격했다.

39. 미야지마 히로시 지음, 노영구 옮김, 『양반』, 강, 1996, 100쪽.

40. 서강: 주 4번 참고.

41. 문화재청 편, 『강릉 오죽헌: 실측조사보고서』, 문화재청, 2000, 47쪽, 주 2번.

42. 정정남, 「5. 강릉 오죽헌」, 『민가건축』(대한건축사협회 편), 보성각, 2005, 127쪽.

43. 유승훈, 「일제시기 문화재보호법의 '중점보호주의'와 '포괄적 법제'에 대하여」, 『역사민속학』 17, 2003, 308쪽.

44. '오죽헌 정화사업'은 『오죽헌 정화지』(1976년, 강원도)를 참조해 정리하였다.

 참고문헌

〈공통〉

1. 원전 자료

『(개정판)국역 율곡전서』(1~8), 한국학중앙연구원, 2007.
『태종실록』, 『세종실록』, 『성종실록』, 『중종실록』, 『명종실록』, 『선조실록』, 『선조수정실록』.
『경국대전(經國大典)』.
『덕수이씨세계열전(德水李氏世系列傳)』(이단하 편, 1686년), 국립중앙도서관.
『덕수이씨세보(德水李氏世譜)』(1776년), 한국족보자료시스템.
『묘지문자(墓誌文字)』, 강릉시 오죽헌·시립박물관.
『신증동국여지승람』.
『연려실기술』(이긍익).
『(완역) 증수 임영지(增修臨瀛誌)』(정항교 번역, 임호민 역주), 강릉문화원, 1997.
〈이씨분재기(李氏分財記)〉, 강원도유형문화재 제9호, 강릉시오죽헌·시립박물관.
〈이이 남매 화회문기(李珥男妹和會文記)〉(1566년), 보물 제477호, 건국대학교박물관.
『임영세고(臨瀛世稿)』(1887년), 국립중앙도서관 소장본.
〈토지매매문서(土地賣買文書)〉(1579년), 강원도유형문화재 제10호, 강릉시오죽헌·시립박물관.

2. 저서

강릉시·관동대학교 영동문화연구소, 『신사임당 가족의 詩書畵』, 2006.
규장각한국학연구원 편, 『조선 여성의 일생』, 글항아리, 2010.
김익수, 『율곡의 사상과 한국문화』, 수덕문화사, 2003.

류정은, 『신사임당 예술철학 연구』, 강원대학교 박사학위논문, 2013.
박도식, 『강릉의 역사와 문화』, 눈빛한소리, 2004.
박무영·김경미·조혜란 지음, 『조선의 여성들, 부자유한 시대에 너무나 비범했던』, 돌베개, 2004.
(사)율곡연구원, 『이야기로 만나는 사임당과 율곡』, 2014.
손인수, 『신사임당의 생애와 교훈』(박영문고 120), 박영사, 1976.
손인철, 『신사임당의 생애와 교훈』, 박영사, 1978.
오시림, 『신사임당과 자녀교육』, 민예사, 1986.
원주용, 『조선시대 한시 읽기(상)』, 이담북스, 2010.
율곡학회 편, 『신사임당 탄신 500주년 기념논문집』, 2004.
이능화 저, 김상억 옮김, 『조선여속고』(1927년), 동문선, 1990.
이성무, 『조선왕조사(1, 2)』, 동방미디어, 1998.
이성미, 『우리 옛 여인들의 멋과 지혜』, 대원사, 2002.
이순구, 『조선의 가족, 천 개의 표정』, 너머북스, 2011.
이은상, 『사임당의 생애와 예술』, 성문각, 1962.
＿＿＿, 『(보유 수정) 사임당의 생애와 예술』, 성문각, 1977.
임형택, 『한문서사의 영토 : 실사와 허구사이』(1, 2), 태학사, 2012.
임호민, 『조선후기 강릉지방 사족의 향촌활동에 대한 연구』, 한국정신문화연구원 박사학위논문, 2004.
정해은, 『조선의 여성 역사가 다시 말하다』, 너머북스, 2011.
조선사회연구회 편, 『조선사회 이렇게 본다』, 지식산업사, 2010.
홍인숙, 『누가 나의 슬픔을 놀아주랴 -여성 예술가 열전-』, 서해문집, 2007.

3. 도록

『강릉의 문화유산』, 강릉시, 2003.
『아름다운 여성, 신사임당』(신사임당 탄신 500주년 기념 특별전), 강릉시 오죽헌·시립박물관, 2004.
『조선시대 재산상속문서 분재기-공정과 합리의 장을 되짚어 보다-』, 한국학중앙연구원 장서각, 2014.

〈각 부별 참고문헌〉

1. 제1부

『담정유고(潭庭遺藁)』(김려).
『묵재일기(默齋日記)』(이문건).
『송자대전(宋子大全)』(송시열).
『옥오재집(玉吾齋集)』(송상기).
「청송 성선생 행장」(이이)(『율곡전서』 수록).
『패관잡기(稗官雜記)』(어숙권, 『대동야승(大東野乘)』 수록).

김세서리아, 「율곡(栗谷)의 「선비행장(先妣行狀)」에 대한 여성주의 독해–사임당의 보살핌 행위와 여성주의 보살핌의 윤리를 중심으로」, 『율곡학연구』 30, 율곡학회, 2015.
김수진, 「전통의 창안과 여성의 국민화–신사임당을 중심으로」, 『사회와 역사』 80. 한국사회사학회, 2008.
박지현, 「화가에서 어머니로 : 신사임당을 둘러싼 담론의 역사」, 『동양한문학연구』 25, 동양한문학회, 2007.
오세창 저, 동양고전학회 국역, 『(국역) 근역서화징』(상), 시공사, 1998.
유지복, 「조선 중기 黃耆老 草書風의 유행」, 『미술사학연구』 253, 한국미술사학회, 2007.
____, 「김인후의 초서와 예술적 성취」, 『호남문화연구』 58, 전남대학교 호남학연구원, 2015.
이성미, 「조선시대 女流畵家 硏究」, 『미술자료』 제51호, 국립중앙박물관, 1993.
이수인, 「『패관잡기』연구 시론–『한고관외사』 본 『패관잡기』 완본의 발굴 보고를 겸하여」, 『한문학논집』 18, 근역한문학회, 2000.
이숙인, 「신사임당 담론의 계보학(1) : 근대이전」, 『진단학보』 106, 진단학회, 2008.
이완우, 「사임당 신부인의 초서」, 『신사임당 탄신 500주년 기념논문집』, 사단법인 율곡학회, 2004.
____, 「사임당과 옥산의 글씨」, 『신사임당 가족의 시서화』, 강릉시 관동대학 영동문화연구소, 2006.

정진규, 「청송 성수침의 화풍」, 『미술사학연구』 282, 한국미술사학회, 2014.
정호훈, 「16·7세기 율곡학파의 형성과 활동-저술·문집의 편찬과 정치론을 중심으로-」, 『사학연구』 103, 한국사학회, 2011.
홍양희, 「'현모양처'의 상징, 신사임당: 식민지시기 신사임당의 재현과 젠더 정치학」, 『사학연구』 122, 한국사학회, 2016.

2. 제2부

「(강릉)향교 중수기」(홍귀달)(『신증동국여지승람』 권44 수록).
『강릉최씨 대동보』(1924년), 국립중앙도서관 소장본.
『관동읍지(關東邑誌)』(1871~1872년 편찬, 1899년 간행), 서울대 규장각한국학연구원 소장본.
『국조문과방목』(태학사, 1984년)
『국조방목』(국회도서관, 1971년).
「기묘록속집(己卯錄續集)」(『대동야승』 수록).
『성호사설(星湖僿說)』(이익).
『성화19년계묘식2월일생원진사방목(成化十九年癸卯式二月日生員進士榜目)』(하버드대학교 옌칭도서관), 한국역대인물종합정보시스템(http://people.aks.ac.kr).
『시경(詩經)』.
「신명화 행장」(이이)(『국조인물고(國朝人物考)』 권45 수록).
『열녀전』(유향)(이숙인 옮김, 글항아리, 2013).
『장암집(丈巖集)』(정호).
『점필재집(佔畢齋集)』(김종직).
『좌계부담(左溪裒談)』, 국립중앙도서관 소장본.
『증보 사례편람』(문옥표·이충구 역주, 한국학중앙연구원 출판부, 2014).
『허백정집(虛白亭集)』(홍귀달).

강민수, 「전기적 방법을 통해 바라본 한 개인의 정서적 삶-신사임당을 중심으로-」 『한국인물사연구』 19, 한국인물사연구회, 2013.
박도식, 『강릉의 역사와 문화』, 눈빛한소리, 2004.

임호민, 「신사임당의 가계와 생애」, 『신사임당 가족의 詩書畵』, 강릉시·관동대학교 영동문화연구소, 2006.

_____, 「조선조 강릉대도호부 읍성 및 관아의 조성과 특징」, 『지방사와 지방문화』 15권 1호, 역사문화학회, 2012.

정구선, 『공녀』, 국학자료원, 2002.

조정윤, 「『좌계부담(左溪裒談)』 연구-저자 문제와 이본 검토를 중심으로-」, 『한문학논집』 35, 근역한문학회, 2012.

천화숙, 「역사(歷史)와 실학(實學) : 조선시대 여성들의 삶과 신사임당 -임진왜란 이전까지-」, 『실학사상연구』 31권. 역사실학회(구 무악실학회), 2006.

최진옥, 『조선시대 생원진사연구』, 집문당, 1998.

3. 제3부

『관동읍지(關東邑誌)』(1871~1872년 편, 1899년 간행), 서울대 규장각한국학연구원 소장본.

『봉서유고(蓬西遺稿)』(신범), 한국학중앙연구원 장서각 소장본.

신범 저, 이규대 외 번역, 『(국역) 봉서유고(蓬西遺稿)』, 평창군청 문화관광과, 2006.

『평창군신지지(平昌郡新地誌)』(1909년), 서울대 규장각한국학연구원 소장본.

봉평문화원, 『봉평면지』, 1991.

4. 제4부

『가정43년갑자7월20일 사마방목(嘉靖四十三年甲子七月二十日司馬榜目)』(국립중앙도서관)

『만력33년 을사 증광 사마방목(萬曆三十三年乙巳增廣司馬榜目)』(국립중앙도서관)

『매천야록(梅泉野錄)』(황현).

『묵재일기(默齋日記)』(이문건).

『양주조씨족보(楊州趙氏族譜)』(1743년), 한국학중앙연구원 장서각 소장본.

『옥산시고(玉山詩稿)』(이우).

『용재총화(慵齋叢話)』(성현).
『우계집(牛溪集)』(성혼).
『원주읍지(原州邑誌)』(1896년), 서울대 규장각한국학연구원 소장본.
『융경1년정묘10월19일 사마방목(隆慶元年丁卯十月十九日司馬榜目)』(개인 소장), 한국역대인물종합정보시스템(http://people.aks.ac.kr).
『일선지(一善지)』(1877년), 서울대 규장각한국학연구원 소장본.
『재조번방지(再造藩邦志)』(신경).
『좌계부담(左溪裒談)』, 국립중앙도서관 소장본.
〈측실 영전에 바치는 제문〉(이시발)(『벽오유고(碧梧遺稿)』 수록).
〈한양 조공과 절부 성씨의 두 묘지명[漢陽趙公節婦成氏雙墓銘]〉(허목)(『기언(記言)』) 수록).

금장태, 『율곡평전 : 나라를 걱정한 철인』, 지식과교양, 2011.
김형수, 「율곡일가의 여류예술에 대하여-특히 벽오부인(碧梧夫人)을 중심으로-」, 『여성문제연구』 1, 대구가톨릭대학교 사회과학연구소, 1971.
남기성, 「옥산 이우의 예술 세계」, 원광대학교 동양학대학원 석사학위논문, 2004.
문숙자, 『조선시대 재산상속과 가족』, 경인문화사, 2004.
_____, 「퇴계학파의 경제적 기반: 재산 형성과 소유 규모를 중심으로」, 『정신문화연구』 24권 4호(통권85호), 한국학중앙연구원, 2001.
박도식, 「1541년에 작성된 「李氏分財記」 연구」, 『율곡사상연구』 13, 율곡학회, 2006.
서울특별시시사편찬위원회, 『서울六百年史』(1, 2), 서울특별시, 2006.
안승준, 「16세기 이문건가의 노비사환과 신공수취-『묵재일기』를 중심으로」, 『고문서연구』 16, 한국고문서학회, 1999.
이상주, 「이번 · 이우의 사적과 율곡선생남매분재기 번역」, 『괴향문화』 19, (사)괴산향토사연구회, 2011.
이영훈, 「고문서를 통해 본 조선시대 노비의 경제적 성격」, 『한국사학』 9, 한국정신문화연구원, 1987.
이정철, 『언제나 민생을 염려하노니-조선을 움직인 4인의 경세가들』, 역사비평사, 2013.

이종문, 「율곡과 유지(柳枝), 「유지사(柳枝詞)」의 전승 과정에 관한 고찰」, 『한국한문학연구』 51, 한국한문학회, 2013.
정정남, 「조선시대 수진궁의 기능과 주변 박석(磚石)길의 의미해석」, 『한국건축역사학회 추계학술발표대회 논문집』, 2011.11.
조정윤, 「『좌계부담(左溪裒談)』 연구 -저자 문제와 이본 검토를 중심으로-」, 『한문학논집』 35, 근역한문학회, 2012.
미야지마 히로시 지음, 노영구 옮김, 『양반』, 강, 1996.

5. 제5부

『송자대전(宋子大全)』(송시열).
『야은집(冶隱集)』(길재).
「이양전(李揚傳)」(이식)(『국조인물고(國朝人物考)』 속고6 수록).
『파주군읍지』(1899년), 서울대학교 규장각한국학연구원 소장본.
「장빈거사호찬(長貧居士胡撰)」(윤기헌)(『대동야승』 수록).

강원도 지방문화재관리국, 『오죽헌 정화지』, 강원도청, 1976.
박도식, 「「율곡선생남매분재기」 연구」, 『율곡사상연구』 10, 율곡학회, 2005.
은정태, 「박정희시대 성역화사업의 추이과 성격」, 『역사문제연구』 15, 역사문제연구소, 2005.
파주군, 『파주군지』(상,중,하), 경기출판사, 1995.

저자 | 정해은

중앙대학교를 졸업하고 한국학중앙연구원 한국학대학원에서 『조선후기 무과급제자 연구』로 문학박사 학위를 받았다. 국방부 군사편찬연구소 선임연구원을 거쳐 현재 한국학중앙연구원 책임연구원으로 일하고 있다. 무관과 여성 등 비주류의 삶에도 반드시 전해져야 할 그들만의 이야기가 있다는 생각으로 조선 사회를 탐구하는 작업을 하고 있다.

저서로 『조선의 여성 역사가 다시 말하다』(2011), 『고려, 북진을 꿈꾸다』(2009, 한국간행물윤리위원회 '2009 우수저작 및 출판지원사업' 당선작), 『한국 전통 병서의 이해(1, 2)』(2004, 2008), 『글로벌시대에 읽는 한국여성사』(2016, 공저), 『조선 인물 이렇게 본다』(2016, 공저) 등이 있다. 여성 관련 논문으로는 「고등학교『한국사』교과서의 조선시대 여성사 서술과 개선 방향」, 「조선시대 여성사 연구 어디로 가고 있는가?」, 「18세기 조선 여성의 머리치장과 '작은' 저항-가체를 중심으로」, 「조선후기 이혼의 실상과『대명률』의 적용」, 「조선전기 어우동 사건에 대한 재검토」, 「조선후기 여성실학자 빙허각 이씨」 등이 있다. 번역서로는 『숙의가례청등록-숙종 후궁 영빈 김씨의 혼례 기록』(2016, 공역), 『1756년의 북경이야기: 이기경의 〈음빙행정력(飮氷行程曆)〉 역주』(2016, 공역), 『역주 원행을묘정리의궤』(1996, 공역)가 있다.

신사임당 전傳
역사 속 신사임당, 그녀는 누구인가? 값 17,000원

2017년 3월 20일 초판인쇄
20   3월 22일 초판발행

저 자 정해은
발행인 成珍慶
발행처 새문사
등록번호 제1-273호(1977.9.19)

주소 : 서울시 마포구 대흥로 6길 6-12
전화 : (02)715-7232(代), 717-7235, Fax : (02)715-7235
E-mail : sinlon@saemoon.co.kr
website : www.saemoonbook.com
ISBN : 978-89-7411-500-5 03990

이 도서의 국립중앙도서관 출판예정도서목록(CIP)은 서지정보유통지원시스템 홈페이지(http://seoji.nl.go.kr)와 국가자료공동목록시스템(http://www.nl.go.kr/kolisnet)에서 이용하실 수 있습니다.(CIP제어번호: CIP2017006698)